Almut Krapf

Bindung von Kindern im Leistungssport
Bindungsrepräsentationen zu Eltern und Trainern: Analyse der Zusammenhänge zu Selbstkonzept, sozialer Unterstützung, pädagogischem Arbeitsbündnis und Bewältigungsstrategien

Forum Sportwissenschaft, Band 29
Hrsg. vom Verein zur Förderung des
sportwissenschaftlichen Nachwuchses e. V.

Schriften der Deutschen Vereinigung für Sportwissenschaft · Band 248

Herausgeber: Deutsche Vereinigung für Sportwissenschaft ISSN 1430-2225

Almut Krapf

Bindung von Kindern im Leistungssport

Bindungsrepräsentationen zu Eltern und Trainern

Forum Sportwissenschaft, Band 29

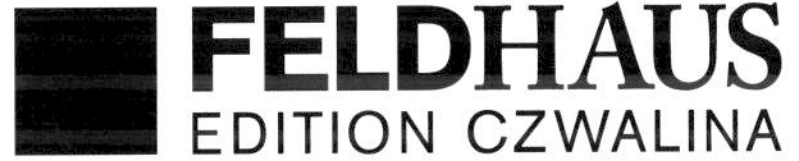

Die vorliegende Arbeit wurde im Jahr 2014 von der Universität Leipzig als Dissertation zur Erlangung eines Doktorgrades angenommen.

Erstgutachter: Prof. Dr. Alfred Richartz (Universität Hamburg)
Zweitgutachterin: Prof. em. Dr. Gabriele Golger-Tippelt (Universität Ulm)

Die mündliche Prüfung fand am 11. November 2014 statt.

ISBN 978-3-88020-626-7

FELDHAUS VERLAG GmbH & Co. KG
Postfach 73 02 40
22122 Hamburg
Telefon +49 40 679430-0
Fax +49 40 67943030
post@feldhaus-verlag.de
www.feldhaus-verlag.de

Druck und Verarbeitung: WERTDRUCK, Hamburg

Bibliografische Information der Deutschen Nationalbibliothek
Die Deutsche Nationalbibliothek verzeichnet diese Publikation in der Deutschen Nationalbibliografie; detaillierte bibliografische Daten sind im Internet über http://dnb.d-nb.de abrufbar.

Inhalt

Danksagung

„Warum schreibst du denn dieses Buch, Mama?“ „Ich möchte, dass sich alle Kinder, die Leistungssport treiben wohl fühlen und zufrieden sind“, gab ich meinem damals vierjährigen Sohn zur Antwort. Jetzt ist er acht Jahre alt und fragt, wann denn mein Buch endlich fertig ist. Als ich damals von einem Geschichtenergänzungserfahren als Erfassungsmethode der Beziehungsqualität zu Bezugspersonen hörte, war ich Feuer und Flamme. Seit ich denken kann, begleiten mich Trainerinnen und Trainer in meinem eigenen sportlichen Engagement. Rückblickend hatte ich mindestens zehn verschiedene Trainerinnen oder Trainer in verschiedenen Sportarten und habe ganz unterschiedliche, gute und weniger gute Beziehungserfahrungen mit ihnen gesammelt. Dies auf wissenschaftlichem Weg zu erforschen, ist für mich ein großes Geschenk, was ohne die Hilfe von vielen Menschen nicht möglich gewesen wäre.

Mein besonderer Dank gilt meinem Doktorvater Prof. Dr. Alfred Richartz, der mich im Projekt zur Evaluation der Turn-Talentschulen aufgenommen und es mir ermöglicht hat, bei ihm zu promovieren. Er hat mich auf meinem Weg stets ermutigt und beraten – vielen herzlichen Dank dafür!

Mein herzlicher Dank geht an meine Zweitgutachterin Frau Prof. Dr. Gabriele Gloger-Tippelt, ihre Ideen und konstruktive Kritik haben das Arbeiten an dieser Dissertation mit Freude erfüllt.

Die Universität Leipzig hat meine Forschungsarbeit mit einem Doktorandenförderplatz finanziell unterstützt. Ohne die Unterstützung von Frau Prof. Dr. Dorothee Alfermann, die sich um meine Weiterfinanzierung gekümmert hat, die über den Doktorandenförderplatz hinausging, hätte ich diese Arbeit nicht fertig stellen können. Herzlichen Dank für Ihr Vertrauen!

Außerdem möchte ich mich bei allen Kolleginnen und Kollegen bedanken, die mir in Graduierten-Kolloquien und Doktorandenworkshops konstruktive Kritik, inspirierende Gedanken und Ermutigungen auf meinem Promotionsweg mitgegeben haben. Mein ganz besonderer Dank geht an meine Kollegin und Freundin Karen Hemming, die mich in den letzten Zügen der Arbeit auch emotional sehr unterstützt hat und als Raterin und Korrekturleserin zur Verfügung stand.

Ohne den motivierten Einsatz der jungen Leistungssportlerinnen und Leistungssportler, die Zustimmung ihrer Eltern und die Bereitschaft der Trainerinnen und Trainer hätte diese Studie nicht realisiert werden können. Vielen herzlichen Dank an Euch!

Nicht in Worte zu fassen ist der Dank an meine Familie: Meine Eltern Erika und Jürgen, meine Schwester Selma und mein Freund Dominik haben immer an mich geglaubt. Ein riesengroßes Dankeschön geht an meine Freundinnen Jule und Jessi, die mit mir durch alle Höhen und Tiefen eines Doktorarbeitsprozesses gegangen sind.

Diese Arbeit widme ich meinem Sohn Mauritz Leopold, der mit viel Energie und Cleverness seine Welt erkundet und sich in seinem Sport wohl fühlt.

„Denn nicht nur kleine Kinder, sondern Menschen aller Altersstufen erweisen sich dann am glücklichsten und imstande, ihre Talente optimal zu entfalten, wenn sie zuversichtlich und überzeugt sind, dass hinter ihnen eine oder mehrere Personen stehen, die bei auftauchenden Schwierigkeiten zu Hilfe kommen" (Bowlby, 2006b, S. 321f).

1 Einleitung

Die Kür[1] beginnt. Aus dem Stütz am Schwebebalken hebt sich die neunjährige Turnerin in den Handstand. Es folgen waghalsige Sprünge und Drehungen, ein Bogengang rückwärts und ein Flickflack auf dem 10 cm schmalen Balken – nicht nur für Laien atemberaubend.

In kompositorischen Sportarten, wie Gerätturnen oder Wasserspringen, ist ein früher Einstieg bereits im Kindesalter üblich, da der Leistungshöhepunkt bereits im Jugend- und frühen Erwachsenenalter erreicht wird. Mit einer erfolgreichen leistungssportlichen Laufbahn ist ein hohes Maß an Engagement und Disziplin verbunden, welches die Voraussetzung ist, um eine erfolgreiche Karriere zu meistern. Man kann davon ausgehen, dass Kinder, die diese hohen Leistungsanforderungen als Freizeitaktivität wählen, Unterstützung und Hilfe von erwachsenen Personen erwarten, ohne die sie ihre Leistungsziele nicht erreichen könnten.

Die sportwissenschaftlich orientierte Kindheitsforschung hat sich in den letzten Jahren als eigener Forschungszweig etabliert. Einer der Auslöser dafür war die lebhafte Diskussion bezüglich des Leistungssports im Kindesalter (u. a. Grupe, 1998, S. 34f; Weischenberg, 1996, S. 425f). Daraus ergaben sich Forschungsprojekte, die sich mit möglichen Risiken, aber auch mit protektiven Ressourcen beschäftigten (z. B. Richartz, Hoffmann & Sallen, 2009; Richartz, 2000; Richartz & Brettschneider, 1996). Sowohl von Aktiven als auch von Wissenschaftlern wird der Beziehungsqualität zwischen Trainern[2] und Athleten im Kindesalter eine große Bedeutung für die Trainingsarbeit beigemessen. Bislang wurde diesem Sachverhalt empirisch allerdings wenig Beachtung geschenkt. Eine Literaturrecherche zur *Trainer-Athlet-Beziehung*, mit der Eingrenzung auf den Leistungssport von Kindern, ergibt 29 Treffer, nur drei davon sind Forschungsarbeiten.[3] Die vorliegende Forschungsarbeit widmet sich diesem Desiderat und konzentriert sich auf die Beziehungsqualität zwischen Trainer und Athlet. Es werden Zusammenhänge zum Selbstkonzept, zur erwarteten sozialen Unterstützung, zum wahrgenommenen pädagogischen Arbeitsbündnis und zur Wahl von Bewältigungsstrategien bei einer schwierigen Lernaufgabe mit hohen Anforderungen im Training analysiert. Wie nehmen die Kinder sich selbst und Interaktionen zu wichtigen Bezugspersonen in diesem Feld wahr? Welche Strategien wählen sie bei der

1 Die Kür ist hier als Turnübung definiert, deren einzelne Teile der Turner oder die Turnerin nach freier Wahl zusammenstellen kann. Bei einem Turmwettkampf werden in einer Kür Pflichtelemente abgestimmt auf Altersklassen gefordert.

2 Zur Verbesserung der Lesbarkeit werden Personenbezeichnungen in der männlichen Form verwendet, gemeint sind dabei in allen Fällen Frauen und Männer. Eine Unterscheidung wird lediglich an notwendigen Stellen vorgenommen.

3 BISp-Recherchesystem Sport, Zugriff am 23.04.2014 unter www.bisp-datenbanken.de

Aufgabenbewältigung im Training? Wie beurteilen sie die Beziehungsqualität zu ihrem Trainer und welche Indizien sind für eine hohe Beziehungsqualität und ein funktionierendes Arbeitsbündnis im Leistungssport von Kindern zu verzeichnen?
Die Repräsentation von Beziehungsqualität ist ein zentrales Anliegen der Bindungsforschung. Darum dient das Konzept der Bindungstheorie nach John Bowlby und Mary Ainsworth (Bowlby, 2003) und der daraus entstandenen Studien als zentrale theoretische Grundlage. In der vorliegenden Arbeit steht die mittlere Kindheit (sechs bis neun Jahre) im Zentrum. In diesem Altersbereich gilt die Entwicklung eines positiven Selbstkonzeptes als eine zentrale Entwicklungsaufgabe, die durch soziale Beziehungen erheblich beeinflusst wird (Verschueren, Doumen & Buyse, 2012). Das hierarchische multidimensionale Selbstkonzeptmodell nach Shavelson, Hubner und Stanton (1976) ist anschlussfähig an die Bindungsforschung und ergänzt den theoretischen Rahmen. Die Kindheit gilt als „gesellschaftlicher Schonraum", wobei Kinder durch soziale Unterstützung von Erwachsenen an neue Umgebungen und Situationen herangeführt werden (Richartz et al., 2009, S. 55). Die soziale Unterstützung fließt als weiteres Konstrukt in die Arbeit ein. Das Arbeitsbündnis zwischen Trainer und Athlet gilt als Indiz für die pädagogische Qualität im Lehr-Lern-Kontext und bildet den dritten theoretischen Baustein dieser Arbeit (Richartz, 2000, S. 187). Schließlich werden Konzepte der Coping-Forschung für die Aufgabenbewältigung im Trainingskontext abgeleitet und Bewältigungsstrategien für den hier vorliegenden Forschungsgegenstand spezifiziert.
Diese Dissertation ist in das Forschungsprojekt *Evaluation der Turn-Talentschulen des Deutschen Turner-Bundes* eingebettet, das unter der Leitung von Prof. Dr. Alfred Richartz (Universität Hamburg) und Prof. Dr. Jürgen Krug (Universität Leipzig) durchgeführt wurde (Richartz, 2012; Richartz & Krug, 2011). Der Deutsche Turner-Bund (DTB) hat ein Konzept entwickelt, um die Grundlagenausbildung bzw. das Grundlagentraining zu forcieren und eine gezielte, nachhaltige Förderung von Turntalenten in der ersten Phase der Sportkarriere zu erreichen. Zu diesem Zweck wurde das Prädikat „DTB-Turn-Talentschule" (DTB-TTS) definiert, welches auf Antrag und bei Erfüllung verschiedener Kriterien für einen Zeitraum von vier Jahren vergeben wird. Eine ausführliche Beschreibung dieses Projektes bietet der Abschlussbericht zur *Evaluation der Talentschulen des Deutschen Turner-Bundes* (Sportpädagogisches Teilprojekt: Richartz, 2012).
Die Autorin hat im Rahmen dieses Forschungsprojektes die Organisation und Durchführung der Datenerhebung in den Turn-Talentschulen unterstützt. Über das Projekt hinaus wurde von der Autorin in konstruktiver Zusammenarbeit mit Prof. Dr. Alfred Richartz ein neuer Geschichtenstamm zur *Bewältigung einer schwierigen Lernaufgabe im Training* zum Geschichtenergänzungsverfahren entwickelt und erprobt, sowie ein entsprechendes Auswertungssystem definiert, was mit der vorliegenden Arbeit erstmals veröffentlicht wird.

Das Forschungsprojekt zur Evaluation der DTB-TTS (Evaluationsstudie DTB-TTS) schließt an die Studie *Kinder im Leistungssport – chronische Belastungen und protektive Ressourcen* von Richartz et al. (2009) an. Diese Studie öffnete u. a. unter bindungstheoretischen Gesichtspunkten einen neuen sportpädagogischen Blickwinkel auf die Trainer-Athlet-Beziehung im Leistungssport von Kindern. Die Studie wird in der folgenden Abhandlung *Leistungssportstudie* genannt. Im Evaluationsprojekt eingesetzte Erhebungsinstrumente sind zum Teil aus der Kinderleistungssportstudie übernommen und wurden ergänzt. Für die vorliegende Dissertation werden Ergebnisse der quantitativen Erhebungen (Fragebögen für Kinder im Leistungssport[4]; *BRiL-K* und *KiFB-TTS*) sowie der *Geschichtenergänzungsverfahren* aus beiden Studien herangezogen, was an den entsprechenden Stellen gekennzeichnet ist. Dies gewährleistet eine Vergleichbarkeit und Summierung der Befunde.

In aktuellen Studien der Bindungsforschung ist die Qualität der Beziehung zu sekundären Bezugspersonen von Kindern, wie Erziehern oder Lehrern, ein zentrales Thema (z. B. Ahnert, Pinquart & Lamb, 2006; Sroufe, Egeland, Carlson & Collins, 2005; Pianta, 2006). Befunde zur Beziehungsqualität zu sekundären Bezugspersonen und deren Auswirkungen bei Kindern sind bislang allerdings vorwiegend im allgemein-pädagogischen bzw. erziehungswissenschaftlichen Bereich publiziert worden (z. B. Verschueren & Koomen, 2012; Hamre & Pianta, 2001; Ladd, Birch & Buhs, 1999; Pianta, 1994). Im Feld der Sportpädagogik wird mit der Frage nach dem Zusammenhang von Beziehungsqualität zwischen Trainer und Athlet und Bewältigungsstrategien in schwierigen Situationen wissenschaftliches Neuland betreten. Dies rechtfertigt den explorativen Charakter der vorliegenden Arbeit. Sie liefert einen Erkenntnisgewinn für die Qualität der Trainer-Athlet-Beziehung im Kinderleistungssport.

Folgende Fragestellungen sind für die Studie forschungsleitend: Welche Bindungsrepräsentationen zu Eltern und Beziehungsrepräsentationen zum Trainer lassen sich bei leistungssportlich aktiven Kindern finden? Welche Bewältigungsstrategien wählen Kinder in herausfordernden Situationen? Wie nehmen die Kinder sich selbst, ihre soziale Unterstützung und das Arbeitsbündnis mit ihrem Trainer wahr? Welche Zusammenhänge bestehen zwischen diesen Konstrukten? Das Ziel dieser Untersuchung, weiteren Aufschluss über die Wahrnehmung der Akteure im leistungssportlichen Feld zu erhalten, soll mit standardisierten Fragebögen und semiprojektivem Verfahren realisiert werden.

Im Anschluss an die Einleitung wird in Kapitel 2 der Forschungsgegenstand der vorliegenden Studie eingegrenzt. Dafür wird die Arbeit nach normativen, empirisch-sportwissenschaftlichen Aspekten, praktischer Perspektive und der sportpädagogischen Relevanz eingeordnet (Kap. 2.1). In Kapitel 2.3 wird die Relevanz der Bindungstheorie als Grundlage dieser Studie begründet. Zudem wird eine Fallstudie vorgestellt, die das zentrale Thema der Arbeit illustriert (Kap. 2.4).

4 *Fragebogen zu Belastungen und Ressourcen im Leistungssport von Kindern* (BRiL-K) und um die Skalen zum Arbeitsbündnis ergänzte Version: *Fragebogen für Kinder einer Turn-Talentschule* (TTS-KiFB).

Die theoretischen Grundlagen werden in den Kapiteln 3 und 4 vorgestellt und im Lichte des aktuellen Forschungsstandes diskutiert. Da in der sportwissenschaftlichen Literatur nur vereinzelt Beiträge mit bindungstheoretischem Hintergrund zu finden sind, wird auf diese Thematik ausführlicher eingegangen: Die Konzepte der Verhaltenssysteme (Kap. 3.1) sind grundlegend für die Kernannahmen der Bindungstheorie und dienen als Basis der weiteren theoretischen Ausführungen. Das Bindungs-und Explorationsverhaltenssystem von Kindern (Kap. 3.1.1) und das äquivalente Fürsorgeverhaltenssystem von Eltern (Kap. 3.1.2) werden aufgezeigt. In Kapitel 3.2 wird die Entstehung und Entwicklung von Bindung beschrieben. Verschiedene Bindungsverhaltensweisen werden in Kapitel 3.3 thematisiert. Der Schritt auf die Ebene der Repräsentation von Bindung wird anhand des Konstrukts Internaler Arbeitsmodelle (Internal Working Models)[5] in Kapitel 3.4 beschrieben und legt damit die Grundlage für Erhebungsverfahren zur Bindung auf Repräsentationsebene fest (Kap. 3.5). Die Charakteristika der Bindungsmuster werden in Kapitel 3.6 dargestellt. Kapitel 3.7 befasst sich mit der Beziehungsqualität zu sekundären Bezugspersonen und gibt einen Überblick über den aktuellen Forschungsstand.

In Kapitel 4 werden die ergänzenden theoretischen Bausteine vorgestellt, die für die hier vorliegende Studie im Zusammenhang mit der Bindungstheorie betrachtet werden. In Kapitel 4.1 wird das hierarchische Selbstkonzeptmodell nach Shavelson et al. (1976) vorgestellt, welches die Grundlage für die weitere Spezifizierung der verschiedenen Selbstkonzeptfacetten liefert. Folgende Facetten sind für die Arbeit relevant: das soziale Selbstkonzept (Kap. 4.1.1), das physische Selbstkonzept (Kap. 4.1.2), das akademische Selbstkonzept (Kap. 4.1.3) und das Selbstwertgefühl als globaler Faktor eigener Selbstzuschreibungen (Kap. 4.1.4). Anschließend wird das Konstrukt Selbstkonzept aus bindungstheoretischer Perspektive diskutiert (Kap. 4.2). Der zweite ergänzende Theoriebaustein umfasst Ausführungen zur sozialen Unterstützung (Kap. 4.3). Die Qualität pädagogischer Beziehungen ist Thema in Kapitel 4.4, wofür das Konstrukt pädagogisches Arbeitsbündnis zur Erklärung herangezogen wird. Das Kapitel 4.5 thematisiert Bewältigungsstrategien als vierten und letzten ergänzenden Theoriebaustein. Basierend auf den Grundlagen der Stressforschung (Kap. 4.5.1) werden Bewältigungsstrategien zunächst allgemein differenziert (Kap. 4.5.2) und für die Bewältigung einer schwierigen Lernaufgabe im Training abgeleitet (Kap. 4.5.3).

Kapitel 5 fasst die Vorüberlegungen zusammen und zeigt den Forschungsstand bezüglich der Beziehungsqualität zu sekundären Bezugspersonen (Kap. 5.1) insbesondere bezüglich der Trainer-Athlet-Beziehungsqualität (Kap. 5.2) auf. Aus den theoretischen Vorüberlegungen wird in Kapitel 6 das Untersuchungsmodell abgeleitet und die Hypothesen formuliert.

5 In der Literatur werden die Begriffe „Internale Arbeitsmodelle" und „innere Arbeitsmodelle" synonym verwendet. Für die hier vorliegende Arbeit wird der Begriff „Internale Arbeitsmodelle" festgelegt und nur in Zitaten, wenn nötig, „innere Arbeitsmodelle" verwendet.

Das methodische Vorgehen wird in Kapitel 7 beschrieben. Zunächst werden Besonderheiten bei Untersuchungen mit Kindern diskutiert (Kap. 7.1), im Anschluss werden das Untersuchungsdesign (Kap. 7.2) und die Stichprobe vorgestellt (Kap. 7.3). In der Studie kommen sowohl qualitative als auch quantitative Erhebungsinstrumente zum Einsatz (Kap. 7.4). Die Durchführung der Erhebungen im Feld ist in Kapitel 7.5 dokumentiert. Die Beschreibung der Datenaufbereitung und -auswertung (Kap. 7.6) orientiert sich an der Reihenfolge der Erhebungsinstrumente. Abschließend werden in Kapitel 7.7 die statistischen Verfahren beschrieben, die in der vorliegenden Studie eingesetzt werden.

Kapitel 8 präsentiert die Ergebnisse der Studie. Zuerst werden die deskriptiven Ergebnisse dargestellt: Verteilung der Bindungsrepräsentation zu den Eltern (Kap. 8.1) und Beziehungsrepräsentation zum Trainer (Kap. 8.2). Es folgen die Ergebnisse aus den quantitativen Erhebungen zu den Selbstkonzeptfacetten (Kap. 8.3), zur sozialen Unterstützung (Kap. 8.4) sowie zum Arbeitsbündnis (Kap. 8.5). Die Ergebnisse zu den Bewältigungsstrategien bei einer schwierigen Lernaufgabe im Training werden in Kapitel 8.6 aufgezeigt. Die statistischen Hypothesen werden in Kapitel 8.7 geprüft.

Anschließend werden die Ergebnisse in Kapitel 9 unter Beachtung der theoretischen Vorüberlegungen diskutiert: zunächst die deskriptiven Daten (Kap. 9.1) und danach die Hypothesenprüfungen (Kap. 9.2). Im Schlussteil dieser Arbeit (Kap. 10) werden Ableitungen für die Praxis sowie ein Ausblick für weitere Forschungsprojekte gegeben.

2 Einordnung und Abgrenzung der Studie

2.1 *Kinder im Leistungssport in kompositorischen Sportarten*

Diese Studie befasst sich mit Kindern im Alter zwischen sieben und elf Jahren. Dieser Altersabschnitt befindet sich am Übergang von der mittleren zur späten Kindheit, der hauptsächlich dem Grundschulalter zugeordnet wird (Oerter, 2002, S. 215). Er zeichnet sich dadurch aus, dass „der Kreislauf der Erkenntnis“ zu wachsen beginnt (Oeser, 1987, S. 99). Somit grenzt er sich von der frühen Kindheit und dem davorliegenden Säuglingsalter im Wesentlichen ab. Nach Piaget erreichen Kinder in diesem Altersbereich mit ihrer kognitiven Leistungsfähigkeit die konkret-operative Phase, in der sie neue geistige Operationen bewältigen, Perspektivenwechsel vollziehen und Invarianzen begreifen können (Ginsburg & Opper, 1998, S. 198f). Kinder sind nun im Stande, nicht nur die eigenen Erfahrungen als Maßstab für die Prüfung der Realität zu nutzen, sondern auch Erfahrungen, die ihnen durch andere mitgeteilt werden und die sie selbst nicht gemacht haben, in ihre Handlungsschemata übernehmen. Die Kinder versuchen, Sinn herzustellen und unterschiedliche Erfahrungsquellen dafür zu nutzen.

> „Das sechsjährige Kind [...] ist jetzt vor allem damit befasst, seine eignen Erfahrungen in der kognitiven Welt, die damit verbundenen Gefühle und das, was sie bedeuten können, in sinnvolle Zusammenhänge zu bringen“ (Grossmann & Grossmann, 2004, S. 304).

Diese „sinnvollen Zusammenhänge“ werden verinnerlicht und ergeben ein kohärentes, für das Kind wirklichkeitsnahes Bild von der es umgebenden Welt. Insbesondere negative Gefühle, wie Angst und Trauer, spielen eine wesentliche Rolle für die Qualität seiner Wahrnehmung, sodass kein „wahres“ Bild entsteht, sondern das subjektiv Erlebte deutlich von der für andere wahrnehmbaren Wirklichkeit abweichen kann. Die Folge davon ist meist ein inkohärentes und verzerrtes Wirklichkeitserleben, z. B. durch Idealisierung oder Wunschvorstellungen. In dieser Phase der konkreten Operationalisierung wird auch die soziale Welt von Kindern mit einer Vielfalt von Eindrücken bereichert. “To be sure, during the preschool years, the child’s social world expanded, as did the settings in which the child developed” (Sroufe et al., 2005, S. 148). Außerfamiliäre Settings gewinnen an Bedeutung. Durch den Eintritt in den Kindergarten und danach die Schule als formale Institution aber auch durch außerschulische Angebote verändern sich Verantwortlichkeiten und Kompetenzen von Kindern. Die Erfahrungen, die das Kind bis dahin gemacht hat, haben erheblichen Einfluss auf seine Selbstwahrnehmung und die damit verbundene Konstruktion „seiner Welt“ (Sroufe et al., 2005).

Der Großteil (80%) der leistungssportlich aktiven Kinder dieser Studie ist in der Disziplin *Kunstturnen*[6] aktiv, die anderen 20% gehören den Sportarten *Rhythmische Sportgymnastik* und *Turmspringen* an. In den kompositorischen Sportarten ist es notwendig, schon in jungen Jahren mit dem sportartspezifischen Training zu beginnen,

6 Kunstturnen und Gerätturnen werden in dieser Arbeit synonym verwendet. Im weiblichen Bereich spricht man häufiger vom Kunst- und im männlichen Bereich häufiger vom Gerätturnen.

da die notwendige Vorbereitungszeit für Spitzenleistungen sehr lang ist und der Leistungshöhepunkt schon in der Adoleszenz oder im frühen Erwachsenenalter erreicht wird. Natürlich sind danach auch noch Erfolge möglich, wie bspw. der von Oksana Chusovitina, die im Alter von 36 Jahren Vizeweltmeisterin in der Disziplin Sprung wurde. Solche Fälle sind allerdings eher die Ausnahme. Weil die hier untersuchte Stichprobe von Turnern dominiert wird, soll im Folgenden exemplarisch näher auf strukturelle und normative Besonderheiten dieser Sportart eingegangen werden[7].
Um an frühere internationale Erfolge anzuknüpfen, hat der DTB ein nationales Konzept entwickelt, das

> „eine forcierte Grundlagenausbildung und professionelle Schulung des Turn-Nachwuchses im Olympischen Spitzensport in einem System der flächendeckenden Einrichtung von DTB-Turn-Talentschulen und DTB- Turnzentren sowie der Zusammenführung der Kader der Nationalmannschaft"

zum Ziel hat (DTB, 2010: *Das Prädikat DTB-Turn-Talentschule*). Dafür wurde das Prädikat *DTB-Turn-Talentschule* eingeführt, das die Sicherung einheitlicher Qualitätsstandards gewährleisten soll. Die damit vorgegebenen leistungssportlichen Ziele werden begleitet von Anforderungen im schulischen Kontext. Nicht immer sind die Turnhallen, in denen die Kinder trainieren, vor Ort, sodass mehrmals pro Woche lange Wegstrecken bewältigt werden müssen. Um zeitliche Anforderungen von Nachwuchsathleten genau zu erfassen, ist ein aufwändiges methodisches Vorgehen notwendig (Richartz & Brettschneider, 1996). Und dennoch ist es aufgrund der Streuung der Anforderungen nahezu unmöglich, generalisierende Aussagen über die Anforderungen im Nachwuchsleistungssport zu machen (Brettschneider & Klimek, 1998, S. 104). Stellt der hohe Zeitaufwand für Training, Wettkampf und Schule einen Nachteil für die Athleten dar? Unter Verweis auf Heim und Richartz (2003) stellen Richartz et al. (2009, S. 39) fest, dass aus vorliegenden Studien mit jugendlichen Leistungssportlern hervorgeht, dass diese „keine systematischen Einbußen in der schulischen Leistungsentwicklung, in der emotionalen und sozialkognitiven Entwicklung oder anderen jugendtypischen Entwicklungsaufgaben hinnehmen müssen".
In der Kinderleistungssportstudie stellen Richartz et al. (2009) fest, dass der Zeitfaktor zu den geringeren Belastungskomponenten gehört. Im Gegensatz dazu nehmen die Kinder den *sozialen Druck*, also das Gefühl, sich anstrengen zu müssen um von anderen angenommen und respektiert zu werden, als größte Belastungsquelle wahr (ebd., S. 107). Die in der vorliegenden Studie untersuchten Kinder sind zwischen sieben und elf Jahre alt. Dieser Altersabschnitt erstreckt sich trainingsmethodisch über die Allgemeine Grundausbildung (AGB), über das Grundlagentraining (GLT) bis hin zum Aufbautraining 1 (ABT). Die Rahmentrainingspläne schreiben entsprechende Trainingsumfänge vor, die aus den Anforderungen als eine Zertifikatsvoraussetzung des DTB entnommen ist (vgl. Tab. 1).

7 Die beiden anderen Sportarten unterscheiden sich hinsichtlich des Trainings- und Wettkampfumfangs sowie der Interaktion zwischen Trainer und Athlet nur wenig voneinander. Alle drei Sportarten zeichnen sich durch den Erwerb von komplizierten Körpertechniken aus.

Tab. 1. *Trainingsumfänge der TTS (Zertifikatsvoraussetzung)*

Ausbildungsstufe	Altersklasse	Trainingseinheiten/Woche	Trainingsstunden/Woche
1	5/6 Jahre	2	4-6
2	7/8 Jahre	3-4	6-12
3	9/10 Jahre	4-5	12-18

Wettkämpfe an den Wochenenden kommen ab dem Alter von sieben Jahren noch hinzu, davor werden lediglich motorische Tests und Kinderturnfeste empfohlen. Die Kinder verbringen demnach den größten Teil ihrer Freizeit in der Sportstätte – im „sozialen Feld Training". Sie arbeiten dort intensiv mit ihrem Trainer zusammen. Diese Zusammenarbeit wird im nächsten Abschnitt aus verschiedenen Blickwinkeln erörtert und damit die Relevanz dieser Arbeit begründet.

2.2 *Die normative, empirische und praktische Perspektive zum Thema Kinderleistungssport sowie die sportpädagogische Relevanz der Arbeit*

Die Diskussion über die kindliche Entwicklung im leistungsorientierten Sport ist in der sportwissenschaftlichen und insbesondere der sportpädagogischen Forschung durch zwei konträre Auffassungen geprägt. Zum einen gibt es Forderungen, die „Kinderarbeit" abzuschaffen, so Paschen (1984, S. 98). Die jungen Athleten würden ihrer „Kindheit beraubt" zugunsten eines zeitaufwändigen Trainings- und Wettkampfsystems – inszeniert von Erwachsenen. „Rekord und Medaillen" seien eine „flüchtige Ware", „frühes Kinderleid" dagegen „bleibendes Schicksal", meinte der Sportpädagoge Funke (1983, S. 72). Die andere Seite äußert, dass ein „kindgemäß" gestalteter Leistungssport durchaus positive Anstöße und Anregungen erbringe, die wertvolle Einstellungen für das Leben herausbilde. Der Sportpädagoge Grupe verweist auf das Argument der *Kindgemäßheit*, auf das sich beide Seiten berufen.

> „Einmal wird jedoch gesagt, der Kinderhochleistungssport muss im Interesse des Kindes abgelehnt werden, weil er nicht kindgemäß sei; und das andere Mal heißt es: Der Kinderhochleistungssport ist dann pädagogisch verantwortbar, wenn er kindgemäß gestaltet wird" (Grupe, 1998, S. 36).

Die Diskussion um das Für und Wider des Kinderleistungssports bleibt, seitdem sie zum Forschungsanliegen wurde, aktuell und bedarf ständiger empirisch gestützter Begleitung in der leistungssportlichen Praxis.

Die normative Perspektive

Aus dieser Diskussion heraus bezieht der Deutsche Olympische Sportbund (DOSB, ehemals Deutscher Sportbund, DSB) als Dachverband des Leistungssports in seinem *Nachwuchsleistungssportkonzept 2012* (DSB, 2006) eine klare Stellung mit breit gefassten Zielen, die über sportliche Erfolge hinausgehen:

> „Im Mittelpunkt des Konzepts stehen Talente, die nach sportlichen Höchstleistungen und Erfolgen streben. Mit der Nachwuchsförderung verwirklichen wir die Verantwortung, die Entfaltung der Begabungen junger Talente mit ihrem besonderen Engagement zu fördern. Der Deutsche Sport fördert den leistungssportlichen Nachwuchs mit dem eindeutigen Bekenntnis zu den ethischen

> Prinzipien eines humanen Leistungssports, zum Primat der Persönlichkeitsentwicklung der Kinder und Jugendlichen, zur pädagogischen Verantwortung für einen manipulationsfreien Leistungssport und zum entschiedenen Kampf gegen Doping“ (S. 5).

Der Sportler steht also mit seinen Bedürfnissen im Mittelpunkt. Inwieweit die Umsetzung dieser theoretischen Konzeption in der Praxis gelingt, bleibt offen. In diesem Zusammenhang scheint die soziale Interaktion zwischen Trainer und Athlet besonders relevant – obliegt es doch hauptsächlich dem Trainer, die Verwirklichung dieser Maximen zu gestalten. Der Beziehungsqualität zwischen Trainer und Athlet wird vor allem im Kindes- und Jugendalter enormes Gewicht beigemessen. Die Qualität dieser Beziehung ist mit pädagogischen Implikationen verbunden. Der pädagogische Anspruch an den kindlichen Leistungssport hat nicht immer einen so bedeutenden Stellenwert gehabt, wie er heute in vielen Dokumenten des organsierten Sports (bspw. Deutscher Olympischer Sportbund und Deutscher Turner-Bund) verankert ist. Der Trainer und sein Athlet gehen im gemeinsamen Training ein Arbeitsbündnis ein (Richartz et al., 2009). An dieser Stelle wird das Arbeitsbündnis nur kurz angerissen und in Kapitel 4.4 wieder aufgegriffen und tiefergehend betrachtet. Dieses pädagogische Bündnis beschreibt eine Art sozialen Vertrag zwischen zwei Partnern, die das gleiche Ziel verfolgen. Beide Akteure haben gewisse Erwartungen aneinander und investieren in die Zusammenarbeit. „Die erfolgreiche Nachwuchsförderung steht und fällt mit qualifizierten und engagierte TrainerInnen vor Ort“, so heißt es im *Nachwuchsleistungssport-Konzept 2012*, und weiter:

> „Sie sind für die Talente die vordersten affektiven Bindungspersonen im Sport und der Garant für die fachlich versierte sportliche Entwicklung. Ihre langfristige Bindungskraft geht vorrangig von ihren pädagogischen, sozialen und kommunikativen Kompetenzen aus“ (DSB, 2006, S. 17).

Diese Bindungskraft charakterisiert die Beziehungsqualität zum Trainer und stellt im Leistungssport eine wichtige Komponente dar (Richartz et al., 2009; Alfermann, Würth & Saborowski, 2002; Hohmann & Seidel, 2004). Sie hängt mit der Entwicklung einer Vertrauensbeziehung zwischen Trainer und Athlet zusammen und ist ein wichtiges Ergebnis der Trainingsarbeit. Die Beziehungsqualität ist ausschlaggebend für die weitere erfolgreiche Zusammenarbeit zwischen Trainer und Athlet aber auch für die Entwicklung einer stabilen positiven Einstellung zur Sportart.

> „Sicherlich nicht erst mit aber spätestens seit – der Veröffentlichung des Ehrenkodex des Deutschen Sportbundes (1997) gehört pädagogisch verantwortliches Handeln offiziell zu den Aufgaben eines Trainers in der Bundesrepublik Deutschland“ (Prohl, 2004, S. 11).

Mit dem *Trainer-Ehrenkodex* (DTB, 1997) soll der pädagogisch-ethische Rahmen im Leistungssport umrissen werden. Das „persönliche Empfinden“ von Kindern steht dabei an erster Stelle. Der Trainer verpflichtet sich, stets auf die physische und psychische Unversehrtheit seines Athleten zu achten, und diese über seine eigenen Ziele zu stellen. Weiter hält der *Trainer-Ehrenkodex* dazu an, die Persönlichkeitsentwicklung und die Selbstverwirklichung von Kindern und Jugendlichen zu unterstützen und sowohl „sportliche als auch außersportliche Angebote stets am Entwicklungsstand" der Athleten auszurichten. Auch eine gewisse Überzeugungsarbeit zur Bindung an die Sportart wird von Trainern erwartet und soll als Indiz gesehen werden, ob sich ein Trainer bewährt. „Gerechte Rahmenbedingungen" und der „Respekt der Würde" sind weitere Vorgaben, die der Trainer-Ehren-Kodex explizit festlegt. Die Relevanz dieser normativen Vorgaben betonen sowohl die Athleten als auch die Trainer, Funktionäre, Sponsoren und die Medien. Wissenschaftlich fundierte Studien, die sich mit diesen Themen auseinandersetzen sind allerdings rar. Die Trainer müssen zudem externe Erwartungen erfüllen. Der Umgang mit besorgten oder überehrgeizigen Eltern, Forderungen der vorgelegten Rahmentrainingspläne und Vorstellungen der Funktionäre miteinander zu vereinbaren, erfordert einen Balanceakt von Trainern. Dazu kommen formale Anforderungen, wie Verträge, Weisungsketten, Hierarchien und damit einhergehend auch privatwirtschaftliche Aspekte. Die Vereine und Sponsoren erwarten sportlichen Erfolg.

Empirisch – sportwissenschaftliche Talentforschung

In der empirischen Forschungslinie, die das Kind als sportliches Talent fokussiert, hat sich die Auffassung durchgesetzt,

> „dass eine aussagekräftige Talentdiagnose allein auf der Folie eines mehrperspektivischen, d.h. weiten und dynamischen Talentbegriffs unter Einschluss vielfältiger personaler und kontextueller Einflussgrößen sinnvoll erscheint" (Hohmann & Seidel, 2004, S. 185).

Der moderne Talentbegriff schließt somit auch die psychologische Leistungsbereitschaft mit ein. Er entstand durch zwei zunächst voneinander unabhängige Entwicklungen: Einerseits liegt der Fokus auf der Wettkampfleistung und den Leistungsdispositionen und andererseits werden die psychologische Leistungsbereitschaft und die exogenen Umweltbedingungen fokussiert. Weiterhin „verlagerte sich die Perspektive von einem statischen zu einem dynamischen und damit prozessdiagnostisch untersetzten Talentbegriff" (Hohmann, 2009. S. 14). Sportartspezifische Unterschiede dürfen hierbei nicht außer Acht gelassen werden, wenn man z. B. die große Alterspanne bedenkt, in der sich die sportlichen Höhepunkte befinden. Die *Trainer Athlet-Beziehung* wird u. a. Einflussfaktoren als ein *Moderator-Element* im Komplex der Umweltmerkmale eines Talents bzw. eines Athleten auf der Folie des Talentbegriffes definiert. Allerdings wurde die Trainerbeziehung im Setting der vom Bundesinstitut für Sportwissenschaft (BISp) geförderten Magdeburger Talentstudie an sportbetonten Schulen (MATASS) nicht untersucht (Hohmann, 2009). Aktuelle Forschungsarbeiten zum Talentbegriff thematisieren zwar die Bedeutung der Beziehungsqualität zwischen Trainer und Athlet, gehen aber in der Empirie selten darauf ein (Hohmann, 2009). Die Studien und Publikationen zu Kindern im Leistungssport sind überschaubar (z. B. Richartz et al., 2009; Frei, Lüsebrink, Rottländer & Thiele, 2000; Daugs, Emmrich & Igel, 1998; Weischenberg, 1996). Es existieren kaum empirische Studien im Altersbereich der frühen Talentförderung, die eine Evaluation der pädagogischen Qualität im Training vornehmen. Bei der Literaturrecherche im BISp-Recherchesystem Sport finden sich 336 Treffer zu Trainer-Athlet-Beziehung, 27 Treffer zu Trainer-

Athlet-Interaktion, 12 Treffer zu Trainer-Athlet-Verhältnis und ein Treffer zur Trainer-Athlet-Beziehungsqualität für den deutschsprachigen Raum[8]. Es lassen sich hauptsächlich Untersuchungen zur sozialen Interaktion im Jugend- und Erwachsenenalter finden. So beispielsweise die Untersuchung zur Sozialkompetenz von Trainern von Borggrefe, Thiel und Cachay (2006).

Perspektive der Praxis

Bei der qualitativen Studie von Borggrefe et al. (2006), ging es um die Frage, was Kompetenz von Trainern ausmacht. Es wurden Athleten, Trainer, Funktionäre und Manager in insgesamt 50 Interviews befragt und somit die Sicht der Praxis in den Blick genommen. Die Autoren kommen zu dem Ergebnis, dass Sozialkompetenz von Trainern als „Fähigkeits-Mix" zu verstehen sei, wobei „als zentrale soziale Fähigkeiten[...] die Fähigkeit zur Perspektivenübernahme sowie die Wahrnehmungs- und Reflexionsfähigkeit" behauptet wird. In diesem Zusammenhang wird wiederum „die hohe Bedeutung einer personalisierten und vertrauensbasierten Beziehung hervorgehoben" (ebd., S. 8). Sozialkompetente Trainer zeichnen sich dadurch aus, „dass sie situations- und zielgruppenspezifisch jeweils die angemessene Steuerungsstrategie zwischen den Polen ‚Formalisierung' und ‚Personalisierung' wählen" (ebd., S. 10) und somit maßgeblich die Beziehungsregulation unterstützen. Die fachliche Kompetenz und die soziale Kompetenz sind gleichrangig relevant. „Situativ anwendbare Patentrezepte", so die Autoren, lassen sich aus ihrem entwickelten Modell sozial kompetenten Trainerhandelns allerdings nicht ableiten:

> „Vielmehr versucht das Modell in Abhängigkeit von strukturellen, situativen und personellen Bedingungen entscheidende Zusammenhänge und Wirkungsfaktoren im Hinblick auf Interaktionsprobleme allgemein zu beschreiben und zu erklären und somit in erster Linie ein Problembewusstsein bei Trainerinnen und Trainern im Spitzensport zu schaffen" (ebd., S. 274).

Diese Ansprüche sind aus Untersuchungen mit Erwachsenen entstanden und können auch für das Kindesalter angenommen werden. Ähnliche Ergebnisse konstatieren Richartz und seine Arbeitsgruppe. Aus der Leistungssportstudie geht hervor, dass sich „ein Muster aus drei Erwartungsbündeln" konstatieren lässt, welche „schon aus Untersuchungen mit Jugendlichen bzw. Schülern bekannt sind" (Richartz et al. S. 301; Richartz, 2000): der Trainer solle Experte und Fürsorgefigur sein und die Rahmenbedingungen im Hinblick auf eine erfolgreiche gemeinsame Arbeit sicherstellen (Richartz et al., 2009, S. 289f). Weischenberg (1996) kommt in ihrer Beobachtungsstudie *Kindheit im modernen Hochleistungssport* zu dem Ergebnis, dass die soziale Interaktion zwischen Leistungssportlerinnen und Trainern durch einen Mangel an „positiver Verstärkung und Anerkennung" sowie „destruktive Äußerungen" durch die Trainer dominiert sei:

8 BISp-Recherchesystem Sport, Zugriff am 23.04.2014 unter www.bisp-datenbanken.de.

> „So konnte nicht selten beobachtet werden, dass sich eine junge Turnerin mit traurigem Gesicht und manchmal auch Tränen in den Augen allein zunächst in irgendeinen Teil der Turnhalle zurückzog, nachdem sie nach einer misslungenen Übungsausführung von ihrem Trainer ausgeschimpft worden war“ (S. 317).

Dies lässt ahnen, dass die Anforderungen des *Trainer-Ehrenkodex* in der praktischen Arbeit noch nicht zu Genüge erfüllt werden. Die Tatsache, dass sportpädagogische Problem- und Fragestellungen nur zu den Randthemen der Trainer-Aus- und Weiterbildung zählen (Klöckner, 2000), beschreibt ein grundsätzliches Problem in Bezug auf die trainingspädagogischen und didaktischen Kompetenzen von Trainern.

Sportpädagogische Relevanz der Arbeit

Das Ziel der Sportpädagogik im Kontext des *Leistungssports von Kindern* besteht vor allem darin,

> „[...] den Kinderleistungs- und -hochleistungssport in seinen menschlichen und ethischen Bezügen zu beleuchten, ihn kritisch zu begleiten und ggf. die Beteiligten im Hinblick auf ihr Denken und Handeln zu beraten“ (Grupe & Krüger, 2008, S. 31).

Hinsichtlich der Beteiligten steht vor allem die Beziehung zwischen Trainer und Athlet im Mittelpunkt der vorliegenden Arbeit und wird unter sportpädagogischem Blickwinkel betrachtet. „Eine wesentliche Grundlage pädagogischen Handelns ist die Beziehung zwischen Erzieher und Zu-Erziehendem („Zögling“)“ (Neuber, Golenia, Krüger & Pfitzner, 2013, S. 403). Nehmen Trainer und Athlet die gemeinsame Trainingsarbeit auf, entsteht eine pädagogische Beziehung. Die hohe Qualität einer pädagogischen Beziehung ist eine wichtige Voraussetzung für erfolgreiches Lernen und trägt wesentlich zum Erfolg der pädagogischen Arbeit bei (z. B. Pianta, 2006, S. 685; Neuber et al., 2013, S. 403). Weiter oben wurde bereits mit Bezug zum Normativen ausgeführt, dass dem Trainer die pädagogische Verantwortung zukommt, die Rahmenbedingungen für einen humanen und kindgemäßen Leistungssports zu schaffen. In der vorliegenden Arbeit geht es um eine sportpädagogische Dimension[9], die Grupe und Krüger (2008) auf die Frage „Was ist sportpädagogisch?“ mit Hilfe des Erziehungs-Begriffs beantworten:

> „Die Zuwendung eines Menschen zu einem anderen im Sport mit dem Ziel der Beratung, Betreuung, Belehrung, Hilfe, des Unterrichtens und Lehrens, also seiner Bildung, Erziehung und Entwicklung ist als pädagogisch anzusehen; aber auch die Unterlassung oder Verweigerung einer solchen Zuwendung ist in dem Sinne pädagogisch, als sie erzieherische Folgen hat“ (S. 94).

Die Zuwendung eines Menschen zu einem anderen im Sport impliziert die Interaktion beider Akteure und charakterisiert die Beziehungsqualität. Die Grundhaltungen für eine positive pädagogische Beziehung sind nach Rogers (1989): (1) *Wertschätzung*

9 Nach Grupe und Krüger (2008) lässt sich die Frage „Was ist sportpädagogisch?“ in dreifacher Weise mit Hilfe des Begriffs der „Erziehung“ beantworten. Neben der oben genannten Dimension geht es in einer weiteren Dimension um erzieherische Wirkungen durch das soziale Umfeld und in einer dritten Dimension um Strukturen, die erzieherische Einflüsse ausüben (vgl. ebd., S. 94).

und bedingungsfreies Akzeptieren, (2) *präzises, einfühlendes Verstehen und Empathie* und (3) *Echtheit, Kongruenz und Authentizität* (Neuber, Golenia, Krüger & Pfitzner, 2013, S. 404). Die Qualität der Beziehung zwischen Trainer und Athlet hat eine wichtige Funktion inne, wenn es um die Legitimationsdebatte zum Thema Kinderleistungssport geht. Um die Trainer-Athlet-Beziehungsqualität weiter zu beleuchten werden Grundannahmen der Bindungstheorie herangezogen und für den hier vorliegenden Forschungsgegenstand fruchtbar gemacht.

2.3 *Warum Bindungstheorie als Grundlage?*

Die Bindungstheorie beschäftigt sich intensiv mit zwischenmenschlichen Beziehungen. Die Interaktionen zwischen Athlet und Trainer können aus der bindungstheoretischen Perspektive auch als Beziehungserfahrungen wahrgenommen werden. Wie schon Richartz et al. (2009) in der Kinderleistungssportstudie zeigen konnten, fungiert der Trainer für leistungssportlich aktive Kinder als „sekundäre Bindungsfigur" (S. 263). John Bowlby, der Begründer der Bindungstheorie, erwartete, dass eine Bindungsbeziehung sich immer dann einstellt, wo eine schwächere Person unabhängig von ihrem Alter den Schutz und die Fürsorge einer vertrauten, stärkeren Person braucht (Bowlby, 2009, S. 20f). Damit sind allerdings zeitlich überdauernde und ausreichend intensive Situationen gemeint. Solche Situationen finden sich im Kinderleistungssport, insbesondere in den kompositorischen Sportarten, wo Trainer und Athlet teilweise im „eins zu eins"-Setting miteinander arbeiten. Entsprechend gründet die vorliegende Arbeit auf Modellen und Methoden der Bindungsforschung.

Mit der in den letzten Jahrzehnten entstandenen Fülle an Forschungsarbeiten und Befunden in verschiedenen Altersbereichen hat sich die Bindungsforschung im Wissenschaftskontext fest etabliert. Aus der Vielzahl an Studien mit fein abgestimmten Modellen und Konzepten, die sich auf die Bindungstheorie berufen und hauptsächlich die Bindungsentwicklung erforschen, gehen teilweise divergente Befunde hervor, die an entsprechenden Stellen dieser Arbeit herangezogen und diskutiert werden.

Untersuchungen zu Auswirkungen der Beziehungsqualität auf Aspekte der Emotionsregulation und Bewältigung lassen sich hauptsächlich im schulischen Lehr-Lern-Kontext finden. Sie kommen übereinstimmend zu dem Ergebnis, dass eine positive, von Nähe und gewaltfreier Kommunikation charakterisierte Beziehungsqualität zwischen Lehrern und Schülern zu positiven Auswirkungen hinsichtlich Engagement und Motivation in der Schule führt (z. B. Harwardt-Heinecke & Ahnert, 2013; Pianta & Stuhlmann, 2004; Sroufe et al., 2005). Die Frage, inwieweit sich ähnliche Ergebnisse für die Trainer-Athlet-Beziehung replizieren lassen, wird mit der vorliegenden Arbeit aufgeworfen.

Der nächste Abschnitt versteht sich als Lockerungsübung für den Einstieg in die Thematik. Er stellt einen Interviewausschnitt vor, der zur Erfassung der Trainer-Athlet-Beziehungsqualität im Rahmen der *Evaluation der Turn-Talentschulen* geführt wurde.

2.4 *Illustrierendes Fallbeispiel: „...so nach dem Motto: mit dem Trainer kann ich gut!“*

Die Trainerin wird im Interview aufgefordert drei Worte zu finden, die ihre Beziehung zu der Turnerin – nennen wir sie Paula – treffen würden. Die Trainerin nennt u. a. „Aufmerksamkeit“ – und beschreibt eine Episode mit Paula im Training:

„T: Mmh, ich glaube [das war vor] (Anm. d. Verf.) *zwei Wochen. Und ich habe eine ALLgemeine Korrektur für alle Kinder gegeben, weil ich war/nee, es war/ist schon länger her, drei Wochen oder so, zu Anfang. Und wir haben versucht, Handstände noch ein bisschen sauberer zu turnen, in einer besseren Haltung. Und ähm, wenn man so allgemeine Korrekturen an alle Kinder vergibt, gibt es ja Kinder, die in der Zeit so mit einem halben Ohr zuhören, und es gibt Kinder, die sich angesprochen fühlen und es versuchen sofort umzusetzen. (.) Und bei ihr ist es eben ganz deutlich gewesen, dass sie sehr an meinen Lippen gehangen hat und sehr gut die Sachen umsetzen konnte. Da kamen halt auch ihre TALENTE zum Vorschein. Ja? Also, „ich verstehe, was der Trainer MEINT, und ich kann mich in seinen/ich kann mich in seine Korrektur hineinversetzen“, ich arbeite gerne mit Bildern, dass Kinder sich das besser vorstellen können und ähm das ist natürlich super schnell gelaufen bei ihr, sie konnte das sehr gut umsetzen. Und (sie) hat es so lange geübt, und natürlich auch immer mit diesem „[Name der Trainerin] kuckst du mal?“ oder „Trainer, schau mal her!“, immer mit dieser Bestätigung, Bestätigung suchen, macht sie es richtig? Kann sie es noch besser? Was kann sie verbessern? Also das geht sehr gut. Und es gibt Kinder, die sagen eben „Habe ich gemacht, ich bin fertig“ und es gibt Kinder, die wollen immer Bestätigung haben, „Habe ich es auch so gemacht, wie du dir das VORgestellt hast, lieber Trainer?“ Und DAS ist eben bei ihr eher so.“*

Die Trainerin beschreibt, dass es für sie ein „großes Erfolgserlebnis“ ist, wenn sie sieht, dass ihre Verbesserungsanweisungen bei den Kindern ankommen. Sie findet darin ein Feedback für ihre Arbeit. Weiter erzählt sie aus den Anfängen in dieser Trainingsgruppe:

T: (..) Naja, das waren halt eine der ersten Trainingsdinger und da versuchen natürlich alle Kinder immer (.) zu glänzen und zu strahlen und irgendwie, ich glaube, die hatten sich eh drauf gefreut, mit mir zu trainieren. Und ähm von daher war die Motivation eh schon da, und ähm ich glaube für Paula war das dann (...) ja, schon (..) auch Bestätigung für sie. „Aha, habe ich gut gemacht.“ (..) Also, so nach dem Motto „Mit dem Trainer kann ich gut“. Weil die machen das ja schon auch davon abhängig, (.) ähm, „Versteht der Trainer mein Problem?“ Das ist wie ein Mathelehrer, wenn er mich/wenn er mir nicht erklären kann, was ich/was ich eigentlich nicht verstehe, dann brauche ich den Trainer nicht. Also ich hatte das Gefühl, dass das in dem Moment schon aussagekräftig ist für unsere zukünftige Beziehung. (...) Also sie hat mich ernstgenommen, sie fand das wichtig, was ich gesagt habe, es hat ihr Erfolgserlebnis ähm bereitet und dann war das für sie: „Gut. Mit der kann ich trainieren.“

Die Trainerin macht hier deutlich, wie wichtig ein gut funktionierendes Arbeitsklima mit gegenseitigen Erwartungen und passenden Erfüllungen einhergeht um Leistungsfortschritte zu erzielen. Dabei sind die gegenseitige Wertschätzung und das Vertrauen für eine positive Beziehungsqualität notwendig. Die Bindungstheorie beschäftigt sich intensiv mit der Qualität zwischenmenschlicher Beziehungen. Da die Theorie im sportwissenschaftlichen Kontext noch relativ unbekannt ist, wird nun auf Kernkonzepte und ausgewählte Befunde eingegangen.

3 Theoretische Grundlage: Bindungstheorie – Konzepte und ausgewählte Befunde

Die Basis der Bindungstheorie bilden enge emotionale zwischenmenschliche Beziehungen. Die daraus entstandene Bindungsforschung beschäftigt sich mit der Entstehung, Entwicklung und Veränderung dieser engen Beziehungen sowie den Auswirkungen im Verhalten und in der Repräsentation in Gedächtnis und Sprache.
Die Erforschung des menschlichen Bindungsverhaltens geht zurück auf John Bowlby, einen englischen Arzt und Psychoanalytiker. Mit seinem dreibändigen Werk zur Bindungstheorie (Attachment & Loss, 1969, 1973, 1980; deutsch: 2006a, 2006b, 2006c) legte er das Ergebnis seiner interdisziplinär ausgelegten Erforschung der Eltern-Kind-Beziehung dar. Er beschäftigte sich nach dem zweiten Weltkrieg intensiv mit den Folgen der Trennung von Mutter und Kind. Er stellte die These auf, dass die Beeinträchtigung der frühen Mutter-Kind-Beziehung ein ausschlaggebender Vorläufer psychischer Störungen sei. Er beobachtete kindliches Verhalten unmittelbar und nicht wie seinerzeit gängig retrospektiv (z. B. Freud). Dabei beobachtete er das Leid von Kindern, wenn sie von der Mutter getrennt wurden, was sich durch wütende Proteste gefolgt von Verzweiflung zeigte. Dieses Verhalten kam trotz der Nahrungsversorgung und Betreuung durch die Krankenpfleger auf. Dies veranlasste Bowlby zu der Überlegung, dass die Mutterbindung nicht ausschließlich durch die Befriedigung des Nahrungsbedürfnisses definiert sein kann. Er kam zu der Überzeugung, dass es ein biologisch angelegtes System der Bindung gibt, das für die Herstellung eines „emotionalen Bandes“ zwischen Mutter und Kind verantwortlich ist: "The nature of the child's tie to his mother" (Bowlby, 1958, S. 277ff). Diese Bindungsfigur ist nicht austauschbar und bei einer längeren Trennung von ihr oder ihrem Verlust entsteht tiefe Trauer. Inspiriert von den Verhaltensforschern Lorenz und Tinbergen sowie Untersuchungen zum Bindungsverhalten nichthumaner Primaten von Harlow und Hinde, ersetzte John Bowlby Freuds Modell der Triebtheorie (psychische Triebenergie) durch das Modell biologisch basierter Verhaltenssysteme (Kap. 3.1), die in den weiteren Kapiteln (3.1.1-3.1.2) vertieft werden. Wie Bindung entsteht und wie sie sich entwickelt ist Thema in Kapitel 3.2. In Kapitel 3.3 werden die Grundlagen zum Bindungsverhalten im Kleinkindalter aufgezeigt. Der Schritt auf die Ebene der Repräsentation gilt als Meilenstein in der Bindungsforschung und ist Thema in Kapitel 3.4, worauf die Erhebung der Bindung in der mittleren Kindheit aufbaut (Kap. 3.5). Anschließend werden die organisierten Bindungsmuster und die Desorganisation der Bindung (Kap. 3.6) beschrieben, wobei auf Besonderheiten im kindlichen Spiel des *Geschichtenergänzungsverfahrens* eingegangen wird (Kap. 3.6.1-3.6.4). Kapitel 3.7 beschäftigt sich mit der Beziehungsqualität zu sekundären Bezugspersonen, wobei Grundlagen und Forschungsstand dargelegt werden (Kap. 3.7).

3.1 *Das Konzept der Verhaltenssysteme*

In diesem Kapitel werden die Konzepte der Verhaltenssysteme zum Bindungs- und Explorationsverhalten des Kindes und des Fürsorgeverhaltens auf Elternseite herangezogen, um die Entstehung und Entwicklung von Bindung zu veranschaulichen.

3.1.1 *Bindungs- und Explorationsverhaltenssystem des Kindes*

Nach Bowlby (2010, S. 21) ist jedes neugeborene Kind mit verschiedenen Bindungsverhaltensweisen ausgestattet. Mit „Bindungsverhalten" werden sämtliche „Nähesuchenden"-Verhaltensweisen beschrieben, die aktiviert werden, wenn das Sicherheitsgefühl bedroht ist. Dies kann sowohl durch externe Reize, wie Gefahr oder Abwesenheit der Bindungsperson, als auch durch interne Reize, wie Erschöpfung, Hunger oder Schmerz, der Fall sein.

Bowlby konzeptualisierte das Bindungsverhaltenssystem als Regelkreis-Modell bzw. „Bindungssteuerungssystem" um zu erklären, wie Bindungsverhalten durch Feedbackschleifen kontrolliert und reguliert wird, mit dem Ziel der Sicherheitswiederherstellung (Bowlby, 2006, S. 45; 2009, S. 22). In belastenden oder angstauslösenden Situationen wird das Bindungsverhaltenssystem des Kindes aktiviert (Bowlby, 2010, S. 26, 48f, 98ff, 2006a, S. 250f, 2006c, S. 45). Durch Bindungsverhaltensweisen, wie z. B. Weinen im Säuglingsalter oder Nachfolgen und Anklammern im Kleinkindalter, signalisiert das Kind seine Bedürfnisse nach Nähe und Trost mit dem Ziel, sein psychisches Sicherheitsgefühl wieder herzustellen (Bowlby, 2006a, S. 204). Wenn nun bspw. mit dem Bindungsverhalten nicht das gewünschte Ziel nach Nähe durch die Bindungsfigur erreicht werden kann, sich also als „dysfunktional" erweist, wird es entsprechend angepasst, um negative Konsequenzen zu vermeiden. Kinder lernen, Emotionen als Bewertungsprozesse wahrzunehmen und für die Verhaltenssteuerung einzusetzen. Gelingt es der Bezugsperson, die Gefühle des Kindes empathisch zu akzeptieren und es bei der Regulation von Wut, Angst, Scham etc. zu unterstützen, lernt das Kind Lösungswege zur Beruhigung und Herstellung des Sicherheitsgefühls (Grossmann, 2008, S. 31). Bowlby beschreibt dies als „verlässliche" oder „sichere Basis" (Bowlby, 2010, S. 9; Bowlby, 2006b, S. 322). Diese Sicherheit schaffende Basis wird vor allem dann wichtig, wenn das Kind Krisen nicht eigenständig bewältigen kann.

Bowlby (2010, S. 51; 2006, S. 45) versteht das Bindungsverhaltenssystem als ein eigenständiges Motivationssystem, welches relativ unabhängig zu anderen Bedürfnissystemen (Nahrung, Sexualität) ist und somit weder ausschließlich durch Instinkte noch ausschließlich durch Lernprozesse gesteuert wird. Komplementär zum Bindungsverhaltenssystem wird ein Explorationssystem angenommen, das auf der Motivation zu autonomen Erkundungen der Welt beruht (Ainsworth & Wittig, 1969). Angeregt von Bowlbys Forschung, führte Mary Ainsworth, eine Schülerin Bowlbys, empirische Untersuchungen zu Mutter-Kind-Dyaden in Uganda und Baltimore durch. Sie betrachtete Mutter-Kind-Interaktionen prospektiv und unter ethnologischen Gesichtspunkten und bestätigte Bowlbys Annahme der Verhaltenssysteme. Das in Abbildung 1 dargestellte Steuerungsmodell der Bindungs- und Explorationsbalance impliziert eine gegenseitige Abhängigkeit. Kleinkinder explorieren nur, wenn das Bindungssystem inaktiv – also beruhigt ist. „Dieses Wechselspiel bleibt auch über das Kleinkindalter hinaus“ bis in die „Adoleszenz“ erhalten (Bowlby, 2010, S. 48). Wird das Bindungssystem durch angemessenes Fürsorgeverhalten beruhigt und fühlt sich das Kind in Sicherheit und wohl, zeigt es kein Bindungsverhalten und erkundet offen und mutig seine Umwelt. Das Explorationsverhaltenssystem ist nun aktiviert (Ainsworth & Wittig, 1969). Die Dynamik von „Nähe und Distanz“ zur Bezugsperson stellen somit den „Gradmesser der jeweiligen Bindungen“ dar (Bowlby, 2010, S. 22). Dem Bindungsverhaltenssystem des Kindes wiederum steht ein komplementäres Verhaltenssystem der Bindungsfigur gegenüber: das Fürsorgeverhaltenssystem. Feinfühliges Verhalten wird auch dann in einer abgewandelten Form wichtig, wenn es um professionelles fürsorgliches, sensitives Verhalten von sekundären Bezugspersonen z. B. von Lehrern oder Trainern geht.

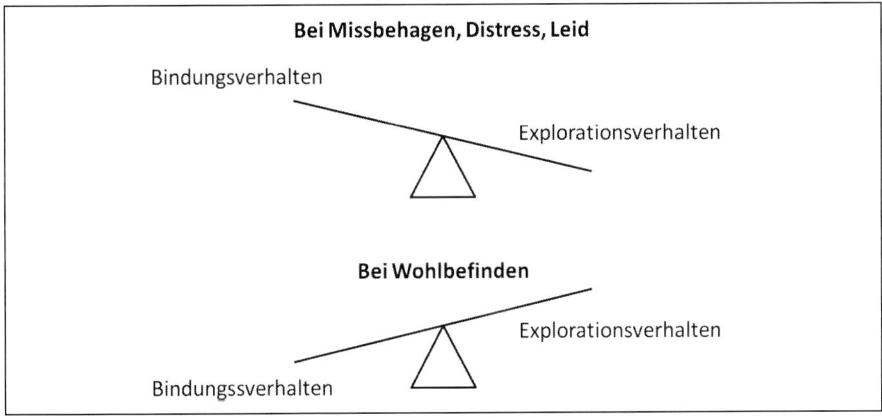

Abb. 1. Das Konzept der Bindungs-Explorations-Balance (Grossmann & Grossmann, 2004, S. 133).

3.1.2 *Fürsorgeverhalten auf Elternseite*

Das durch das Bindungsverhalten ausgelöste Fürsorgeverhalten der Bindungsperson, beispielsweise bei Schmerzen oder Gefahren, soll das Sicherheitsgefühl des Kindes wieder herstellen. Das Konzept feinfühligen Verhaltens geht auf Ainsworth, Bell und Stayton (1974) zurück und ist durch vier zentrale Merkmale mütterlichen Verhaltens in der Interaktion mit dem Säugling und später dem Kleinkind charakterisiert. Das sind:

- eine niedrige Wahrnehmungsschwelle – die Mutter hat das Kind aufmerksam „im Blick“ und „ist geistig präsent“,

- die „richtige Interpretation" – die Mutter reagiert empathisch auf die Signale und Äußerungen des Säuglings und ist nicht von ihren eigenen Bedürfnissen beeinflusst,
- eine „prompte Reaktion" – die Mutter reagiert ohne Zeitverzögerung auf das kindliche Verhalten, sodass es eine Assoziation zwischen seinem Verhalten und der mütterlichen Handlung bilden kann und somit Wirksamkeit seiner Signale erfahren kann – „im Gegensatz zur Hilflosigkeit, die sich einstellt, wenn das Verhalten nutzlos ist;" und
- die „Angemessenheit der Reaktion" der Bindungsperson – damit ist die Art und Weise der Beruhigung gemeint, die das Kind zur Wiederherstellung des Sicherheitsgefühls braucht, z. B. Schutz und Nähe bei Angst oder Trost bei Traurigkeit (vgl. Grossmann und Grossmann (2004, S. 119).

Feinfühliges Verhalten kann demnach nur gelingen, wenn die Mutter das Kind als eigene Persönlichkeit betrachtet und ihre Wahrnehmung hinsichtlich der Ziele des Kindes sensibilisiert. Wenn sich das Kind zuverlässig auf Zuwendungen der Mutter verlassen kann, lernt es, dass seine Signale wirksam sind, was wiederum die Grundlage für die Entstehung und Entwicklung einer sicheren Bindung ist (Ainsworth, Bell & Stayton, 1971). Die empirische Untersuchung und Beschreibung der individuellen Bindungs- und Explorationsverhaltensweisen geht auf Mary Ainsworth zurück und wird in Kapitel 3.3 dargestellt.

3.2 *Entstehung und Entwicklung von Bindung*

Eine Bindungsbeziehung stellt sich immer dann ein, wenn eine schwächere Person über einen längeren Zeitraum hinweg auf den Schutz einer stärkeren Person angewiesen ist (Bowlby, 2009, S. 21). Die ersten Bindungserfahrungen macht der Säugling mit der primären Bezugsperson, in den meisten Fällen ist dies die Mutter. Dabei entwickelt sich die Bindung nach Bowlby (2006a, S. 257f) in vier verschiedenen Phasen (vgl. Grossmann & Grossmann, 2004, S. 73): Die erste *„Phase der unspezifischen sozialen Reaktion"* während der ersten zwei Lebensmonate beschreibt, wie sich der Säugling durch Verhalten, wie „Horchen, Anschauen, Schreien, Festsaugen, Umklammern und Anschmiegen", allgemein an Personen „fast reflexartig" richtet. Diese Verhaltensweisen werden in der zweiten *„Phase der unterschiedlichen sozialen Reaktionsbereitschaft"* schneller und adäquater auf die Äußerungen und Verhaltensweisen der Bezugspersonen, die ihm am nächsten stehen. Diese Phase findet vom zweiten bis sechsten Lebensmonat statt. Wenn das Kind mobiler wird – krabbeln oder rutschen kann – kommen Bindungsverhaltensweisen noch deutlicher zum Vorschein, indem es der Mutter[10] nacheilt, wenn sie sich entfernt. In der dritten Phase, der *„Phase des aktiven und initiierten zielkorrigierten Bindungsverhaltes"*, lernt das Kleinkind, die Reaktionen der Bindungsperson auf sein Verhalten, wie z. B. jammern,

10 Für eine bessere Lesbarkeit wird als Hauptbezugsperson im Säuglings- und Kleinkindalter der Begriff *Mutter* verwendet, was aber auch Adoptivmutter oder (Adoptiv-)Vater einschließt.

grüßen oder erzählen vorherzusagen (Grossmann & Grossmann, 2004, S. 73). Dabei lassen sich die individuell unterschiedlichen Bindungsverhaltensweisen von Kindern um das erste Lebensjahr deutlich voneinander unterscheiden. Die Befunde aus der empirischen Arbeit von Mary Ainsworth sprechen dafür, dass sich diese in Abhängigkeit von sensitivem Verhalten der Eltern entwickeln. Die vierte Phase ist die *Phase der zielkorrigierten Partnerschaft*, welche sich über das gesamte Kleinkind- und Vorschulalter erstreckt. Nun kann sich das Kind verbal äußern und entwickelt ein Verständnis dafür, dass die Bindungsperson Pläne haben kann, die mit seinen eigenen nicht im Einklang sind. Das Kind beginnt zu verhandeln, kann argumentieren und versucht, die Vorhaben der Mutter so zu verändern, „dass sie eher ihren eigenen Wünschen entsprechen" (Grossmann & Grossmann, 2004, S. 75). Das Kind ist nun auch in der Lage „bindungsbezogene Bedürfnisse oder Ziele in Abhängigkeit von Kontextbedingungen und von augenblicklichen Interessen oder Bedürfnissen seiner Bezugsperson aufzuschieben oder zu modifizieren" (Spangler & Zimmermann, 1999, S. 98). Kinder, die sich in den Erfahrungen, die sie mit ihren primären Bezugspersonen gemacht haben, als wertvoll und liebenswert erfahren haben und adäquates Fürsorgeverhalten in bindungsrelevanten Situationen kennen, profitieren von der „sicheren Basis", die ihnen die Bezugsperson bietet. Entsprechend entwickeln sie ein sicheres Bindungsverhalten. Unsichere Bindungsverhaltensweisen hingegen resultieren daraus, dass die Fürsorge der primären Bezugspersonen in bindungsrelevanten Situationen nicht angemessen ist.

> „Wenn ein kleines Kind z. B. in Situationen emotionaler Belastung, die es durch negative Gefühlsäußerungen und Bindungsverhalten deutlich macht, häufig nicht beachtet wird oder Zurückweisung durch die Bindungsperson erfährt, lernt das Kind, negative Gefühle und Bindungsverhalten nicht zu zeigen oder umzulenken, um auf diese Weise das gewünschte Ziel, in die schützende Nähe zu seiner Bindungsperson zu gelangen, doch zu erreichen" (Grossmann & Grossmann, 2004, S. 78).

Bindung lässt sich schon ab dem sechsten Monat auf der Verhaltensebene beobachten und diagnostizieren. Diese Annahme geht auf Mary Ainsworth zurück, die angeregt von Bowlbys Forschung die Mutter-Kind-Interaktion prospektiv und unter ethnologischen Gesichtspunkten betrachtete. Sie klassifizierte drei Dimensionen *Sensitivity*, *Cooperation* und *Acceptance* (Ainsworth et al., 1974), welche die Qualität der Mutter-Kind-Interaktionsmuster beschreiben. Mit der Klassifizierung verschiedener Bindungsverhaltensmuster beschäftigt sich das nächste Kapitel.

3.3 *Bindungsverhalten im Kleinkindalter in der Fremden Situation*

Ainsworth und Wittig (1969) entwickelten ein Verfahren, das die verschiedenen Verhaltensweisen von Kindern im Hinblick auf ihre Bindungsqualität zur Mutter kategorisieren lässt: die sogenannte *Fremde Situation* (Strange Situation Test: Ainsworth & Wittig, 1969). Dieser Test untersucht den Einfluss der An- und Abwesenheit der Mutter auf das Bindungs- und Explorationsverhalten einjähriger Kinder. Trennung und Wiedersehen von Mutter und Kind sind geeignete Situationen bei denen Bindungsverhalten ausgelöst wird. Der Test findet in einer Laborsituation statt in der die 12 bis

18 Monate alten Kinder in einer Situation beobachtet werden, die möglichst natürlich ist und das explorative Verhalten von Kindern, z. B. durch das Vorhandensein von Spielzeug, aktiviert. Das Bindungsverhalten wird in dieser Versuchssituation durch die kurzzeitige Trennung von der Mutter aktiviert. Die verschiedenen Verhaltensweisen von Kindern in der Testsituation, also während der Anwesenheit der Mutter, während der Trennung und während der Begrüßung bei der Wiederkehr der Mutter, ließen deutliche Unterschiede im Hinblick auf die Bindungsqualität erkennen (Ainsworth et al., 1971; Ainsworth & Bell, 1970 in Grossmann & Grossmann, 2003, S. 146ff). Ainsworth, Blehar, Waters und Wall (1978) entwickelten aus der Fülle an Befunden ein System zur Klassifizierung organisierter Bindungsmuster und unterschieden drei Haupt-Muster verschiedener Strategien im Hinblick auf das Bindungsverhalten: das Vermeidende (A), das Sichere (B) und das Ambivalente (C) mit insgesamt acht Unterklassen. Als maßgeblicher Indikator für die Bindungsqualität stellten sich die unterschiedlichen Reaktionen der Kinder bei der Wiederkehr der Mutter nach der Trennung heraus. Sicher-gebundene Kinder zeigten in der Trennungssituation deutliches Bindungsverhalten, ließen sich aber bei der Rückkehr der Mutter schnell von ihr beruhigen. Unsicher-vermeidend gebundene Kinder (A-Kategorie) hingegen zeigten kein bzw. kaum Bindungsverhalten während der Trennung und begrüßten die Mutter kaum bei ihrer Wiederkehr. Unsicher-ambivalent gebundene Kinder (C-Kategorie) zeigten dramatisch übersteigertes Bindungsverhalten, sie schienen durch die Trennung verzweifelt und ließen sich bei der Wiedervereinigung kaum beruhigen (vgl. Bowlby, 2009 S. 24f; Ainsworth, et al. 1971 in Grossmann & Grossmann, 2003, S. 174f). Später wurde eine weitere Klassifizierung ergänzt: die Desorganisation. Ein desorganisierter Bindungsstatus zeichnet sich dadurch aus, dass das Kind mit seinem Verhalten keine Strategie verfolgt. Dies ist oft bei traumatisierten oder vernachlässigten Kindern der Fall (Main & Solomon, 1990). Diese schon seit fast fünfzig Jahren bestehende Einteilung der Bindungsmuster hat sich bewährt und wird auch in der vorliegenden Arbeit angewendet.

Die aufgezeigten Bindungsmuster lassen sich über die Organisation des Verhaltens differenzieren und bauen auf dem Konzept der „Sicheren Basis“ auf (Bowlby, 1980 in Grossmann & Grossmann, 2003, S. 43; Sroufe & Waters, 1977). Eine „sichere Basis“ ist für das Kind dann gegeben, wenn es sich auf die Bindungsperson verlassen kann. Damit ist gemeint, dass die Bindungsperson „feinfühlig gegenüber den „Signalen [...] zugänglich [und] kooperativ“ bzw. verfügbar ist und adäquat auf die Bindungsbedürfnisse des Kindes eingeht (Ainsworth et al., 1971 in Grossmann & Grossmann, 2003, S. 200). Demnach können sicher-gebundene Kinder mehr von der Bindungsperson als „Sicheren Basis“ profitieren und sind dadurch in der Lage auch negative Gefühle gegenüber der Bindungsperson zu äußern und „ein Gleichgewicht von Bindung und Exploration“ zu halten (ebd., S. 170). Bei Kindern mit unsicher-vermeidendem Bindungsmuster hingegen ist die Aktivierung des Bindungssystems stark vermindert. „In der Fremden Situation waren sie durch ihre [der Mutter, Anm. d. Verf.] Abwesenheit nur minimal gestresst.“ „Sie nutzten exploratives Spielen

anscheinend sowohl zu Hause als auch in der Fremden Situation als Ersatz für die mütterliche Aufmerksamkeit“ (ebd., S. 202). Diese „selbstverständliche Abwehr“ ist Resultat aus Erfahrungen „mit Gefühlen der Unsicherheit fertig zu werden, die von einer Mutter ausgelöst wurden, die das Baby zu Hause ignorierte und zurückwies“ (ebd., S. 202). Die Bindungsperson kann nicht als „Sichere Basis“ genutzt werden. Bei Kindern mit einem unsicher-ambivalenten Bindungsmuster ist das explorative Verhalten eingeschränkt. Das Baby „reagiert in den Trennungsepisoden mit sehr starkem Distress und in den Wiedervereinigungsepisoden mit Ambivalenz gegenüber seiner Mutter“ (ebd., S. 205). Das Bindungssystem des Kindes scheint chronisch aktiviert, da das Kind immer wieder überprüft, ob die Bindungsperson als „Sichere Basis“ zur Verfügung steht, da diese als inkonsistent erlebt wird, z. B. „sich stark in die Exploration des Babys einmischten“ oder es „ignorierten“ (ebd., S. 204).
Bis zum zweiten Lebensjahr zeigt sich Bindungsqualität unmittelbar im Verhalten des Kindes gegenüber seinen Bezugspersonen. Wenn das Kind älter wird und es seine Erfahrungen zunehmend kognitiv verarbeitet, gerät die Beziehungsgestaltung auf der Verhaltensebene in den Hintergrund und verfestigt sich auf der Ebene mentaler Repräsentation (Main, Kaplan & Cassidy, 1985).
Im Rahmen zur Forschung zur *Fremden Situation* lag das Interesse der Arbeitsgruppe um Ainsworth darin, herauszufinden, inwieweit das Bindungsverhalten am Ende des ersten Lebensjahres eine Festlegung für den weiteren Lebensverlauf darstellt. Darüber hinaus galt es zu klären, ob das Bindungsverhalten die weitere Entwicklung, z. B. von sozialen und kognitiven Kompetenzen, von Affektregulation und von anderen motivationalen Aspekten beeinflusst. Neue Untersuchungsmethoden mussten entwickelt werden, da sich das Bindungsverhalten wie in der *Fremden Situation* mit dem Älterwerden der Kinder nicht mehr offensichtlich zeigt. Es wurde eine andere Möglichkeit gesucht, um das Bindungsverhaltenssystem zu aktivieren und Bindungsmuster erfassen zu können. Auf diese Erhebungsverfahren wird in Kapitel 3.5 eingegangen, zunächst wird die theoretische Grundlage dafür vorgestellt.

3.4 *Internale Arbeitsmodelle und mentale Repräsentation*

Das Konzept Internaler Arbeitsmodelle (Internal Working Models, IWM) führte Bowlby in den 1960er Jahren ein, um zu beschreiben, wie die Beziehungserfahrungen die ein Säugling oder Kleinkind mit den primären Bezugspersonen macht, mental repräsentiert sind. Die mentale Repräsentation ist ausschlaggebend für die Wahrnehmung bindungsrelevanter Ereignisse. Des Weiteren ist mental repräsentiert, was in der Zukunft in ähnlichen Situationen erwartet wird. Dementsprechend können Pläne gemacht werden.

> "In the working model of the world that anyone builds, a key feature is his notion of who his attachment figures are, where they may be found, and how they may be expected to respond" (Bowlby, 1973, S. 208).

Internale Arbeitsmodelle werden als kognitive Strukturen beschrieben, die das Wissen über die eigne Person (Model des Selbst) und über die Bindungsperson sowie

die Bindungserfahrungen mit ihr beinhalten und gelten als Steuerungsinstanzen des Bindungsverhaltenssystems (Bowlby, 2010, S. 22, 100ff). Bowlby ging von zwei aufeinanderfolgenden (hypothetischen) Modellen aus, dem sogenannten „alten“ und „neuen“ Modell. Das „alte“ Model entwickelt sich im Säuglingsalter und stellt die Organisation frühkindlicher Bindungserfahrungen dar, die sich im Verhalten in emotional belastenden Situationen zeigt. Nach Bowlby kann ein altes Modell als Weichenstellung für ein neues Modell begriffen werden (Bowlby, 2006c, S. 220f). Die Entwicklung eines neuen, weiteren Internalen Arbeitsmodells entwickelt sich mit dem Älterwerden des Kindes und dem damit einhergehenden sprachlichen Diskurs zwischen ihm und seiner Bezugsperson (Bowlby, 2010, S. 106). Diese Phase beschreibt Bowlby als die „Bildung einer zielkorrigierten Partnerschaft“. Das Kind kann zunehmend auch Bewertungen und Deutungen von bindungsrelevanten Situationen kognitiv verarbeiten und die Absichten seiner Bezugsperson mit einbeziehen (Bowlby, 2006a, S. 258).
Die Frage, wie sich Internale Arbeitsmodelle entwickeln und organisieren, wenn unterschiedliche Beziehungen zu verschiedenen Bindungsfiguren bestehen, ist nahezu unbeantwortet. Über die Organisation, Entwicklung und Stabilität Internaler Arbeitsmodelle herrschen in der Bindungsforschung folgende unterschiedliche Annahmen, die sich teilweise widersprechen (vgl. Howes & Spieker, 2008, S. 317-329):

Monotropie: Die Entwicklung und der Aufbau des Internalen Arbeitsmodells werden ausschließlich durch die Hauptbindungsperson beeinflusst – das ist in den meisten Fällen die Mutter (Bowlby, 1969). Es wird eine Stabilität des Arbeitsmodells angenommen, die auch bei Verhaltensänderungen einer Person in der Bindungsbeziehung nur schwer überwunden werden kann. Dabei kann es durchaus andere Bindungsbeziehungen geben. Die primäre Bindungsperson hat jedoch den größten Einfluss auf den Aufbau eines generalisierten Internalen Arbeitsmodells der Bindung (Bowlby, 2006a, S. 291f).

Hierarchie: Es wird davon ausgegangen, dass sich mit wachsenden kognitiven, emotionalen und sozialen Kompetenzen die Internalen Arbeitsmodelle zunehmend hierarchisch und netzartig (Abb. 2) in Form von Scripts und Ereignisschemata organisieren (Bretherton, 1985; Collins & Read, 1994). An der Spitze steht ein generalisiertes, personenübergreifendes Arbeitsmodell, das sich aus den relevanten Bindungsrepräsentationen des Kindes entwickelt:

Integration: Das Kind integriert Repräsentationen, die in verschiedenen Beziehungen erworben wurden in ein Netzwerk von Bindungsbeziehungen. Dabei kann das Kind individuelle Beziehungserfahrungen voneinander unterscheiden und diese in ein abstrahiertes generalisiertes Internales Arbeitsmodell integriert werden. Van Ijzendoorn, Sagi und Lambermon (1992) untersuchten in ihrer länderübergreifenden Längsschnittstudie u. a. die Entwicklung und den Aufbau Internaler Arbeitsmodelle. Dafür erfassten Sie bei Kindern die Bindungsrepräsentationen zu Mutter, Vater und Erzieherin oder Erzieher. Die Ergebnisse deuten darauf hin, dass das Kind alle seine Bindungsbeziehungen in eine einzige Repräsentation integriert. So können bspw.

zwei sichere Bindungsbeziehungen (Vater und Erzieherin) eine unsichere Mutterbindung kompensieren (ebd., S. 22).

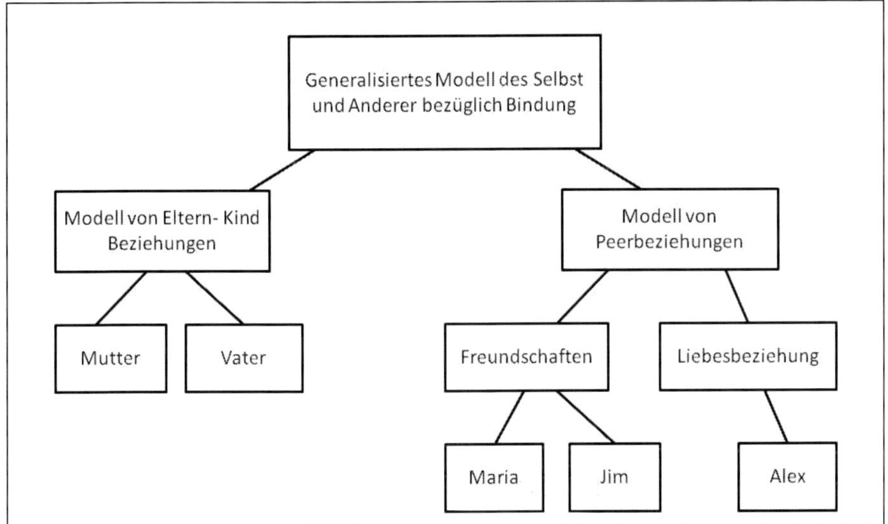

Abb. 2. Bindungsrepräsentationen organisiert als hierarchisches Netzwerk nach Collins und Read (1994).

Unabhängigkeit: Es wird davon ausgegangen, dass unabhängige Bindungsbeziehungen zu verschiedenen Bezugspersonen nicht in ein generalisiertes Internales Arbeitsmodell münden, sondern sich sowohl in ihrer Qualität unterscheiden, als auch unterschiedlichen Einfluss auf spezifische Entwicklungskontexte haben (Howes, 1999).

Für die Internalen Arbeitsmodelle wird eine gewisse zeitliche Stabilität angenommen (Main, Hesse & Kaplan, 2006; Main et al., 1985), Veränderungen sind aber lebenslang möglich[11]. Den empirischen Zugang zum Aufbau und zur Organisation Internaler Arbeits-modelle untersuchen zwei Forschungsströmungen. Die eine geht der Frage nach, inwieweit unterschiedliche Bindungsrepräsentation zu mehreren Bezugspersonen übereinstimmen (z. B. Bindungsrepräsentation Mutter und Vater oder zwischen primärer und sekundärer Bezugsperson (Erzieher/Lehrer)). Die zweite Forschungslinie geht der Frage zur Vorhersagbarkeit verschiedener kindlicher Entwicklungsparameter in Abhängigkeit von der Bindungsrepräsentation zu unterschiedlichen Bezugspersonen nach (z. B. Grossmann & Grossmann, 2004). Diese Forschungslinie ist für die hier vorliegende Arbeit nicht relevant. Im folgenden Abschnitt wird exemplarisch auf ausgewählte Befunde einer Studie aus der erstgenannten Forschungsströmung

11 Mögliche Veränderungen durch negative Ereignisse: Traumata bzw. im positiven Sinne durch Psychotherapie.

hinsichtlich der Übereinstimmung der Bindungsqualität zwischen Mutter und Vater eingegangen. Des Weiteren werden Befunde zu Zusammenhängen zwischen Elternbindung und der Beziehungsqualität zu sekundären Bezugspersonen diskutiert.
Die Studie von König, Gloger-Tippelt und Zweyer (2007) zum *Bindungsverhalten zu Mutter und Vater und Bindungsrepräsentation bei Kindern im Alter von fünf und sieben Jahren* kommt dem Forschungsdesiderat nach, personenspezifische Modelle zu hinterfragen. Dafür wurde die Bindungsqualität im Vorschulalter auf der Verhaltensebene über die *Fremde Situation* und bei Schulbeginn auf Repräsentationsebene über semi-projektive Verfahren (vgl. Kap. 3.5) erfasst.

> „Beide Methoden verschaffen Zugang zu unterschiedlichen Ebenen eines theoretisch angenommenen mentalen Bindungsmodells, wobei die auf der Verhaltensebene erfasste Bindung als personenspezifisch, die auf der Repräsentationsebene erfasste Bindung als generalisiert gilt" (ebd., S. 446).

Es wurde zum einen untersucht, ob Vater- und Mutterbindung in der *Fremden Situation* übereinstimmen und zum anderen wie beide mit der generalisierten Bindungsrepräsentation (erfasst mit GEV-B, vgl. Kap. 7.4.1) zusammenhängen. Weiterhin wurde untersucht, „ob bei Nicht-Übereinstimmung von Mutter- und Vaterbindung eher das Bindungsverhalten zur Hauptbezugsperson mit der Bindungsrepräsentation übereinstimmt" (ebd., S. 446). In der Studie wurden $N = 67$ Kinder im Alter von 5,3 Jahren in der *Fremden Situation* mit der Mutter und davon $n = 31$ Kinder in der *Fremden Situation* mit dem Vater untersucht. Ca. ein Jahr später wurde bei diesen 67 Kindern (durchschnittlich 6,7 Jahre) die Bindungsrepräsentation erfasst. Die Ergebnisse zeigen keine signifikante Übereinstimmung im Bindungsverhalten zu Mutter und Vater. Wenn Bindungsverhalten bei Vater- und Mutterbindung übereinstimmten, stimmte auch die Bindungsrepräsentation überein. Bei fehlender Übereinstimmung im Bindungsverhalten, konnte kein systematischer Zusammenhang zur Bindungsrepräsentation festgestellt werden. Die Annahme, dass die hauptsächliche Betreuungsperson einen stärkeren Einfluss auf die Bindungsrepräsentation hat, konnte in dieser Studie nicht bestätigt werden (ebd., S. 458).
Bretherton (2006) geht davon aus, dass Internale Arbeitsmodelle zwischenmenschliche Beziehungen nicht nur reflektieren sondern auch das Potential besitzen, neue Beziehungen zu gestalten. "Working models of a secure self seem to set up initial expectations (i. e., a generalized working model) in other relationships with caregiving adults and peers" (S. 39).
In diesem Kapitel wurden die Annahmen zu Prozessen der Modellbildung (Monotropie, Hierarchie, Integrität und Unabhängigkeit) angerissen. Bisher ist darüber noch wenig bekannt (Howes & Spieker, 2008). So weisen die Ergebnisse einer Metaanalyse zwar einerseits auf generalisierte Arbeitsmodelle hin (Ahnert et al., 2006; Sabol & Pianta, 2012). Sie fanden kleine bis moderate Effektstärken, sowohl beim Vergleich der Bindung zu Eltern und Erzieherinnen als auch bei der Lehrer-Schüler-Beziehungsqualität im Vergleich zur Elternbindung. Andererseits fanden Jerome, Hamre und Pianta (2009) in ihrer Längsschnittstudie (Kindergartenalter bis 6. Klasse)

keine signifikanten Zusammenhänge zwischen Bindungsmaßen gegenüber der Mutter und der Beziehungsqualität zu Lehrern. Demnach kann angenommen werden, dass bei jüngeren Kindern Beziehungsmuster eher übertragen werden und im Laufe des Älterwerdens zusätzliche Faktoren in personenspezifische Beziehungen zu sekundären Bezugspersonen einfließen. Sabol und Pianta (2012) schreiben der Feinfühligkeit der Pädagogen eine bedeutende Rolle in der Beziehungsqualität zwischen Lehrperson und Schüler zu.
In der vorliegenden Arbeit werden beziehungsspezifische Repräsentationen einerseits zu Eltern und andererseits zum Trainer angenommen, die in einem hierarchischen Netzwerk wie Collins und Read (1994) es beschrieben haben, nebeneinander existieren. Die Bindungsrepräsentation von Eltern und die Beziehungsrepräsentation vom Trainer bei leistungssportlich aktiven Kindern im mittleren Kindesalter werden empirisch erfasst und gegenüber gestellt. Im nächsten Kapitel wird auf die Erhebung der Bindungsrepräsentation in diesem Altersabschnitt eingegangen.

3.5 *Erhebung der Bindung in der mittleren Kindheit*

Da sich bei älteren Kindern das Bindungsverhalten subtiler zeigt, und nicht mehr durch kurze Trennungen von der Mutter – wie in der *Fremden Situation* – aktiviert wird, wurden altersgemäße Verfahren zur Erhebung der Bindung entwickelt, die mit der kognitiven und emotionalen Entwicklung der Kinder Schritt halten (Main et al., 1985). Eine Möglichkeit das Bindungsverhaltenssystem bei älteren Kindern zu aktivieren, kann zum einen durch eine längere Trennung bis zu einer Stunde (Cassidy, 1988) oder zum anderen in einem experimentellen Setting auf Repräsentationsebene vollführt werden. Die Absicht der Bindungsforscher war es, einen empirischen Zugang zur Bindungsrepräsentation älterer Kinder zu finden.
Mit der Veröffentlichung der Längsschnittstudie zur mentalen Repräsentation im Jahre 1985, konnte das Forscherteam Main, Cassidy und Kaplan beweisen, dass mit der Entwicklung neuer Erfassungsmethoden, die auf den sprachlichen Diskurs abzielen, Bindungsrepräsentationen auch bei älteren Kindern erfasst werden können. Sie untersuchten Vorschulkinder, deren Daten zur Bindungsqualität aus der *Fremden Situation* mit einem Jahr zur Verfügung standen und verglichen diese mit den Ergebnissen zur Bindungsqualität fünf Jahre später. Die Bindungsqualität der älteren Kinder erfassten die Forscher u. a.[12] mit dem Trennungsangst-Test (*Separation Anxiety Test*, SAT), der Gespräche mit Kindern über Trennungen anhand von Bildern vorsieht. Im SAT werden dem Kind Bilder von Kindern in emotional belastenden Situationen, z. B. Trennung, gezeigt und das Kind wird dazu befragt, wie es dem Kind auf dem Bild wohl geht. Für die Auswertung der Narrationen der Kinder wurden vier

12 Weitere Parameter wurden durch 1) Bindungsaspekte des Verhaltens nach einer längeren Trennung, 2) Bewertungen von Familienzeichnungen und 3) Reaktionen auf ein Familienbild erfasst. Mit diesen verschiedenen Erfassungsmethoden konnten die Forscher gewährleisten, dass das Bindungsverhaltenssystem der Kinder tatsächlich aktiviert ist (Main et al., 1985).

sprachliche Kriterien herangezogen: (1) die Quantität (Menge der angebotenen Informationen), (2) die Qualität (Glaubwürdigkeit), (3) der Bezug zum und das Verbleiben beim Thema und (4) die Art und Weise der Erzählung (roter Faden, präzise oder obskure Wortwahl, keine Doppeldeutigkeit, keine Weitschweifigkeit). Ausgehend von Ainsworth's Klassifikation in der *Fremden Situation* (B: *sicher*, A: *unsicher-vermeidend*, C: *unsicher-ambivalent*) und der später dazugekommenen Desorganisation (D) vergaben Main et al. (1985) vier Klassifikationen für ihren Test mit den Vorschulkindern. Kinder der ersten Kategorie (B: *secure-resourceful*) artikulierten flüssig und kohärent. Der zweiten Kategorie (A: *insecure-inactive*) wurden Kinder zugeordnet, die einsilbig sprachen, nicht am Dialog interessiert und wenig auskunftsbereit waren. Die dritte Kategorie (C: *insecure-ambivalent*) bestand aus Kindern, die sprunghafte, übertriebene und altersunangemessene Dialoge führten. Kinder, die gegensätzliche Verhaltenstendenzen und unkoordinierte verbale und nonverbale Kommunikation zeigten, wurden der vierten Kategorie (D: *fearful*) zugeordnet. Die Studie kommt zu dem Ergebnis, dass sich die frühkindliche Bindungsqualität, die mit der *Fremden Situation* erhoben wurde, bei den meisten Kindern mit sechs Jahren in ihrem Kommunikationsstil niederschlägt und entsprechend erfasst werden kann (ebd., S. 87ff).

Eine weitere Methode zur Erfassung der Bindungsrepräsentation in der mittleren Kindheit sind Geschichtenergänzungsverfahren, die bindungsrelevante Themen ansprechen. Sie beruhen auf Kerngeschichten der *MacArthur Story Stem Battery* (Emde, Wolf & Oppenheim, 2003). Auf der Grundlage des von Bretherton, Ridgeway und Cassidy (1990) veröffentlichen Erhebungsverfahrens *Attachment Story Completion Task* (ASCT) entwickelten Gloger-Tippelt und König (2009) eine adaptierte deutsche Version[13]: *Das Geschichtenergänzungsverfahren zur Bindung 5- bis 8-jähriger Kinder* (GEV-B), in welches sie zusätzlich die standardisierten Nachfragen des SAT („Wie geht es dem Kind, wie fühlt es sich? und Denkt das Kind noch etwas?“ vgl. Gloger-Tippelt & König, 2009, S. 67) mit aufnahmen. Dieses semiprojektive Verfahren zielt darauf ab, die Bindungsqualität mit Hilfe von Geschichtenfortführungen zu erfassen. Es wird davon ausgegangen, dass Kinder „je nach ihrem individuellen Entwicklungsstand und je nach individuellem Motivations- und Belastungshintergrund“ Geschichtenfortführungen unterschiedlich gestalten (ebd., S. 63). Die Geschichtenfortführungen geben Informationen darüber, „wie Kinder ausgewählte, regelmäßig wiederkehrende Familiensituationen im Spiel darstellen und wie sie sprachlich darüber berichten“ (ebd., S. 63). Diese sprachliche Darstellung, also die Erzählstruktur (Narration), ermöglicht „einen Zugang zur inneren Welt des Kindes“ (ebd., S. 63). „Für Kinder im Vorschulalter erfüllen Narrative vor allem die Funktion, ihre Erfahrungen zu kommunizieren und schaffen Möglichkeiten zur Regulation ihrer Emotionen, speziell bei negativen Erfahrungen“ (Emde, 2003; Bretherton & Oppenheim, 2003,

13 Die Geschichtenstämme wurden leicht verändert, z. B. wurde die Kniegeschichte vom Park in den Wald verlegt und die Monstergeschichte beginnt, wenn das Kind schon im Bett liegt, da in deutschen Verhältnissen ein Vorschulkind in der Regel nicht alleine ins Bett geschickt wird, sondern meistens mit dem Ritual, dass die Eltern die Kinder ins Bett bringen (Gloger-Tippelt & König, 2009, S.66f).

zit. nach Gloger-Tippelt & König, 2009, S. 63). Voraussetzung für den Zugang zur inneren Welt des Kindes, also zur mentalen Repräsentation der Bindungsqualität, ist ein aktiviertes Bindungssystem. Dies soll durch die Situationsauswahl der Geschichtenanfänge gewährleistet werden. Es werden „kleine, alltägliche Belastungen angesprochen“, die das Kind dazu anregen sollen:

> „die konkreten Fürsorgehandlungen von Bezugspersonen, die Handlungen der zentralen Spielfigur und seine allgemeinen Erwartungen und Überzeugungen über den Ablauf der Handlungen aller Beteiligten in diesen Belastungssituationen darzustellen“ (Gloger-Tippelt & König, 2009, S. 63).

Diese „bindungsrelevanten Situationen“ haben die Funktion, „negative Gefühle“ auszulösen und das „Bindungsverhaltenssystem“ zu „aktivieren“ (ebd., S. 63f). Für das Prozedere des Geschichtenergänzungsverfahrens werden Spielmaterialien eingesetzt, die u. a. aus verschiedenen Figuren[14] bestehen, die eine Familie bilden. Weitere Requisiten wie Tisch und Stühle, Couch, Bett und Auto dienen zur Spielanimation. Von einem geschulten Untersucher werden die standardisierten Geschichtenstämme „jeweils bis zum Höhepunkt“ der bindungsrelevanten Situation angespielt. Die Reihenfolge der Geschichtenanfänge ist so gestaltet, dass sich mit fortlaufender Dauer die Belastungen steigern und in den letzten beiden Geschichtenstämmen den Höhepunkt erreichen (ebd. S. 65f). Beginnend mit einem kleinen Missgeschick (verschütteter Saft), folgen Geschichtenanfänge die Schmerz (Knieverletzung) und Angst (Angst vor einem Monster im Kinderzimmer) thematisieren und die auf die Auslösung des Bindungs- und Fürsorgeverhaltens abzielen. Im darauffolgenden Geschichtenstamm, der Trennungsgeschichte, werden die Trennungsangst und ihre Bewältigung mit einer weiteren Bezugsperson, hier der Großmutter, ausgelöst. In der letzten Geschichte wird die Familie wieder vereint. Die vorletzten beiden Geschichten (Trennung und Wiedervereinigung) erhalten aufgrund ihrer größeren Belastung ein stärkeres Gewicht bei der Auswertung (ebd., S. 66).

Das Kind wird nach jedem Geschichtenanfang aufgefordert, die Geschichte weiter bzw. zu Ende zu spielen. Die Narrationen werden gefilmt und das Videomaterial anschließend ausgewertet. Dabei erfolgt die Klassifizierung des Bindungsmusters (*sicher, unsicher-vermeidend, unsicher-ambivalent und desorganisiert*). Zudem wird ein fünffach-gestufter Bindungssicherheitswert (*hoch unsicher – sehr sicher*) vergeben.

> „Durch wiederholte Gespräche über erlebte Szenen in der Familie werden Erinnerungen einerseits verfestigt, andererseits aber auch neu gedeutet. Beispielsweise können allgemeine Skripts wie, 'Eltern sind immer fürsorglich, wenn ein Kind sich weh getan hat.' (Kniegeschichte) die konkret abweichenden Erfahrungen überlappen. Das semantische Gedächtnis „siegt“ über das episodische.“ (Gloger-Tippelt & König, 2009, S. 64).

Dieses Verfahren wurde von Richartz et al., (2009) für die Trainer-Athlet-Beziehung im Leistungssport adaptiert und erfolgreich eingesetzt. Eine genaue Beschreibung der Durchführung und Auswertung erfolgt im Methodenteil. Die Beschreibung der Bindungsmuster im mittleren Kindesalter ist Thema des nächsten Kapitels.

---

14 Biegsame Figuren, in der vorliegenden Arbeit wurden Playmobilfiguren© eingesetzt.

3.6 *Beschreibung der Bindungsmuster*

In diesem Kapitel werden Merkmale organisierter Bindungsmuster und Merkmale einer hochunsicheren Bindung, der Bindungsdesorganisation für den eingegrenzten Zeitraum der mittleren Kindheit beschrieben. Zu jedem Bindungsmuster (sicher, unsicher-vermeidend, unsicher-ambivalent und desorganisiert) werden die Merkmale in der Spielweise im *Geschichtenergänzungsverfahren* typenspezifisch aufgezeigt (vgl. Gloger-Tippelt & König, 2009, S. 13ff). Inhaltlich aussagekräftige Fallskizzen der verschiedenen „Bindungstypen im Alltag des Kinderleistungssports" sind bereits von Richartz et al. (2009) anschaulich porträtiert und dort nachzulesen (vgl. ebd., S. 244-248).

3.6.1 *Sichere Bindung*

Kinder mit einem sicheren Bindungsmuster können ihre Bindungsbedürfnisse klar ausdrücken und besitzen die Fähigkeit, diese mit ihren Bezugspersonen auszuhandeln. Sie können negative Erfahrungen besser in ein positives Gesamtbild integrieren (Grossmann, August, Fremmer-Bombik, Friedl, Grossmann, Scheuerer-Englisch, Spangler, Stephan & Suess, 1989). Kinder, die in einer beständigen und einfühlsam gestalteten Beziehung aufwachsen, entwickeln ein sicheres Bindungsmuster. Diese geht auch noch im Vorschulalter und frühen Schulalter mit der Nähe zur Bindungsperson einher. Die sichere Strategie zeichnet sich aber auch dadurch aus, dass das Sicherheitsgefühl der Kinder in belastenden Situationen schneller wieder herzustellen ist als bei Kindern mit unsicherer Bindungsorganisation (Fremmer-Bombik, 2009, S. 114). Eine sichere Bindung geht im Verlauf der Kindheit mit passendem und kompetenten Sozialverhalten, positivem Selbstwertgefühl und angemessener Impulskontrolle einher (Bowlby, 2010, S. 101; Ahnert, 2008, S. 74f).

Merkmale beim Spiel im Geschichtenergänzungsverfahren:

Eine sichere Bindungsorganisation geht mit klaren, nicht verzerrten Vorstellungen von Erwachsenen und Erwartungen an Erwachsene in bindungsrelevanten Situationen einher. Dies zeigt sich auch auf Repräsentationsebene im Figurenspiel von Kindern. Sie spielen kohärente Geschichten, in denen Erwachsene als fürsorgliche Bezugsperson dargestellt werden, denen sie sich vertrauensvoll zuwenden können. Diese Bezugspersonen trösten bei Schmerzen und können Gefahren und Ängste beseitigen. Bei einer Trennung von den Eltern vertrauen sie darauf, dass diese wiederkommen und freuen sich bei der Rückkehr (Gloger-Tippelt & König, 2009, S. 13).

3.6.2 *Unsicher-vermeidende Bindung*

Ein unsicher-vermeidendes Bindungsmuster zeichnet sich dadurch aus, dass in bindungsrelevanten Situationen das Bindungsverhalten abgeschaltet ist. Es wird angenommen, dass Kinder mit diesem Muster es vermeiden, Bindungsverhalten zu zeigen, um negativen Konsequenzen aus dem Weg zu gehen. Sie minimieren ihre negativen Gefühle wie Angst, Schmerz, Enttäuschung etc. Ein autonomes Auftreten ist für diese Kinder charakteristisch.

> „Da sie die zurückweisenden Reaktionen der Bindungsfigur auf negative Gefühlsäußerungen recht zuverlässig vorhersagen können, hilft ihnen die Strategie der Vermeidung, das Risiko der Zurückweisung zu minimieren und die Nähe zu dieser speziellen Bindungsfigur optimal zu regulieren" (Fremmer-Bombik, 2009, S. 116).

Im frühen Kindesalter zeichnet sich eine vermeidende Bindung durch ängstliches oder aggressives Verhalten aus (Grossmann et al., 1989).
Aus Untersuchungen zu Copingstrategien unsicher-vermeidend gebundener Kinder geht hervor, dass diese Schwierigkeiten mit der Verhaltensregulation im Hinblick auf ihr äußeres Umfeld haben (*externalizing difficulties*; Finnegan, Hodges & Perry, 1996, S. 1318). Vermeidendes Verhalten behindert demnach die Entwicklung emotionaler Nähe (*affection, empathy, dependency*). Diese Kinder scheinen sehr darauf bedacht zu sein, ihre eigenen Bedürfnisse zu stillen, ohne viel Rücksicht auf andere zu nehmen. Sie verlangen diese allerdings auch nicht von ihrer sozialen Umwelt (Troy & Sroufe, 1987; Sroufe, 1983).

Merkmale beim Spiel im Geschichtenergänzungsverfahren:

In den Geschichtenergänzungen spielen Kinder mit unsicher-vermeidendem Bindungsmuster meist „Alltagsroutinen wie Essen, Schlafen, Spielen, Wegfahren, Zurückkommen", die wenig ausdifferenziert sind. Sie vermeiden es, auf Konflikte einzugehen, leugnen oder vergessen sie. Dabei überwiegt ein „flacher emotionaler Ausdruck". „Insgesamt unterdrücken sie vor allem unangenehme Gefühle und betonen vielmehr, dass alles „normal" verlaufe […] („das macht der nichts aus")" (Gloger-Tippelt & König, 2009, S. 14).

3.6.3 *Unsicher-ambivalente Bindung*

Im Internalen Arbeitsmodell eines Kindes mit unsicher-ambivalenter Bindung „ist die Bindungsfigur als nicht berechenbar abgebildet" (Fremmer-Bombik, 2009, S. 114). Ihr Bindungssystem ist chronisch aktiviert und das Explorationsverhalten dementsprechend eingeschränkt. Durch die „schlechte Berechenbarkeit der Reaktionen der Bindungsfigur" erscheinen ambivalent-gebundene Kind recht „lange unreif" und wirken noch mit sechs Jahren „sehr anhänglich und kleinkindhaft" (Fremmer-Bombik, 2009, S. 115).
Unsicher-ambivalent gebundene Kinder zeichnen sich dadurch aus, dass sie in belastenden Situationen von ihren Gefühlen überwältigt erscheinen und die Fähigkeit zur Emotionsregulation schwach ausgebildet ist. Sie fühlen sich in Anforderungssituationen hilflos und emotional unkontrolliert (Sroufe, 1983; Finnegan et al., 1996). Darüber hinaus besitzen sie ein niedriges Selbstwertgefühl (Cassidy, 1988). Das unsicher-ambivalente Bindungsmuster tritt häufiger bei Mädchen auf (Gloger-Tippelt, 2012).

Merkmale beim Spiel im Geschichtenergänzungsverfahren:

In den Geschichtenergänzungen stellen sie die Bezugspersonen als „wenig kompetent" dar, wenn es darum geht, eine Gefahr zu beseitigen oder zu trösten. Es ist „zu vermuten", dass durch übersteigertes Bindungsverhalten „die handelnde (Kind)figur immer um Aufmerksamkeit und Zuwendung der erwachsenen Bindungsperson bemüht ist, ohne diese aber in zufriedenstellender Weise zu bekommen" (Gloger-Tippelt & König, 2009, S. 15). In diesem Zusammenhang wird auch von einer Maximierungsstrategie gesprochen (ebd., S. 15).

3.6.4 *Desorganisation der Bindung*

Die Desorganisation ist dadurch gekennzeichnet, dass keine Strategie im Bindungsverhalten verfolgt wird. Zunächst ließen sich diese Kinder in der *Fremden Situation* keiner der oben genannten organisierten Strategien zuordnen. Es ließ sich allerdings auch keine weitere Strategie in ihrem Verhalten finden. Main und Solomon (1990) erweiterten daraufhin das Klassifikationsmodell um die D-Kategorie (Desorganisation). Es wird angenommen, dass keine Strategie aufgebaut werden kann, da die nahe Bezugsperson nicht als „sichere Basis" erlebt wird, sondern viel mehr als „Quelle von Angst" (Hesse & Main, 1999). Das desorganisierte Bindungsmuster ist Folge von unzureichender Fürsorge oder gar Misshandlung und ist mit einem Risiko für psychopathologische Entwicklung verbunden (Boris, Fuevo & Zeanah, 1997). Solomon und George (1994) fanden einen engen Zusammenhang zwischen desorganisierter Bindung und Verhaltensproblemen von Sechsjährigen. Main und Cassidy (1988) fanden einen Zusammenhang zwischen Desorganisation im Kleinkindalter und kontrollierendem Verhalten gegenüber Eltern im Vorschulalter – also einer Art Rollenumkehr. Sie unterschieden zwei verschiedene kontrollierende Verhaltensweisen: (1) aggressives Verhalten (*controlling-punitiv*), mit dem das Kind versucht seine Angst vor der Bindungsperson zu vermeiden und (2) überfürsorgliche Hilfe (*controlling-caregiving*), durch die das Kind versucht die extrem hilflose Bezugsperson zu schützen.

Merkmale beim Spiel im Geschichtenergänzungsverfahren:

In den Geschichtenergänzungen von Kindern mit desorganisierter Bindungsrepräsentation lassen sich Brüche finden, die zum Teil mit einem eingefrorenen Blick verbunden sind. Die Narrationen enthalten Sprünge oder bizarre Ereignisse, die sich nicht in einen kohärenten Zusammenhang bringen lassen. Oft werden aggressive Handlungen mit schweren Verletzungen bis hin zum Tod gespielt (Gloger-Tippelt & König, 2009, S. 17).

In diesem Kapitel wurde bisher herausgearbeitet, wie sich feinfühliges Fürsorgeverhalten im Säuglingsalter und frühkindliche Interaktionserfahrungen mit den primären Bezugspersonen in Internalen Arbeitsmodellen niederschlagen. Diese resultieren aus alltäglichen Beziehungserfahrungen und manifestieren sich in der Repräsentation des Selbst und der Bezugsperson. Es wurde deutlich gemacht, dass sich organisierte sichere und unsichere Bindungsmuster und ein desorganisiertes Muster differenzieren lassen, die wiederum die Aufnahme und Qualität neuer sozialer Beziehungen beeinflussen könnten. Die Beziehungsqualität zu sekundären Bezugspersonen ist Thema des nächsten Kapitels.

3.7 *Beziehungsqualität zu sekundären Bezugspersonen – Grundlagen und Stand der Forschung*

Bowlby ging davon aus, dass sich positive Beziehungserfahrungen, die ein Kind mit den primären Bezugspersonen macht, positiv auf die Aufnahme und Ausgestaltung weiterer enger Beziehungen auswirken (Bowlby, 2006b, S. 321f). Ausgehend von den zahlreichen Forschungsergebnissen zur Bindung zwischen primärer Bezugsperson und Kind (z. B. Ainsworth et al., 1974; Main & Cassidy, 1988; Cassidy, 1988, 1994) entwickelte sich eine Forschungslinie, die die Beziehungsqualität zu sekundären Bezugspersonen des Kindes beforscht. Entsprechende Studien finden sich hauptsächlich im Erzieher-Kind und Lehrer-Schüler-Kontext. Demzufolge scheint es der Autorin unerlässlich, Konzepte und Befunde aus diesem Kontext heranzuziehen um mögliche Parallelen für die Trainer-Athlet-Beziehung aufzuzeigen.
In der Beziehungsqualität-Forschung zu sekundären Bezugspersonen wird der Frage nachgegangen, welche Bedeutung der Beziehungsqualität zu sekundären Bezugspersonen im institutionellen Kontext zugeschrieben werden kann. Wie in den bisherigen Ausführungen dieses Kapitels bereits ausführlich dargestellt wurde, lässt sich die Qualität einer Bindung zur primären Bindungsperson in ihrer Funktion und Bedeutung evolutionsbiologisch erklären. Dagegen lässt die Bestimmung von Beziehungsqualität zu sekundären Bezugspersonen diese klare Abgrenzung vermissen. Die Kriterien zur Qualität der Erzieherinnen-Kind-Beziehung liegen eher im Bereich von Betreuungsfunktionen während in der Lehrer-Schüler-Beziehung der Bildungsauftrag mit einbezogen werden muss. Die Frage ist, inwieweit die Beziehung zu einer sekundären Bezugsperson überhaupt als „Bindungsbeziehung“ gesehen werden kann – gilt diese doch als einzigartiges Phänomen, beschrieben als "relatively long-enduring tie in which the partner is important as a unique individual and is interchangeable with none other" (Ainsworth, 1989, S. 711).
Mit dem Eintritt in die Kindergrippe, den Kindergarten oder mit dem Beginn der Betreuung durch einen Babysitter oder einen nahen Verwandten beginnt für das Kind eine neue Beziehung zu einer von nun an wichtigen Bezugsperson. Damit geht auch eine längere Trennung von der primären Bezugsperson einher, was für das Kind zunächst sehr belastend sein kann. Bowlby beobachtete seinerzeit die Reaktionen von Kindern bei Trennung von der Mutter in Kinderheimen und Krankenhäusern. Er kam zu dem Schluss, „die Entwicklung der Trennungsreaktionen in einem Drei-Phasen-Modell mit einer vorhersagbaren Folge von *Protest-Verzweiflung-Ablehnung* zu beschreiben“ (Ahnert, 2010, S. 186). In der ersten Phase nach der Trennung von der Mutter protestierten die Kinder gegen das Ausbleiben der erwarteten Rückkehr. Die zweite Phase, die der *Verzweiflung,* zeigte sich bei den Kindern durch „Teilnahms-

losigkeit, Selbstbeschwichtigung und sozialen Rückzug“ (S. 187). Die dritte Phase der *Ablehnung sozialer Kontakte* wurde durch die „Absage an das Vertrauen an andere Personen sowie als Beeinträchtigung der sozialen Beziehungsfähigkeit schlechthin gedeutet“ (S. 187). Ausgehend von der Kritik an diesem Modell beobachtete das Ehepaar Robertson vier Kinder, denen sie eine „Tag-und-Nacht-Betreuung“ einrichteten, „als deren Mütter wegen der Geburt eines weiteren Kindes in ein Krankenhaus mussten“ (S. 188). Aus den Ergebnissen ihrer detaillierten Aufzeichnungen über das Verhalten der Kinder in dieser Zeit kamen sie zu dem Schluss, „dass bei keinem der Kinder ein Prozess von Protest, Verzweiflung und Ablehnung zu beobachten war“ (Ahnert, 2010, S. 188).

Aus dieser Grundlagenforschung heraus entwickelten sich viele Forschungsprojekte, die die Stressreaktionen von Kindern in Trennungssituationen untersuchten. Dazu zählen auch die weiter oben aufgezeigten Untersuchungen von Ainsworth mit der *Fremden Situation*. Der heutige Forschungsstand lässt die Annahme zu, dass die Eingewöhnungsphase an die neue Betreuungssituation ganz ausschlaggebend für die Aufnahme einer neuen Beziehung zu einer sekundären Bezugsperson ist. Die Ergebnisse aus medizinisch-psychologisch angelegten Studien in den 1970er Jahren, zu Stressreaktionen bei Kindern, die eine abrupte Eingewöhnung in eine neue Betreuungssituation ohne mütterliche Begleitung erfahren hatten, sind eindeutig: Diese Kinder zeigten „verminderte Spiel- und Sprechaktivitäten“ sowie „Schlafstörungen, Appetitmangel und chronische Infektionskrankheiten“ aufgrund einer „blockierten Stressbewältigung“ (Ahnert, 2010, S. 190f, vgl. Sroufe & Waters, 1977). Ahnert, Lamb und Barthel (2004) untersuchten die Eingewöhnungsphase von 70 Kindern (im Alter von 15 Monaten) beim Eintritt in eine Kindertagesbetreuung. Ihre im Längsschnitt angelegte Studie erfasste die Bindungssicherheit zur Mutter (*Fremde Situation*), die Herzraten und den Cortisolspiegel (Stresshormon) der Kinder vor, während und nach der Eingewöhnungsphase. Dabei wurde u. a. die Bindungsmessung auf die Eingewöhnungszeit bezogen. Es zeigte sich, „dass die Mutter-Kind-Bindung von einem *sicheren* in ein *unsicheres* Muster kippte, wenn die Eingewöhnungszeit sehr hastig vorgenommen wurde und nur wenige Tagebetrug“, wohingegen das Muster bei ausreichender Eingewöhnungszeit erhalten blieb (Ahnert, 2010, S. 192). Sichere Kinder hatten während der Eingewöhnungsphase mit der Mutter niedrigere Cortisolspiegel als die unsicher-gebundenen Kinder, wohingegen die sicheren Kinder in der anschließenden Trennungsphase nach der Eingewöhnungszeit ausdauernder protestierten als die unsicheren Kinder (ebd., S. 193). Nach Ahnert et al. (2004) scheint eine Eingewöhnungszeit über eine „Dauer von etwa zwei Wochen in der Regel auszureichen“ (vgl. Ahnert, 2010, S. 192), um die Belastung der Kinder in Grenzen zu halten und eine Blockade der Stressbewältigung zu verhindern. Dabei spielt auch die Art und Weise der Eingewöhnung an sich eine wesentliche Rolle. Die Eingewöhnungszeit müsse über die Funktion eines *sicheren Hafens* (vgl. Kap. 3.1.1) hinausgehen und das partnerschaftliche Miteinander sowie Austauschprozesse (Besonderheiten des Kindes) von Mutter und Betreuungsperson in den Mittelpunkt rücken, damit sich „eine nachhaltige Beziehung" zwischen Kind und der neuen Betreuungsperson entwickeln kann (Ahnert, 2010, S. 196).

Dass Kinder Bindungsbeziehungen zu sekundären Bezugspersonen eingehen, konnte die Forschergruppe van Ijzendoorn, Sagi und Lambermon (1992) zeigen. Sie kombinierten eine holländische und eine israelische Studie mit ähnlichem Design zur Erfassung der Beziehungsqualität zu Mutter, Vater und Erzieherinnen. In beiden Längsschnittstudien wurde die jeweilige Bindungsqualität mit der *Fremden Situation* im Alter zwischen ein und zwei Jahren erfasst (holländische Studie: $N = 80$, israelische Studie $N = 68$). Die Follow-Up Untersuchung fand bei den holländischen Kindern ($N = 68$) zwei Jahre später und bei den israelischen Kinder ($N = 59$) dreieinhalb Jahre später statt, wobei u. a. die Beziehungsqualität zu Mutter, Vater und zu den Erzieherinnen erfasst wurde. Van Ijzendoorn et al. stellten im Vorfeld folgende Kriterien auf, die erfüllt sein mussten, um von einer Aufnahme einer Bindungsbeziehung zu sekundären Bezugspersonen ausgehen zu können (vgl. ebd., S. 13): (1) keine Überrepräsentation von Kindern mit unsicher-vermeidendem Bindungstyp, (2) kein überhäufiges Auftreten von nicht klassifizierbaren Kind-Erzieherinnen-Paaren, (3) die Feinfühligkeit der Erzieherin ist ein Prädiktor für die Bindungsqualität des Kindes und (4) Kind-Erzieherinnen Bindungsklassifikation und Mutter-Kind-Bindungsorganisation sind unabhängig. Die Ergebnisse zeigen weder eine Überrepräsentation von Kindern mit unsicher-vermeidendem Bindungstyp noch ein überhäufiges Auftreten von nicht klassifizierbaren Kind-Erzieherinnen-Paaren. Weiterhin scheinen die Erzieherinnen-Kind Klassifikationen keine einfache Kopie der Eltern-Kind Klassifikationen zu sein, sondern spiegeln vielmehr Beziehungserfahrungen von Erzieherinnen und Kind hinsichtlich des sensitiven Einfühlungsvermögens der Erzieherinnen wider. Auch die Vorhersagbarkeit von Erzieherin-Kind-Klassifikationen und späteren sozioemotionalen Kompetenzen wurde in diesem Sample bestätigt. Diese Befunde, so die Autoren, sprechen dafür, dass Kinder eine Bindungsbeziehung zu professionellen Erziehungspersonen aufbauen können (ebd., S. 17).

Weitere Studien zeigen, dass sich durchaus Parallelen bei der Ausgestaltung der Beziehung zwischen Eltern-Kind und sekundärer Bezugsperson-Kind finden lassen, so beispielsweise in der Rolle der Erzieherin als „sichere Basis" für die Kinder im Kindergarten. Koomen und Hoeksma (2003) fanden bei Erzieherinnen Verhaltensweisen, die beim Eintritt eines Kindes in den Kindergarten starkes Bestreben zeigten, dem „neuen" Kind ein Sicherheitsgefühl zu vermitteln und dies nach der Eingewöhnungsphase zu reduzieren – ganz im Sinne der Explorationsförderung mit einer „sicheren Basis" im Hintergrund. Howes und Richie (1999) fanden ähnliche Verhaltensweisen zwischen Eltern-Kind- und Lehrer-Schüler, sowohl im Hinblick auf Harmonie und Geborgenheit als auch auf vermeidendes und bagatellisierendes Verhalten. In einer weiteren Studie wurde belegt, dass Strategien von Kindern in Trennungs- und Wiedervereinigungssituationen mit den Eltern und Trennungs- und Wiedersehenssituationen mit Lehrern vergleichbar sind (Ahnert et al., 2006).

Im Kindergarten treffen die Kinder auf verschiedene Erzieher und in ihrer schulischen Laufbahn werden Schüler von verschiedenen Lehrern unterrichtet – genauso arbeiten Athleten in ihrer sportlichen Laufbahn mit verschiedenen Trainern zusammen. Der Trainer kann, genauso wie der Lehrer oder der Erzieher, die Rolle einer Bindungsfigur auf Zeit (*ad hoc attachment figure;* Zajac & Kobak, 2006) einnehmen. Zwischen schulischem und sportlichem Setting gibt es viele Ähnlichkeiten, auch wenn der Leistungssport meist auf Freiwilligkeit beruht und der Schulbesuch verpflichtend ist. Genau wie in der Schule, werden auch im sportlichen Training Fertigkeiten von Erwachsenen an Kinder vermittelt.

4 Ergänzende Theoriebausteine: Selbstkonzept, soziale Unterstützung, Arbeitsbündnis und Bewältigungsstrategien

Um einen empirischen Zugang zu ermöglichen, ist eine fundierte theoretische Auseinandersetzung notwendig. Im folgenden Kapitel werden Theoriebausteine vorgestellt und unter bindungstheoretischen Gesichtspunkten diskutiert. Die Entwicklung eines realistischen positiven Selbstkonzepts gilt als zentrale Entwicklungsaufgabe in der mittleren Kindheit (Hurrelmann & Bründel, 2003, S. 73) und ist mit dem bindungstheoretischen Konstrukt *Internales Arbeitsmodell des Selbst* kompatibel. Das *Selbstkonzeptmodell* von Shavelson et al. (1976) bildet die Grundlage der ergänzenden Ausführungen zum Selbst. Zunächst wird das *Selbstkonzeptmodell nach Shavelson* vorgestellt (Kap. 4.1). In der weiteren Abhandlung richtet sich der Fokus auf verschiedene Selbstkonzeptfacetten: das soziale Selbstkonzept (Kap. 4.1.1), das physische Selbstkonzept (Kap. 4.1.2), das akademische Selbstkonzept (Kap. 4.1.3) und das allgemeine Selbstwertgefühl (Kap. 4.1.4). Die Ausführungen zum Selbstkonzept werden anschließend unter bindungstheoretischen Gesichtspunkten diskutiert (Kap. 4.2).
Des Weiteren scheint es der Autorin von besonderem Interesse, ob sich Zusammenhänge zwischen wahrgenommener sozialer Unterstützung durch Bezugspersonen und er Bindungssicherheit finden lassen. Theoretische Annahmen zu sozialer Unterstützung werden in Kapitel 4.3 aufgezeigt. Um die Qualität pädagogischer Beziehungen geht es in Kapitel 4.4, indem das *Arbeitsbündnis* zwischen Trainer und Athlet im Mittelpunkt steht. Im vierten und letzten theoretischen Baustein werden *Bewältigungsstrategien* bei einer schwierigen Lernaufgabe im Training erörtert (Kap. 4.5). Dazu werden zunächst theoretische Grundlagen der Stressforschung dargestellt (Kap. 4.5.1), um darauf aufbauend verschiedene Bewältigungsstrategien zu diskutieren (Kap. 4.5.2). Diese werden für eine schwierige Lernaufgabe mit hohen Anforderungen im Training spezifiziert (Kap. 4.5.3.).

4.1 *Selbstkonzeptmodell nach Shavelson*

> „...die sagt auch ihren Eltern ganz, ganz genau, wie sie (.) was sie gut findet und was sie nicht gut findet. Die hat ein gesundes Selbstbewusstsein."[15]

Die positive Assoziation, die mit einem „gesunden Selbstbewusstsein" – wie es umgangssprachlich gern verwendet wird – verbunden ist, hat in der Selbstkonzeptforschung eine lange Tradition. Die wissenschaftliche Befundlage zum Selbstkonzept ist allerdings sehr heterogen[16] (Beckmann, Elbe, Symanski & Ehrlenspiel, 2006, S. 29). Als kleinster gemeinsamer Nenner lässt sich das *Selbst* als „eine naive Theorie eines Individuums über sich selbst dar, die aus seinen Wahrnehmungen erwächst" (Heim,

15 Zitat aus einem Trainer-Interview (*Trainer Relationship Interview)* des Evaluationsprojekts der DTB-TTS.
16 Konstrukte wie Selbstbild, Selbstvertrauen oder Selbstwirksamkeit werden im Zusammenhang mit dem Selbstkonzept häufig synonym verwendet (Beckmann et al., S. 29). Für die hier vorliegende Studie werden ausgewählte Selbstkonzeptfacetten gemäß des hierarchisch gegliederten Modells nach Shavelson et al. (1976) zur Genese herangezogen.

2002, S. 135). Die Entwicklung eines positiven, stabilen und realistischen Selbstbildes gilt als eine zentrale Entwicklungsaufgabe in der mittleren Kindheit (Hurrelmann & Bründel, 2003, S. 73). Dem stabilen und realistischen Selbstbild werden positive Effekte bei der Bewältigung von Herausforderungen in verschiedenen Lebensbereichen zugeschrieben, auf die in weiteren Entwicklungsabschnitten aufgebaut werden kann. Für Kinder im Leistungssport könnte angenommen werden, dass sie aus ihrem anspruchsvollen Können positive Effekte für sich *selbst* gewinnen. Die Frage nach den Wirkungen von (Leistungs-)Sport und Bewegung auf das Selbstkonzept hat sich in der sportwissenschaftlichen Forschung etabliert (z. B. Brettschneider, 2003, S. 215; Gerlach, 2008, S. 50f; Sygusch, 2007, S. 55f und exemplarisch für den Leistungssport Richartz et al., 2009 S. 54; Heim, 2002, 139f). Für die hier vorliegende Studie wird das Selbstkonzeptmodell nach Shavelson et al. (1976) herangezogen, weil es anschlussfähig an bereits existierende Forschungsprojekte in diesem Feld ist. Das Selbstkonzeptmodell nach Shavelson et al. (1976, Abb. 3) setzt sich als strukturiertes Gefüge zusammen, welches sich aus alltäglichen und selbstbezogenen Informationen formt. Das Modell zeichnet sich durch seinen hierarchischen Aufbau aus. Es beinhaltet mehrere Dimensionen, wobei sich die spezifischen Selbstbilder der Hierarchie folgend zu einem globalen Selbstkonzept, dem allgemeinen Selbstwertgefühl, auf der höchsten Ebene zusammenfinden. "One's perceptions of himself are thought to influence the ways in which he perceives himself" (Shavelson et al., 1976, S. 411). Im allgemeinen Selbstwertgefühl werden entsprechend allgemeine Wahrnehmungen und Bewertungen gebündelt. Es enthält sowohl deskriptive als auch evaluative Merkmale.

Eine Ebene darunter befinden sich das akademische Selbstkonzept und das nicht akademische Selbstkonzept. Das generalisierte akademische Selbstkonzept bündelt die Subdimensionen verschiedener schulfachbezogener Fähigkeitskonzepte, wie bspw. Fähigkeiten in Deutsch, Mathematik und Geschichte. Zum nicht akademischen Selbstkonzept zählen das soziale, das emotionale und das physische Selbstkonzept. Die Basis des Selbstkonzeptmodells ist die Verhaltensebene mit Selbsteinschätzungen und Bewertungen des eigenen Verhaltens in verschiedenen Situationen. Sie bildet die Grundlage für die Ausdifferenzierung einzelner Selbstkonzeptfacetten. Die Hierarchie spiegelt die Stabilitätsgrade des Selbstkonzepts wider (Shavelson et al., 1976, S. 411f). Brettschneider (2003, S. 215) spricht dem Selbstkonzept die Eigenschaften von „situationsangemessener Flexibilität" als auch „relativer Stabilität" zu. Vom Selbstkonzept wird angenommen, dass es mit jeder Hierarchieebene an Stabilität gewinnt und es mit jeder Ebene mehr Erfahrungen bedarf, um sich zu verändern. Im Laufe des Älterwerdens differenzieren sich die Selbstkonzeptfacetten immer weiter aus. Persönliche Erfahrungen können sich dabei auf verschiedene Facetten auswirken. Im Alter von acht bis 12 Jahren sind Kinder in der Lage, „zwischen den unterschiedlichen Facetten des Selbstkonzepts zu unterscheiden". Auch sind Kinder „ab dem 8. Lebensjahr fähig, bedeutungsvoll und reliable Einschätzungen im Hinblick auf ihr globales Selbstkonzept vorzunehmen" (Heim, 2002, S. 151).

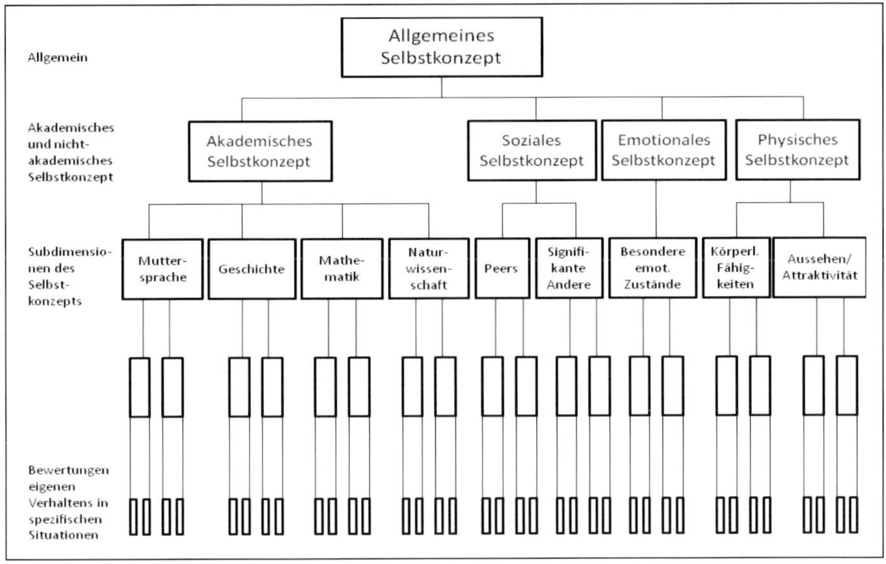

Abb. 3. Hierarchisches Selbstkonzeptmodell (Shavelson et al., 1976, S. 413).

Selbstkonzeptfacetten gelten eher als veränderbar, wohingegen dem allgemeinen Selbstwertgefühl an der Spitze des Models eher Stabilität zugeschrieben wird (Shavelson et al., 1976, S. 411f). Nach Shavelson et al. ist das Modell durch sieben Merkmale charakterisiert: (1) *Organisation*: Erfahrungen einer Person werden in Kategorien abgelegt, (2) *Multidimensionalität*: Die Kategorien sind multidimensional repräsentiert, (3) *Hierarchie*: Die multidimensionalen Kategorien sind hierarchisch strukturiert, (4) *Stabilität*: Die Dimensionen der Pyramide nehmen von der Basis zur Spitze an Stabilität zu, (5) *Entwicklung*: Während Selbsteinschätzungen von Kindern als relativ global und unspezifisch gelten, entwickeln sich mit zunehmendem Alter differenzierte spezifische Domänen des Selbstkonzepts, (6) *Bewertung*: Die Bewertung des Selbst erfolgt einerseits in Relation zum Ideal-Selbst und andererseits in Relation zu wichtigen Bezugspersonen (*significant others*) und Bezugsgruppen (z. B. Schulklassen oder Trainingsgruppe) und (7) *Differenzierbarkeit*: Das Selbstkonzept ist differenzierbar und unterscheidbar von anderen theoretischen Konstrukten, zu denen theoretische Bezüge hergestellt werden können.

Ausgehend von der Multidimensionalität und den einzelnen Domänen entwickelte die Arbeitsgruppe um Marsh altersabhängige Erhebungsinstrumente zur Erfassung des Selbstkonzeptes (*Self-Description-Questionnaire* I-III für Kinder; Jugendliche; Spätadoleszente und Erwachsene, Marsh, 1988, 1990, 1992). Sowohl der hierarchische Aufbau, die Mehrdimensionalität und auch die altersabhängige Ausdifferenzierung des theoretischen Modells konnten mit den Instrumenten repliziert werden (z. B.

Marsh, 1988). Das Selbstkonzept stabilisiert sich mit Beginn des Schulalters, ist allerdings im Vergleich zum Selbstkonzept älterer Kinder und Jugendlicher weniger ausdifferenziert und in der Tendenz eher unrealistisch positiv (Helmke, 1991, 1999). Nach Harter (2006) können Kinder im mittleren Kindesalter situationsspezifisch über ihr allgemeines Selbstwertgefühl Auskunft geben und verschiedene Selbstkonzeptbereiche differenzieren. Durch soziale Vergleiche mit Gleichaltrigen wird diese Entfaltung verstärkt (ebd., S. 526f). Die Arbeitsgruppe um Marsh stellte fest, dass die Selbstkonzeptwerte jüngerer Kinder insgesamt höher sind und mit steigendem Alter und mit wachsenden Erfahrungen auf einen realistischen Wert sinken. In einer Metaanalyse mit 12.000 Fällen, erhoben mit dem *Self Description Questionnaire,* zeigt sich ein Muster in der Selbstkonzeptentwicklung: Das Selbstkonzept sinkt vom späten Kindesalter bis zur Frühadoleszenz, bleibt dann stabil und steigt im frühen Erwachsenenalter wieder an (Marsh, 1990).

4.1.1 *Das soziale Selbstkonzept*

Im sozialen Selbstkonzept werden alle Bewertungen und Urteile der eigenen Person in Abhängigkeit zur sozialen Umwelt zusammengefasst. Entscheidend für die Entwicklung des sozialen Selbstkonzepts sind Erfahrungen mit Gleichaltrigen (in der Schule und/oder der Trainingsgruppe) und mit anderen wichtigen Bezugspersonen (*significant others*), z. B.: Eltern, Lehrer und Trainer. Die soziale Interaktion mit der Umwelt spielt eine bedeutende Rolle für das von einer Person wahrgenommene Selbstbild. Die Entwicklung der sozialen Interaktion und die damit einhergehende Selbstwahrnehmung werden durch frühkindliche Beziehungserfahrungen geprägt und führen zu einer Verkettung weiterer sozialer Interaktionen. Sroufe et al. (2005) fanden moderate Korrelationen zwischen der Beziehungsqualität zu Gleichaltrigen bei zehnjährigen Kindern und der Qualität der Bindungsbeziehung zur Mutter (S. 169f). Für den Altersabschnitt zwischen vier und 16 Jahren fanden Sroufe et al. (2005, S. 183) signifikante Zusammenhänge zwischen den Beurteilungen von Kindergärtnerinnen, Lehrern und Eltern zur sozialen Kompetenz der Kinder im Alter von vier Jahren, in der 3. und 6.Klasse sowie im Alter von 16 Jahren ($r > 0.40$). Für eine realistische Einschätzung des sozialen Selbstkonzepts bei Grundschülern sprechen die Befunde von Verschueren et al. (2012, S. 244): Sie konstatieren positive Zusammenhänge zwischen wahrgenommenem sozialen Selbstkonzept und der Akzeptanz in der Gleichaltrigen-Gruppe bei Grundschülern.

Kinder im leistungssportlichen Setting haben zwei relevante Bezugsgruppen: das schulische Umfeld und die Trainingsgruppe. Demzufolge wird in der vorliegenden Arbeit zwischen dem sozialen Selbstkonzept in der Schulklasse und dem sozialen Selbstkonzept in der Trainingsgruppe unterschieden.

4.1.2 *Das physische Selbstkonzept*

Ausgehend vom multidimensionalen Selbstkonzeptmodell gelten körperliche Fähigkeiten und das Erscheinungsbild (Attraktivität und Aussehen) als Facetten des physischen Selbstkonzepts (Shavelson et al., 1976, S. 413). Das Bild vom eigenen Körper, der Attraktivität und Konstitution sowie Gesundheit, Fitness und Belastbarkeit sind Bereiche des eher globalen physischen Selbstkonzepts (Marsh, 1998). Die sportlichen Fähigkeiten werden dem physischen Selbstkonzept und somit dem nichtakademischen Selbstkonzept zugeordnet.

Die Befunde zum physischen Selbstkonzept weisen partiell Geschlechtseffekte aber auch Effekte durch (leistungs-)sportliches Engagement auf. Befunde älterer Studien aus dem angloamerikanischen Raum zeigen für das späte Jugend- und frühe Erwachsenenalter Geschlechtsunterschiede in verschiedenen Bereichen des physischen Selbstkonzepts: Die Jungen haben dabei einen höheren Wert im leistungsbezogenen Bereich des physischen Selbstkonzeptes, wohingegen für die Mädchen das Aussehen und die Attraktivität einen relevanteren Bestandteil des physischen Selbstkonzepts einnehmen (Marsh, 1998; Hattie, 1992).

Beim Vergleich zwischen Leistungssportlern und Nichtsportlern zeigten sich Gruppeneffekte in einer Kohorten-Untersuchung (7.-9. Klasse) zugunsten der Eliteathleten in folgenden Bereichen des physischen Selbstkonzepts: physische Aktivität, Ausdauer, Sportkompetenz und Koordination (Marsh, 1998, S. 225). Die Befunde einer ähnlichen Kohorten-Untersuchung – allerdings nicht im Kontext Leistungssport – weisen nicht die erwarteten positiven Wirkmechanismen durch Sportpartizipation auf das physische Selbstkonzept auf (Brettschneider & Kleine, 2002).

Aus Untersuchungen zur jugendlichen Sozialisation und Selbstkonzeptentwicklung bei leistungssportlich aktiven Kindern und Jugendlichen geht hervor, dass das körperliche Selbstkonzept nicht pauschalisiert werden darf.

Aus einer Kohorten-Untersuchung mit zwei Längsschnittreihen[17], die (1) die 7., 8., 9. und 10. Klasse und (2) die 10., 11., 12. und 13. Klasse umfassten wurden zu vier Messzeitpunkten (1992-1995) Einschätzungen zum Selbstkonzept erfasst. Die Studie wurde an drei sportbetonten Schulen in Berlin und sozialstrukturell ähnlichen Vergleichs-Schulen (Kontrollgruppen) durchgeführt (Brettschneider & Klimek, 1998) Das körperliche Selbstkonzept wurde für folgende Bereiche erfasst (Heim, 2002, S. 264f): (1) körperliche Attraktivität, (2) Wahrnehmung der eigenen Figur und (3) Gesundheit. Die Ergebnisse für die jüngere Kohorte zeigen, dass körperliche Attraktivität verglichen mit anderen Selbstkonzeptskalen relativ niedrig bewertet wurde. Die Jungen der jüngeren Kohorte verfügen zudem über etwas positivere Werte im physischen Selbstkonzept als die Mädchen (ebd., S. 268). Dies wurde auch in einer Studie von Harter (2006) gezeigt. Dieser Unterschied nivelliert sich allerdings in der älteren Kohorte wieder (Heim, 2002, S. 275). Im Hinblick auf das Selbstkonzept der körperlichen Attraktivität profitieren leistungssportlich aktive Jugendliche gegenüber ihren

17 Kohorte 1: 1. MZP $N = 670$ und 4. MZP $N = 327$ und Kohorte 2: 1. MZP $N = 579$ und 4. MZP $N = 149$ (vgl. Heim, 2002, S. 173ff).

Altersgenossen, wobei sich dies bei Athletinnen „erst im Verlauf der mittleren bis späten Adoleszenz“ zeigt und bei männlichen Athleten aber „bereits kurz nach Ende der Pubertät“ beobachtet werden kann (ebd., S. 275). Hinsichtlich der subjektiven Wahrnehmung der Figur zeigen sich ebenfalls „Unterschiede im Zusammenhang mit dem Geschlecht und dem Sportengagement“ (ebd., S. 276). „ So attestieren sich die jungen Sportlerinnen und Sportler eine bessere Figur als ihre gleichaltrigen Geschlechtsgenossen aus der Kontrollgruppe und generell weisen Jungen bemerkenswert weniger subjektive Figurprobleme als Mädchen auf“ (ebd., S. 277). Ihre Gesundheit schätzen sowohl die leistungssportlich aktiven Mädchen als auch die Mädchen der Kontrollgruppe geringer ein als die Jungen (ebd., S. 285). Diese „geschlechtsspezifischen Muster“ werden „in der älteren Kohorte nicht mehr beobachtet“, sodass „von einem drastisch ungünstigeren Selbstkonzept der Gesundheit unter weiblichen Heranwachsenden nicht die Rede sein [kann]“ (ebd., S. 287). Auch im Hinblick auf das Sportengagement auf Leistungsebene lassen sich „weder generelle Differenzen noch divergierende Entwicklungsmuster“ finden (ebd., S. 287).

Alfermann, Stiller und Würth (2003) weisen mit ihrer Längsschnittstudie im Kontext des Nachwuchsleistungssports bei Jugendlichen nach, dass mit positiver Leistungsentwicklung nach einem Jahr auch ein positiveres physisches Selbstkonzept einhergeht, allerdings nur in den Teilbereichen *Kraft* und *koordinative Fähigkeiten*.

Wenn man den Blickwinkel auf Leistungssportler im mittleren bis späten Kindesalter einschränkt, zeigt sich die Tendenz, dass sich die jungen Athleten (3.-4. Klasse) relativ hohe Werte im sportlichen Fähigkeitsselbstkonzept und im Körperkonzept zuschreiben (Richartz et al., 2009, S. 111).

Zusammenfassend belegen die Studien, dass sportliche Aktivität die körperliche Leistungsfähigkeit fördern kann sowie dass das leistungssportliche Engagement keinen übergreifend positiven Entwicklungseffekt auf das physische Selbstkonzept im Kindes – und Jugendalter besitzt.

4.1.3 *Das akademische Selbstkonzept*

In Deutschland kommen Kinder mit sechs oder sieben Jahren in die Schule. Kinder lernen grundlegende Fertigkeiten wie Lesen, Schreiben und Rechnen. Ab diesem Alter differenzieren sich die akademischen Selbstkonzeptfacetten weiter aus. Die schulischen Kompetenzen des akademischen Selbstkonzepts lassen sich in spezifische fachabhängige Selbstkonzeptfacetten differenzieren (Englisch, Mathematik, Geschichte etc.). Das Konstrukt des akademischen Selbstkonzepts wird sowohl durch Erfahrungen in Leistungssituationen als auch durch Beurteilungen von wichtigen Bezugspersonen und Bezugsgruppen beeinflusst (Polocszek, Karst, Praetorius & Lipowsky, 2011, S. 174). Das Selbstbild eines Schülers bezüglich seiner Fähigkeiten ist eine wichtige Determinante seiner Schulleistungen (Helmke & Schrader, 2001). So konnte gezeigt werden, dass das schulische Fähigkeitskonzept mit objektiven Schulleistungen korreliert (Sparfeld, Rost & Schilling, 2003).

Bei Untersuchungen zu unterschiedlichen Facetten des Selbstkonzeptes steht die Frage im Raum „*wieso sich Schüler* [bei gleichen Leistungen, Anm. d. Verfasserin] *in ihren Selbsteinschätzungen unterscheiden und welche Konsequenzen diese interindividuellen Unterschiede haben*“ (Streblow, 2004, S. 9). Beispielsweise konnte bei der Genese des akademischen Selbstkonzepts zwar die Bedeutung des sozialen Vergleichs bestätigt werden, dennoch variieren die fachspezifischen Fähigkeitsselbstkonzepte trotz beispielsweise gleicher Leistungen und damit auch identischem Abschneiden im sozialen Vergleich (Marsh, 2005). Marsh entwickelte dazu ein Modell, in dem er den persönlichen Vergleich des Kindes *auch* mit sich selbst als einen weiteren Faktor zur Aufklärung der Genese der Fähigkeitsselbstkonzeptfacetten hinzuzog (1986): Das Modell der externalen und internalen Bezugsrahmen ("Internal/External-Frame of Reference"-Modell; Marsh, 1986). Dabei könne das Individuum zum einen Rückschlüsse durch sichtbare Leistungsbewertungen (z. B. Schulnoten) auf das Selbstkonzept durch internale, intraindividuelle Vergleiche (Leistungen verglichen mit einem anderen Fach) und zum anderen durch externale, interindividuelle Vergleiche (mit Mitschülern) ziehen. Auf eine Trainingsgruppe übertragen, kann angenommen werden, dass die externalen, interindividuellen Vergleiche schwerer wiegen, bedenkt man, dass die Leistungen permanent von anderen gesehen und bewertet werden. Dieses Phänomen lässt sich anschaulich durch den „Fischteich-Effekt“ beschreiben.

Das Konzept des „Fischteich-Effekts“ (*big-fish-little-pond-effect*) beschreibt, wie die Selbstbewertung von Kindern durch Bezugsgruppen beeinflusst wird. In einer Gruppe leistungsschwacher Kinder kann dies zu einem gesteigerten Fähigkeitskonzept beitragen, im Umfeld leistungsstärkerer Kinder hingegen zu einem verminderten Fähigkeitskonzept. Marsh und Hau (2003) konstatieren mit ihrer Metastudie die kulturelle Generalisierbarkeit dieses Effektes und untermauern dies mit Befunden aus 26 verschiedenen Kulturen.

Harter (2006) erklärt, dass Kinder zu Beginn des Grundschulalters ihre schulischen Fähigkeiten relativ positiv einschätzen, da sie noch nicht in der Lage sind, Urteile über ihre Leistungen aus dem sozialen Umfeld sowie soziale Vergleiche systematisch in ihr eigenes Selbstbild zu integrieren (S. 522, 527). Dies ändert sich im Laufe der Grundschulzeit, was sich darin zeigt, dass sich die Selbsteinschätzungen der Kinder zunehmend den Fremdeinschätzungen der Lehrer annähern (Marsh, Craven & Debus, 1998).

Nach Heim (2002) attestieren sich leistungssportlich aktive Jugendliche der jüngeren Kohorte (7-10 Jahre) „ein leicht positiveres schulisches Fähigkeitsselbstkonzept als ihre Counterparts in der Kontrollgruppe“ (S. 197f). Im Hinblick auf geschlechtsspezifische Unterschiede profitieren die jungen Sportlerinnen. Pauschalisierungen darüber, dass junge Leistungssportler „generell über ein günstigeres intellektuelles Fähigkeitsbild“ verfügen, müssen demnach relativiert werden (ebd., S. 198).

4.1.4 *Allgemeines Selbstwertgefühl*

Das Selbstwertgefühl beschreibt die Einstellung, die eine Person zu sich selbst hat (Rosenberg, 1979). Es wird in hierarchischen Modellen, wie dem hier zugrunde liegenden Modell von Shavelson et al. (1976), auf höchster Ebene angesiedelt. Das *generelle* oder *globale Selbstkonzept* (*general self, global self*), beschrieben als affektiv-evaluatives Konstrukt, umfasst demnach die Summe der verschiedenen Selbsteinschätzungen einer Person (Frey & Benning, 1983). Bereichsspezifische Selbstbilder fließen „in die Konstitution und Genese des generellen Selbstwertgefühls ein und werden auf dieser Ebene als allgemeine Einschätzungen der Person" verstanden (Heim, 2002, S. 291). Häufig werden „Erfahrungen und Rückmeldungen auf Grund von leistungsthematischen Situationen" mit der Entwicklung des Selbstwertgefühls in Zusammenhang gebracht.

> „Da insbesondere der Leistungssport solche Momente des Kompetenzerlebens in vielfältiger Form bereithält, scheint es plausibel, entsprechende Wirkungen auf die subjektive Wahrnehmung des Selbstwertgefühls zu vermuten. [...] Zudem scheinen soziale Bindungen an eine Sportgruppe, Selektionen oder Positionierungen im institutionalisierten Fördersystem sowie symbolisch fixierte Erfahrungen besonderer Erlebnisse für die Überführung von Kompetenzwahrnehmung in das Selbstwertgefühl von Bedeutung" (Heim, 2002, S. 291).

In diesem Zusammenhang werden in der Literatur auch die subjektive Wichtigkeit der verschiedenen Selbstkonzeptfacetten und ihr Einfluss auf das globale Selbstkonzept diskutiert. Schon die Gedanken von James (1890) vor mehr als hundert Jahren kreisten um die „Wichtigkeit", die eine Person einer bestimmten Fähigkeit zuschreibt und welche in Zusammenhang mit dem Selbstwert stehe (James, 1890, S. 310, Übersetzung von Meyer, 1984, S. 21f).

Für Kinder, die sich selbst als Talent in einer Sportart wahrnehmen, kann angenommen werden, dass es für sie wichtig ist, in genau dieser Sportart besonders gut zu sein. Harter (1990) folgt mit ihrer Arbeitsgruppe der Shavelson'schen Konzeption und vermutet, dass die Wichtigkeit, die ein Individuum einem Bereich beimisst, in Kombination mit der wahrgenommenen eigenen Kompetenz den allgemeinen Selbstwert determiniert. (Harter, 1990; Marsh, 1986). Bei Jugendlichen konnte allerdings nicht nachgewiesen werden, dass die Kombination aus mathematischem Fähigkeitsselbstkonzept und Wichtigkeit von Mathematik oder sprachlichem Fähigkeitsselbstkonzept und Wichtigkeit der Sprache, das allgemeine Selbstwertgefühl vorhersagen. Für die Kombination aus sportlichem Fähigkeitsselbstkonzept und der Wichtigkeit von Sport hingegen, wurde der erwartete Interaktionseffekt nachgewiesen (Marsh, 1986). Im Gegensatz dazu konnte in einer weiteren Studie der vermutete Interaktionseffekt bei Schülern von der 7. bis zur 12. Klasse nicht nachgewiesen werden (Marsh, 1994). Diese heterogenen Befunde schrieben Dickhäuser und Schrahe (2006) methodischen Mängeln zu und gingen dieser Wichtigkeits-Hypothese erneut nach. Sie konstatieren, dass vielmehr eine „höhere wahrgenommene eigene sportliche Kompetenz mit einem höheren allgemeinen Selbstwert der Schülerinnen und Schüler einhergehen", die Wichtigkeit von Sport allerdings leistete keinen signifikanten Beitrag für die Vorhersage des allgemeinen Selbstwertes (Dieckhäuser &

Schrahe, 2006, S. 102). Die Autoren diskutieren in diesem Zusammenhang das Phänomen der „top-down Steuerung“ und erklären: „Besitzt eine Person beispielsweise einen hohen allgemeinen Selbstwert, so kann sie diesen dadurch aufrecht erhalten, dass sie die Wichtigkeit von Sport für die eigene Person senkt“ (ebd., S. 102).
Die Kinder der vorliegenden Studie befinden sich hauptsächlich im Grundschulalter. Nach Harter (2006, S. 545f) schätzen die Jungen in diesem Alter ihr Selbstwertgefühl deutlich positiver ein als Mädchen, es bleibt dann, bis über das Jugendalter hinweg, relativ stabil. Auch Heim (2002) zufolge konstituiert sich das Selbstwertgefühl bereits im Kindesalter und zeichnet sich im Jugendalter „weit mehr durch Stabilität als durch Dynamik“ aus (S. 295). Dennoch zeigen sich in der älteren Kohorte (10-13 J.) seiner Studie weder Geschlechtseffekte noch statistisch relevante Unterschiede zwischen sportlich Aktiven und der Kontrollgruppe. Lediglich die Athletinnen der jüngeren Kohorte zeigen günstigere Wahrnehmungen hinsichtlich ihres Selbstwertgefühls (ebd., S. 291ff).

4.2 *Selbstkonzept und Bindung*

Nach dem Konzept der Internalen Arbeitsmodelle (vgl. Kap. 3.4) entsteht komplementär zum Arbeitsmodell der Bindung ein Arbeitsmodell des Selbst.
Ausgehend von Bowlbys hypothetischem Konstrukt des Internalen Arbeitsmodells des Selbst fließen selbstgewonnene Informationen aus konkreten Erlebnissen sowie globale Einschätzungen in die Konstitution des subjektiven Selbstbildes ein (Bowlby, 2006b, S. 297f).
Bowlby vermutete, dass die Bindungsqualität eines Kindes mit seinen primären Bezugspersonen positive Auswirkungen auf die Sicht über sich selbst hat. Eine positive und realistische Vorstellung von sich selbst und Vertrauen zu sich selbst gehen häufig mit einer sicheren Bindung einher (Main et al., 1985). In einer qualitativen Längsschnittuntersuchung von August-Frenzel (1993) und Kindler (1990), in der Interviews mit Kindern im frühen Schulalter geführt wurden, zeigten achtjährige Kinder mit einer „sicheren frühkindlichen Mutterbindung“ mehr „gesundes Selbstvertrauen“ (Grossmann & Grossman, 2004, S. 378f). Nach Bowlby entwickelt das Kind schon ab dem Alter von zwei Jahren ein Bild von sich selbst, resultierend aus den Beurteilungen seiner primären Bezugspersonen, z. B. ob es als liebenswert bewertet wird. Dies sei die Grundlage für den weiteren Aufbau sozialer Beziehungen (Bowlby, 1969). Die Bindungstheorie lässt also erwarten, dass Kinder mit sicherer Bindungsqualität ein realistisch positiv ausgeprägtes Selbstkonzept haben. „Bowlby hatte allerdings bereits früh darauf hingewiesen, dass das Selbstbild wahrscheinlich keine einheitliche Größe ist“ (Richartz et al., 2009, S. 71).
Die Befundlage zu Zusammenhängen zwischen Bindungssicherheit und Selbstkonzept ist heterogen. Auf der einen Seite sprechen die Befunde „aus verschiedenen Studien bei Acht- bis Zwölfjährigen dafür, dass Kinder, die über eine gute Beziehungsqualität mit den Eltern Auskunft geben auch über ein höheres Selbstwertgefühl berichten“ (frei übersetzt nach Kerns, 2008, S. 374). Diese Studien sind allerdings

mit Vorsicht zu interpretieren, da sie auf Selbstauskünften der Kinder beruhen. Es wurde festgestellt, dass Über- oder Untertreibungen der positiven Aspekte des Selbst mit der Bindungsgeschichte oder Bindungsrepräsentation der Person in Zusammenhang stehen. So sehen sich sechsjährige Kinder in der Studie von Cassidy (1988) mit einer vermeidenden Mutterbindung unglaubwürdig „gut und brav", während Kinder mit einer ambivalenten Mutterbindung ihre negativen Eigenschaften überbetonten. Andererseits konnte in deutschen Längsschnitt-Studien kein Zusammenhang zwischen Bindungsmuster und Selbstkonzept gefunden werden (Zimmermann, Suess, Scheuer-English & Grossmann, 1999, S. 42; König, Gloger-Tippelt & Zweyer, 2007, S. 459). In einer Studie von König (2002) konnte der angenommene Zusammenhang zwischen Selbstkonzept und Bindungsqualität nur für Jungen nachgewiesen werden (S. 119).
Das Problem der divergenten Befunde rührt auch daher, dass unterschiedliche Facetten zum Selbstkonzept erfasst wurden. So wird in einigen Studien das globale Selbstwertgefühl erfasst, wohingegen andere Studien bereichsspezifische Selbstkonzeptfacetten in Abhängigkeit zur Bindung untersuchen. Für die hier vorliegende Arbeit werden – ausgehend vom hierarchischen Selbstkonzeptmodell – verschiedene bereichsspezifische Selbstkonzeptfacetten zur Genese herangezogen: das soziale Selbstkonzept sowohl in der Schule als auch im Training sowie das aufgabenbezogene Selbstkonzept in der Schule und im Sport und zusätzlich das bereichsübergreifende Selbstwertgefühl.

4.3 *Soziale Unterstützung*

Der sozialen Unterstützung im Leistungssport wird vor allem für das Kindesalter enorme Bedeutung zugemessen (Grupe, 1998). Die soziale Unterstützung ist ein weites Forschungsfeld sowohl in der Psychologie, als auch der Soziologie und der Pädagogik. Kernkonzepte der sozialen Unterstützung werden immer noch diskutiert, sodass sich in der Literatur auch unterschiedliche Definitionen zu sozialer Unterstützung finden lassen. Schwarzer (1992) beschreibt soziale Unterstützung als:

> „Interaktion zwischen zwei oder mehr Menschen, bei der es darum geht, einen Problemzustand, der bei einem Betroffenen Leid erzeugt, zu verändern oder zumindest das Ertragen dieses Zustandes zu erleichtern" (S. 141).

Der sozialen Unterstützung wird dabei ein transaktionaler Charakter zugeschrieben, den auch Fydrich und Sommer (2003) hervorheben. Soziale Unterstützung beschreiben sie als:

> „Ergebnis kognitiv-emotionaler Verarbeitung und Bewertung gegenwärtiger und vergangener sozialer Interaktionen [...], durch die Personen Hilfestellungen erleben und erwarten, um Aufgaben und Belastungen zu bewältigen und persönliche Ziele zu erreichen" (S. 83).

Nach Pierce, Sarason und Sarason (1996) gilt soziale Unterstützung als ein Persönlichkeitsmerkmal, das sich aus Interaktionserfahrungen mit nahen Bezugspersonen herausbildet: "Perceived social support has been defined as the general perception that others are available and desire to provide assistance should the individual need it" (S. 435). Auch Hobfoll und Stokes (1988, zit. nach van Aken, Coleman & Cotterell, 1994) heben die Bedeutung dieser Interaktionserfahrungen heraus:

> "[...]social interactions or relationships, that provide individuals with actual assistance or with a feeling of attachment to a person or a group that is perceived as caring and loving" (S. 431).

Die Schnittstellen zur Bindungstheorie lassen sich hier klar erkennen. Meist wird in der *Social-Support*-Forschung soziale Unterstützung im Belastungs-Bewältigungs-Paradigma unter dem Begriff „soziale Ressourcen" geführt und auf Zusammenhänge und Korrelationen mit Belastungsvariablen beforscht. Auch die Bindungstheorie impliziert, dass enge soziale Beziehungen zu nahestehenden Bezugspersonen eine positive Persönlichkeitsentwicklung fördern und eine puffernde Wirkung auf Belastungen haben (vgl. Kap. 3).

In der Literatur hat es sich durchgesetzt, zwischen (1) strukturellen Aspekten der sozialen Unterstützung, wie sozialen Netzwerken und der sozialen Integration in selbigen und (2) der funktionalen Bedeutung sozialer Unterstützung zu unterscheiden (Leppin & Schwarzer, 1997, S. 349; Laireiter, 1993, S. 15). Schwarzer (2000, S. 52) unterscheidet entsprechend drei Konzepte des sozialen Rückhalts: (1) soziale Integration, (2) erwartete Unterstützung und (3) erhaltene Unterstützung. Bei der sozialen Integration geht es um quantitative und strukturelle Aspekte von Sozialbeziehungen, wobei das soziale Netz Potentiale für positive wie negative Interaktionen biete (S. 52). Erwartete und tatsächlich erhaltene Unterstützung hingegen haben eine funktionale Bedeutung im Kontext sozialer Interaktionen und besitzen transaktionalen Charakter (ebd., S. 52). Zwar gibt es zwischen der prospektiv subjektiv wahrgenommenen Unterstützung und der retrospektiv tatsächlich erhaltenen Unterstützung Übereinstimmungen (Leppin & Schwarzer, 1997, S. 350), dennoch hängen beide nur geringfügig miteinander zusammen[18]. Sarason, Pierce und Sarason (1990) grenzen das Konstrukt zum *social support* weiter ein und fokussieren die wahrgenommene Unterstützung (*perceived support*), die die Autoren als Persönlichkeitsvariable definieren. Sie vertreten die Auffassung, dass die subjektive Überzeugung, als Person akzeptiert zu werden, ausschlaggebend für die soziale Unterstützung sei (ebd., S. 435). Dieses grundlegende Vertrauen in Anerkennung (*sense of acceptance*) wird auch durch das Internale Arbeitsmodell des Selbst (vgl. Kap 3.4) in der Bindungstheorie postuliert. Die subjektiv wahrgenommene Unterstützung beinhaltet demnach die Annahme einer Person, im Bedarfsfall potentielle Unterstützung generieren zu können. Neben der konzeptionellen Differenzierung von sozialem Rückhalt in quantitativ-strukturelle (*soziale Integration*) und qualitativ-funktionale (*soziale Unterstutzung*) Dimensionen unterscheidet Schwarzer (2000, S. 54) außerdem drei Arten sozialer Unterstützung: (1) *emotionale Unterstützung* (Mitleid, Zuwendung, Trost,

18 In einer Zusammenstellung von Studien, in der Maße sowohl für kognitive als auch verhaltensbezogene Unterstützung erfasst wurden, korrelieren beide Konzepte kaum miteinander (vgl. Dunkel-Schetter & Bennett, 1990).

Wärme), (2) *instrumentelle Unterstützung* (Arbeiten erledigen und Güter besorgen) und (3) *informationelle Unterstützung* (Informationsübermittlung und Ratschläge). Weiterhin zeigt Schwarzer (2000) auf, dass auch die *„Quelle der Unterstützung"* bedeutend sei, da es „eben auch darauf an[kommt], von wem die Hilfe gewährt sei" (S. 53).

Im mittleren Kindesalter sind hauptsächlich die Eltern Quelle sozialer Unterstützung. In der 2. World Vision Kinder-Studie wurden 2.500 Kinder zwischen sechs und elf Jahren in Deutschland nach ihrem Wohlbefinden und ihren Lebensbedingungen befragt. Aus dieser Studie geht hervor, dass die Mehrheit der Kinder ihre Familie als ausgesprochen unterstützend erlebt (Andresen, Hurrelmann & Fegter, 2010, S. 41) und eine hohe Zufriedenheit mit der elterlichen Zuwendung wahrnimmt (Schneekloth & Pupeter, 2010, S. 90).

Für leistungssportlich aktive Kinder ist der Trainer i. d. R. eine weitere wichtige Bezugsperson und potentielle Quelle sozialer Unterstützung. Dass die Trainer-Athlet-Beziehung aber auch zur Quelle von Belastungen sein kann, zeigt die qualitative Untersuchung von Richartz (2000). Defizite sind dabei hauptsächlich im fürsorglichen Aufgabenfeld des Trainers zu finden (ebd., S. 187ff). Auch die Studie von Weischenberg (1996) deckt mangelnde Fürsorge von Trainern auf. In sozialen Interaktionen zwischen Leistungssportlerinnen und Trainern dominieren Mängel an „positiver Verstärkung und Anerkennung" sowie „destruktive Äußerungen" durch die Trainer (S. 317).

Kindern mit einem sicheren Bindungsmuster wird zugeschrieben, dass sie soziale Unterstützung in offener und angemessener Form einfordern und davon auch besser profitieren können, als Kinder mit unsicherem Bindungsmuster. In der Minnesota-Längsschnitt-Studie[19] wurden die Zusammenhänge und Auswirkungen von Bindung und menschlicher Entwicklung von Individuen vom 12. Lebensmonat bis zur Adoleszenz untersucht (Sroufe et al., 2005). Ein breitangelegtes Potpourri an Erfassungsmethoden wurde eingesetzt, u. a. die *Fremde Situation* im frühen Kindesalter, Lehrer- und Campleiter[20]-Ratings und videobasierte Beobachtungsverfahren. Im Rahmen der Langzeitstudie fanden Sommer Camp Studien für Kinder im mittleren Kindesalter statt. Von den $N = 180$ Kindern der Langzeitstudie nahmen $n = 39$ Kinder im Alter von neun und zehn Jahren an den vierwöchigen Sommercamps teil (Sroufe et al., 2005, S. 151). Ein ausgewählter Befund hinsichtlich sozialer Unterstützung (*support giving*) zeigt, dass sich Kinder in Abhängigkeit vom Bindungsmuster signifikant unterscheiden. Kinder mit vermeidendem Bindungsmuster (*avoidance group*) zeigten

---

19 Das Minnesota-Child Interaction Project begann 1975 mit einer Risikostichprobe von 267 Müttern in ihrer ersten Schwangerschaft, aus sozial benachteiligten Familien. Hauptziel dieser Untersuchung war es, trotz der ungünstigen sozialen und risikopotentiellen Umstände, Bedingungen für die Entwicklung einer sicheren Mutterbindung zu identifizieren und sowohl Einflüsse als auch Auswirkungen auf eine gesunde sozio-emotionale Entwicklung aufzudecken (Sroufe et al., 2005, Preface).

20 Der Ausdruck Campleiter wird hier frei übersetzt. In der Originalliteratur wird von "camp counsellor" gesprochen, der eine Beraterfunktion innehat.

weniger Verhaltensweisen, die darauf abzielen, auf Hilfe angewiesen zu sein als Kinder mit ambivalentem Muster (*resistant group*).[21] Weiterhin zeigen die Befunde, dass die Erwachsenen (Lehrer und Campleiter) Kinder gemäß ihrer bindungsspezifischen Entwicklungsgeschichte unterschiedlich behandeln. Bei vermeidenden Kindern wurde Unterstützung (*support giving*) öfter durch Erwachsene initiiert als bei Ambivalenten. Die unsicher-ambivalenten Kinder hingegen erhielten übermäßige Aufmerksamkeit und hingen übermäßig an ihren Lehrern oder Campleitern (ebd., S. 138ff, 156). Kindern mit einem sicheren Bindungsstatus gegenüber, zeigten sich Lehrer respektvoll und altersangemessen und schätzten die Erwartungshaltung höher ein als bei unsicher-gebundenen Kindern (ebd., S. 144). Diese Befunde unterstreichen die enormen pädagogischen Herausforderungen an sekundäre Bezugspersonen im Lehr-Lern-Kontext hinsichtlich sozialer Unterstützung.
In Kapitel 3.7 wurde bereits dargelegt, dass Lehr-Lern-Settings aus dem Schulkontext mit dem Trainingsbetrieb im Leistungssport vergleichbar sind. Ähnliche Herausforderungen ergeben sich demnach für die Trainer bei der Zusammenarbeit mit Kindern mit unterschiedlichen Bindungsmustern. Auswirkungen auf die Lehr-Lernaktivitäten könnten wie folgt aussehen: Unsicher-vermeidend gebundene Kinder könnten den Anschein erwecken, nur wenig Unterstützung beim Lernen zu benötigen, wohingegen Kinder mit unsicher-ambivalentem Bindungsmuster sehr viel Unterstützung und Hilfe in Lernprozessen einfordern. Um Lehr-Lern-Prozesse mit sportpädagogischem Fokus geht es im nächsten Kapitel.

4.4 *Qualität pädagogischer Beziehungen – das Arbeitsbündnis*

Pädagogische Beziehungen bestehen in Lehr-Lern-Kontexten, in denen ein Lehrender einem Lernenden etwas beibringt. Mit der Aufnahme gemeinsamer Arbeit von Lehrendem und Lernendem entsteht ein sogenanntes Arbeitsbündnis. Bevor in diesem Kapitel das Konstrukt Arbeitsbündnis erörtert wird, erscheint es zum besseren Verständnis sinnvoll, auf motivationale Aspekte in Lernprozessen einzugehen, um sich in einem weiteren Schritt darauf zu beziehen. Dafür wird die Selbstbestimmungstheorie nach Deci und Ryan (1985, 1993) herangezogen und verschiedene Arten von Motivation aufgezeigt. Anschließend wird das Konstrukt Arbeitsbündnis in der Theorie verortet.

Exkurs: Die Selbstbestimmungstheorie der Motivation nach Deci und Ryan

Die Autoren der *Selbstbestimmungstheorie der Motivation* Deci und Ryan (1985, 1993) gehen davon aus, dass frei gewählte Handlungen für den Kompetenzerwerb förderlich sind, wohingegen auferlegte Aufgaben für einen nachhaltigen Kompetenzerwerb eher ungünstig seien. Grundlage für die Theorieentwicklung ist die Annahme von drei psychologischen Grundbedürfnissen (Bedürfnis nach Kompetenzerleben,

21 In der anglo-amerikanischen Literatur werden die Begriffe für die unsichere Klassifizierung der Bindungsmuster „ambivalent" und „resistant" oft synonym verwendet, die Autoren beziehen sich dabei aber immer auf das Klassifizierungssystem nach Ainsworth und Wittig (1969).

Bedürfnis nach sozialer Eingebundenheit und Autonomiebedürfnis) und der angeborenen Tendenz, diese zu befriedigen, um so persönliche Entwicklung und psychisches Wohlbefinden zu erreichen. Nach Deci und Ryan (1993) hat eine auf Selbstbestimmung beruhende Lernmotivation positive Auswirkungen auf die Qualität des Lernens. Demnach entsprechen Handlungen aus der „bloßen Freude am Tun" primär den Wünschen und Zielen des individuellen Selbst und werden als selbstbestimmt wahrgenommen (intrinsische Motivation). Bei Handlungen die als aufgezwungen und kontrolliert erlebt werden hingegen, ist die Selbstbestimmung minimiert (extrinsische Motivation). Die Autoren unterscheiden zwischen diesen Polen weitere Verhaltensweisen, die durch das Ausmaß an Selbstbestimmung auch für extrinsisch motiviertes Verhalten beurteilt werden. Dabei spielt das wahrgenommene Autonomieerleben eine zentrale Rolle. Extrinsisch motivierte Verhaltensweisen könnten durch die Prozesse der Internalisierung und Integration in selbstbestimmte Handlungen überführt werden. Sie unterscheiden folgende drei Typen extrinsischer Verhaltensmotivation – neben der externalen Regulation (die weder den Prinzipien der Autonomie noch der Freiwilligkeit entsprechen): Einer (1) *introjizierten* Regulation schreiben sie Verhaltensweisen zu, die internen Anstößen und innerem Druck folgen, z. B. weil man sonst ein schlechtes Gewissen hätte oder „weil es sich gehört". Eine *introjizierte* Handlungsregulation ist insofern internal, als keine äußeren Handlungsanstöße mehr nötig sind, sie bleibt aber weiterhin vom individuellen Selbst separiert. Das Stadium der (2) *identifizierten* Regulation ist erreicht, wenn das eigene Verhalten vom Selbst als persönlich wichtig anerkannt und wertgeschätzt wird (Deci & Ryan, 1993, S. 228). Für den jungen Athleten könnte dies beispielsweise die Vorbereitung auf einen wichtigen Wettkampf sein (um sich für den Stützpunkt zu qualifizieren und sein selbst gesetztes Ziel zu erreichen). Der höchste Grad an Selbstbestimmung auf diesem Kontinuum ist beim Typ der (3) *integrierten* Regulation vorhanden. In diesem Fall werden Ziele, Normen und Handlungsstrategien, mit denen sich das Individuum identifiziert und die dem eigenen Selbstkonzept kohärent sind, integriert. Dieses *integrierte* Regulationsverhalten bildet zusammen mit der intrinsischen Motivation die Basis selbstbestimmten Handelns (Deci & Ryan, 1993).

Für den jungen leistungssportlich aktiven Athleten ist das Maß an Selbstbestimmung im Training allerdings eingeschränkt, da die Kinder auf die Expertise des „Haltens" und der turnspezifischen Didaktik und Methodik des Trainers angewiesen sind, um die komplexen Anforderungen mit detailgenauen Ausführungen zu meistern. Anstrengungsbereitschaft und Beharrlichkeit entsprechen aber nicht der Definition intrinsisch motivierten Verhaltens, das die „Freude am bloßen Tun" hervorhebt. Die Athleten sind angehalten, beharrlich und auch allein zu üben, wenn sie in ihrer Sportart bestehen wollen. Wie beharrlich übt ein Kind in einer belastenden Trainingssituation und welche Strategien wählt es bei herausfordernden Aufgaben? Unterschiede in beharrlichem Verhalten im Training sind zu erwarten. Nach Heckhausen (1989) entwickelt sich Leistungsmotivation nur dann optimal, wenn die Anforderungen knapp unter der individuellen Leistungsgrenze liegen, sodass diese Anstrengung verlangen, nicht aber zu Unter- bzw. Überforderung führen. Dafür ist eine gute Einschätzungsfähigkeit der Trainer wichtig.

Die Befunde aus dem Lehr-Lern-Kontext in der Schule zeigen individuelle Unterschiede in der Selbstbestimmung und der Selbstregulation (Ryan, Connell & Deci, 1985). Aus dem Überblick an Forschungsergebnissen zu Lernprozessen im schulischen Kontext geht hervor, dass autonomieunterstützende im Vergleich zu kontrollierten Lernumgebungen die Bereitschaft zu einer Tiefenverarbeitung des Lernstoffs erhöhen (Grolnick & Ryan, 1987; Kage & Namiki, 1990). Die Selbstregulation spielt hierbei eine zentrale Rolle. Aus einer Studie von Grolnick und Ryan (1989) geht bspw. hervor, dass Kinder (3.-6. Klasse), deren Eltern einen autonomieunterstützenden und zugleich involvierenden, strukturgebenden Erziehungsstil pflegen, in höherem Maße über selbstbestimmte Lern- und Verhaltensweisen in der Schule berichten. Ihre Lehrer schätzen ihre Schulkompetenz und positiven Einstellungen zur Schule höher ein, was ihre Schulleistungen und Schulnoten unterstreichen. Diesem selbstbestimmten Verhalten stehen Verhaltensweisen gegenüber, die aus Emotionen wie Druck oder Angst heraus entstehen und auf externalen Forderungen basieren (Grolnick & Ryan, 1989). Eine hochgradig selbstbestimmte Motivationsgrundlage ist weder im Schulkontext noch im Trainingskontext möglich. Die Anstrengungsbereitschaft in einer Situation, die auf einer fremdbestimmten Motivation basiert, also external durch Kontrolle und Sanktionen, lässt sofort nach, wenn der Zwang erlahmt und ist weder für das Lernergebnis noch für das Vergnügen von Lehrendem und Lernendem an der gemeinsamen Arbeit günstig. Weiter oben wurde bereits dargelegt, dass zwischen intrinsischer und extrinsischer Motivationsgrundlage eine breite Mitte an Regulationsverhaltensweisen besteht. Dies ist z. B. mit einer Bindung an Mittel- oder langfristige Ziele verbunden. Es werden Anstrengungen aufgenommen, die nicht unmittelbar auf der „bloßen Freude am Tun" basieren. Diese Ziele sind bspw. Fähigkeiten und Fertigkeiten in der Sportart zu erlernen, in dieser erfolgreich zu sein oder soziale Anerkennung und Zugehörigkeit zu erlangen. Gemeinsame Ziele zwischen zwei Akteuren bilden die Grundlage für ein Arbeitsbündnis, auf welches im folgenden Abschnitt tiefgründiger eingegangen wird.

Pädagogisches Arbeitsbündnis

Ein Arbeitsbündnis zwischen Pädagoge und Kind beschreibt einen didaktisch sozialen Vertrag, über Rechte, Pflichten und Leistungen beider Parteien sowie über gemeinsame Ziele, der nicht offen ausgesprochen oder formell geschlossen werden muss (Meyer, 2004, S. 127). Für den leistungssportlichen Kontext hat Richartz (2000) das Arbeitsbündnis zwischen Trainer und Athlet ausführlich dargelegt (S. 187). Das Konstrukt Arbeitsbündnis beschreibt ein „komplexes Wechselspiel von Erwartungen und Verpflichtungen" wodurch Lehrende und Lernende „im Interesse gemeinsamer Ziele miteinander" verbunden sind (Richartz, 2012, S. 73). Die Regeln,

Rechte und Pflichten sind nicht explizit festgelegt, sondern ergeben sich aus der alltäglichen Interaktion zwischen Lehrer und Schüler, respektive Trainer und Athlet. Grundlegend für ein Arbeitsbündnis ist die Übereinkunft beider Akteure auf gemeinsame Ziele, die jeder alleine nicht erreichen kann. Ein solches Bündnis kommt zustande, wenn beide Akteure wissen, dass sie den anderen brauchen, um ans Ziel zu gelangen und ihren Partner als geeignet dafür einschätzen. Im Schulkontext beruhen einige Rechte und Pflichten auf Gesetzen und Regeln (z. B. Schulpflicht, Schulregeln). In der Schule ist das Ziel des Lehrers, Wissen zu vermitteln und im günstigen Fall die Kinder in ihrer Entwicklung zu fördern. Ziel von Kindern wiederum ist es, der Schulpflicht nachzukommen und einen Schulabschluss zu erlangen. Die Basis für ein gemeinsames Arbeitsbündnis ist gegeben: Lehrer und Schüler können ihre Ziele gemeinsam umsetzen. „Ein gut funktionierendes Arbeitsbündnis ist eine Quelle von Zufriedenheit für beide Seiten", wohingegen ein „beschädigtes oder fehlendes Arbeitsbündnis" Konfliktpotential mit sich bringt (ebd. S73), bspw. wenn die Schulpflicht nicht eingehalten wird oder ein Lehrer seinen Lernstoff mit didaktischen Mängeln oder Schüler-distanziert „abspult". Bereits im Kindesalter gehört es „zu den sozialen Selbstverständlichkeiten", zu wissen, „welche Pflichten und Rechte mit den beiden Rollen im Lehrenden-Lernenden-Verhältnis verbunden sind"(ebd. S. 73).

Anders als in der Schule basiert eine leistungssportliche Teilnahme auf Freiwilligkeit. Mit der Aufnahme gemeinsamer Trainingsarbeit entsteht ein Arbeitsbündnis zwischen Trainer und Athlet. Im Leistungssport gibt es keine gesetzlichen Verpflichtungen wie die Schulpflicht. Die Kinder könnten das Training abbrechen, wenn es nicht ihren Vorstellungen entspricht. Dies ist in der Schule nicht ohne weiteres möglich. Im Leistungssport besteht ein Arbeitsbündnis auf der Grundlage von persönlichen Zielen von Trainer und Athlet. Athleten wollen sportliche Fähigkeiten erlangen und brauchen den Trainer als Experten für ihre Leistungsentwicklung. Ein Trainer braucht seine Athleten, um seinen Beruf ausüben zu können. Die Ziele der gemeinsamen Trainingsarbeit sind für beide (Trainer und Sportler) sportliche Leistungsfortschritte und Erfolge. Beide Parteien sind bei der Zielerreichung aufeinander angewiesen, denn keiner kann allein das Ziel realisieren.

> „Ohne die Anstrengung der Athleten kann der beste Trainer nichts erreichen, ohne Trainer sind viele Leistungsziele für Athleten unerreichbar. Beide können ihren eigenen Erfolg nur durch die aktive Mitarbeit des anderen erreichen" (Richartz, 2012, S. 74).

Es ist also wichtig, dass beide Parteien „an einem Strang ziehen". Geschieht dies nicht, so kann es zu „Machtkämpfen" kommen, die eine „Zusammenarbeit erschweren" (ebd., S. 75). Dies ist bspw. der Fall, wenn Kinder „Widerstand" gegen Anweisungen halten (z. B. sich unterhalten obwohl sie zuhören sollen). Aber auch unangemessene Machtausspielungen auf Trainerseite sind Zeichen dafür, dass Rechte und Pflichten im Bündnis nicht eingehalten werden. Die Erwartungen und Verpflichtungen richten sich also darauf, was auf beiden Seiten nötig ist, um „gemeinsame Ziele" zu erreichen. Die Trainer haben Erwartungen an die Athleten, wie z. B. Konzentration,

Aufmerksamkeit und Anstrengungsbereitschaft. Die Athleten wiederum haben Erwartungen an ihre Trainer (vgl. ebd., S. 74f). Aus der qualitativen Studie von Richartz (2000, S. 187ff) zeigt sich folgendes Erwartungsbündel von Jugendlichen an Trainer: der Trainer als Fachmann (Fachkompetenz), der Trainer als fürsorgliche Elterninstanz (soziale Kompetenz) und der Trainer als disziplinierende Elterninstanz (eine gewisse Strenge). Diese Erwartungsbündel sind auch für das Kindesalter repliziert (Richartz et al., 2009, S. 289). Damit beschreiben die Kinder ihren Wunsch, als respektvolle Person behandelt zu werden. Wird die Strenge des Trainers als übermäßig und unzweckmäßig erlebt, wird eine „Grenze überschritten", die nicht mehr nur der Anweisungspflicht sondern einer Machtdemonstration dient. Dies ist der Fall, „wenn Trainer Fehlerkorrekturen zur Machtdemonstration und Bloßstellung missbrauchen" oder über das nötige Maß herumkommandieren (Richartz, 2000, S. 75f) Kinder können also sehr wohl zwischen einer „funktionalen Strenge" („sonst lernt man ja nichts")[22] und einer überzogenen, nicht funktionalen Strenge unterscheiden („also nicht, dass er gleich durch die ganze Halle schreit") (ebd., S. 76).
Damit ein positives Arbeitsbündnis zustande kommt und über einen längeren Zeitraum hinweg erhalten bleibt, sind nach Richartz (2012, S. 76) folgende Voraussetzungen nötig:

- ein gemeinsames Ziel, das für beide Akteure „wertvoll und erstrebenswert" ist,
- die Pflichterfüllung der jeweiligen Rolle,
- die jeweilige Anerkennung der Fachkompetenz bzgl. der Zielerreichung und
- die jeweilige Anerkennung des „Rechts auf Respekt und Wertschätzung" sowie für Kinder das Recht auf „Gleichbehandlung und Berücksichtigung ihrer Perspektive."

Auch für den ergänzenden theoretischen Baustein pädagogisches Arbeitsbündnis lassen sich Bezüge zur Bindungstheorie herstellen. So können sowohl die Ziele als auch die Rechte und Pflichten von Kindern in Abhängigkeit von ihrem Bindungsmuster unterschiedlich wahrgenommen und bewertet werden. Sicher-gebundene Kinder, die ihre Gefühle offen äußern, könnten bei einem übermäßig strengen Trainer eher dagegenhalten und sich auf die soziale Unterstützung ihrer Eltern verlassen. Ihre Erwartungen an den Trainer basieren auf dem fürsorglichen Verhalten, welches ihnen aus der Beziehung zu ihren Eltern bekannt ist. Kinder mit unsicher-vermeidendem Bindungsmuster hingegen, die ihre Selbständigkeit überbetonen und offenen Gefühlsausdruck vermeiden, könnte man unterstellen, dass sie Grenzüberschreitungen bagatellisieren. Für Kinder mit einem unsicher-ambivalenten Bindungsmuster kann angenommen werden, dass ihr Selbstwertgefühl durch Verhaltensweisen wie Bloßstellen, negativ beeinflusst wird.
Für die hier vorliegende Studie wird die Einschätzung der Kinder zum Arbeitsbündnis erfasst. Die Beurteilung basiert auf folgenden Dimensionen: (1) *Sportliche Ziele*,

22 Die Zitate sind aus qualitativen Interviews der Studie zur Kindern im Leistungssport (Richartz et al., 2009) entnommen.

(2) *eigene Pflichten aus dem Arbeitsbündnis,* (3) *Pflichten aus dem Arbeitsbündnis auf Seiten des Trainers* und (4) *Fachliche Kompetenz des Trainers* (vgl. Richartz, 2000, S. 76ff). Die Skalen sind in Kapitel 7.4.4 definiert.
In diesem Kapitel wurde herausgearbeitet, dass Anstrengungsbereitschaft und Beharrlichkeit beim Lernenden die Voraussetzung für erfolgreiches leistungsmotiviertes Lernen ist und dass die Qualität des pädagogischen Arbeitsbündnisses dabei eine bedeutende Rolle spielt. Im folgenden Kapitel werden Bewältigungsstrategien für eine schwierige Lernaufgabe im Training, die beharrliches Verhalten erfordert, theoretisch hergeleitet und entwickelt.

4.5 *Bewältigungsstrategien*

Der letzte theoretische Baustein, der hier unter bindungstheoretischen Aspekten fokussiert wird, bezieht sich auf Bewältigungskonzepte respektive Bewältigungsstrategien bei einer schwierigen Lernaufgabe mit hohen Anforderungen im Training. Dieser Ansatz ist bisher kaum erforscht und bedarf für die vorliegende Arbeit einer Ein- und Abgrenzung. Welche Bewältigungsstrategien wählen junge Leistungssportler wenn es darum geht Anforderungen im Training zu meistern? Bevorzugen verschiedenen Bindungstypen unterschiedliche Strategien? Will man Bewältigungsstrategien erörtern, so ist es sinnvoll, auf die Grundlagen der Stressforschung einzugehen, da sie den theoretischen Rahmen für Konzepte zur Bewältigung liefern. Zunächst werden theoretische Grundlagen der Stressforschung dargestellt und die Ableitung differenzierter Bewältigungsstrategien für den hier relevanten Kontext aufgezeigt.

4.5.1 *Einführung und theoretische Grundlagen der Stressforschung*

„Stress ist heute einer der am häufigsten verwendeten Begriffe, wenn es darum geht, Umstände zu benennen, die das Wohlbefinden empfindlich stören“ (Ahnert, 2010, S. 185). Ausgehend von der Konzeption Selyes in den 1950er Jahren, der den Fokus auf Stressoren legte und Stress als physiologischen Anpassungsmechanismus des Organismus auf bedrohliche Reize legte (Lazarus & Folkman, 1984, S. 2), haben sich verschiedene weitere Stresstheoretische Konzeptionen (daraus) entwickelt (vgl. Schulz, 2005, S. 219ff): (1) situationsbezogene Konzeptionen, die Umweltreize als Stressoren in den Mittelpunkt rücken (S*timulusdefinitionen*), (2) reaktionsbezogene Konzeptionen, die Auswirkungen physischer und psychischer Stressoren fokussieren (*Reaktionsdefinitionen*) und (3) transaktionale Konzeptionen, die die Person-Umwelt Interaktion sowie kognitive Bewertungsaspekte in den Mittelpunkt rücken (*Interaktionskonzepte*). Die transaktionale Konzeption hat sich in der Stressforschung durchgesetzt. Das Konzept dominiert auch im sportwissenschaftlichen Forschungsfeld, unter anderem in der Arbeitsgruppe um Alfred Richartz (Hoffmann, Sallen, Albert & Richartz, 2010; Richartz et al., 2009; Richartz, 2000; Richartz & Brettschneider, 1996) und wird auch für die hier vorliegende Arbeit herangezogen.[23] Das kognitiv-transaktionale Modell wurde von der Arbeitsgruppe um Richard Lazarus in den 1960er Jahren publiziert und seither verschiedenen Überarbeitungen unterzogen, wobei sich die Grundgedanken allerdings wenig geändert haben.[24] Dieses Modell besitzt transaktionalen Charakter, der reiz- und reaktionsorientierte ältere Ansätze integriert. Stress ist demnach ein Prozess, in dem Person und Umwelt ständig miteinander interagieren. Als Ergebnis des Prozesses steht die subjektive Wahrnehmung von Wohlbefinden und Gesundheit bzw. Krankheit. Stress ist also das Ergebnis, welches aus dem Ungleichgewicht zwischen inneren oder äußeren Anforderungen und den Kapazitäten einer Person, diese Anforderungen zu bewältigen, resultiert.

> „...Anforderungen, die in der Einschätzung der betroffenen Person interne oder externe Ressourcen auf die Probe stellen oder überschreiten. [...] Damit ist Stress weder gleichbedeutend mit einem Umweltreiz, einem Personenmerkmal oder einer Reaktion, sondern Stress stellt ein relationales Konzept dar, in dem ein Gleichgewicht hergestellt werden muss zwischen Anforderungen und der Fähigkeit, mit diesen Anforderungen fertig zu werden" (Lazarus, 1981, S. 213).

Die subjektive Einschätzung wird hier in den Mittelpunkt gerückt. So können Anforderungen einer Person als sehr hoch oder überfordernd eingeschätzt werden, wohingegen eine andere Person die gleichen Anforderungen als weniger belastend empfindet. Die subjektive Einschätzung erfolgt nach Lazarus und Folkman (1984, S. 31ff) in zwei Schritten: (1) durch die primäre Bewertung (*primary appraisal*) und (2) durch die sekundäre Bewertung (*secondary appraisal*). Die primäre Bewertung zielt auf die Einschätzung der Schwierigkeit von Anforderungen ab. Die Bewertung kann dabei positiv, irrelevant oder mit negativen Konsequenzen verbunden sein. Bei einer negativen primären Bewertung kommt es zu einer sekundären Bewertung. Bei der sekundären Bewertung wägt die Person Mittel und Wege zur Bewältigung der Anforderung ab. Die primären Bewertungsprozesse laufen bewusst und unbewusst ab, ihr Ergebnis zeigt sich darin, ob eine Situation als bedrohlich oder herausfordernd wahrgenommen wird oder ob ein Verlust oder Schaden von ihr ausgehen kann. Ein weiterer Aspekt im transaktionalen Stressmodell ist die Neubewertung, in die alle Veränderungen bezüglich der Situation in den fortlaufenden Prozess einbezogen werden. Die Bewertung und daraus resultierende Wahrnehmung einer Situation gelten demnach als ausschlaggebend für die Auswahl einer Bewältigungsstrategie.

23 Ein weiteres psychologisches Stresskonzept ist das Ressourcenorientierte Modell nach Hobfoll (1989; *Conservation of Resources-Theory*) was hier zur Vollständigkeit kurz erwähnt werden soll. Es basiert auf der Annahme, dass Gewinn oder Verlust von Ressourcen für das Erleben von Stress fundamental sind. Ressourcen lassen sich in personale und soziale Ressourcen unterscheiden. Stress tritt nach Hobfoll durch die Bedrohung eines Nettoverlustes an Ressourcen ein. Dieses Modell zählt auch als transaktionales Stressmodell. Da in der hier vorliegenden Arbeit Bewältigung unter bindungstheoretischen Gesichtspunkten betrachtet wird, wird nicht weiter auf dieses Konzept eingegangen.

24 Im deutschsprachigen Kontext wurde das Modell u. a. von Jerusalem (1990) und Krohne (1990, 1993, 1997) dargestellt.

Konkrete Regulationsmechanismen und Bewältigungsstrategien werden in der Stressforschung unter dem Begriff *Coping*[25] zusammengefasst.

> "[...] coping is an organizational construct that describes how people regulate their own behavior, emotion, and motivational orientation under conditions of psychological distress" (Skinner & Wellborn, 1994, S. 112).

Die Copingforschung stützt sich mehrheitlich auf das transaktionale Stressmodell von Lazarus & Folkman (u. a. Frydenberg 2008; Lohaus & Klein-Hessling 2001; Seiffge-Krenke, 1995). Die Annahmen der Copingforschung basieren auf einem Stress-Coping-Modell, welches „[...]eine Beeinflussung der Gesundheit durch die Interaktion von Stresssituationen einerseits und Art und Weise des Umgangs mit Stress andererseits“ konstatiert (Schulz, 2005, S. 228). In diesem Zusammenhang steht das Gesundheitsrisiko, das mit Stress verbunden sein kann, im Zentrum der aktuellen Copingforschung. Das Individuum wird dabei als „potenziell aktiv Handelnder“ verstanden, der Belastungen modifizieren kann. Die Art und Weise, wie Menschen Belastungen bewältigen scheint ausschlaggebender als die Häufigkeit und Schwierigkeit selbst (ebd., S. 228). Es wurden verschiedene Konzeptionen zu Bewältigungsstrategien und deren Messung entwickelt, eine Auswahl wird nun vorgestellt.

4.5.2 *Differenzierung von Bewältigungsstrategien*

Zunächst ist die Differenzierung zwischen chronischem und episodischem Stress relevant für den Untersuchungsgegenstand der vorliegenden Studie. Während chronischer Stress durch Merkmale wie einem „unspezifischen, schleichenden Beginn“ und langandauernder oder häufig wiederkehrenden Alltagsbelastungen charakterisiert ist[26], sind „*wechselnde* Anforderungen“ charakteristisch für episodischen Stress (Schulz, 2005, S. 227). Dieser episodische akute Stress ist durch ein zeitlich begrenztes kritisches Ereignis charakterisiert. Eine zwar nicht schwerwiegende aber trotzdem kritische Situation kann eine schwierige Lernaufgabe im Training sein. Bevor Bewältigungsstrategien für so eine Trainingssituation spezifiziert werden, erfolgt ein allgemeiner Überblick.

Nach Lazarus und Folkmann (1984, S. 152) lassen sich zwei globale Coping-Stile voneinander unterscheiden: (1) problemorientierte Bewältigung (*problem focused or behavioral Coping*) und (2) emotionsorientierte Bewältigung (*emotion focused or cognitive Coping*). Beim problembezogenen Coping führt die Person eine instrumentelle Tätigkeit aus, die direkt zu einer Beseitigung oder Minderung des Problems führen kann. Das emotionale Coping hingegen ist durch Versuche charakterisiert, die mit der Stresswahrnehmung verbundenen Emotionen zu regulieren. Beiden Stilen wird dabei aber nicht unterstellt, dass sie auch tatsächlich zur Stressreduktion beitragen

25 Das anglo-amerikanische Wort *„Coping“ (*dt.: Bewältigung) wird in der deutschsprachigen Literatur synonym zu (Stress-)Bewältigung verwendet und wird in der Fachliteratur als gängiger Anglizismus behandelt, wie auch in der hier vorliegenden Arbeit.

26 Da der Fokus der hier vorliegenden Arbeit auf einer zeitlich begrenzten Anforderung liegt, wird auf eine weitere Auseinandersetzung zu *chronischem* Stress verzichtet.

müssen. Lazarus und Folkmann unterscheiden daneben vier Bewältigungsarten, die unter bestimmten Umständen eine mehr problemlösende oder mehr emotionsregulierende Funktion ausüben (Schwarzer, 2000, S. 29, 34): (1) Informationssuche, (2) direktes Handeln, (3) Unterlassung von Handlungen und (4) intrapsychisches Coping.

Laux und Weber (1990) kritisieren diesen dichotomen Ansatz und behaupten, dass eine Gliederung nach subjektiven Intentionen sinnvoller sei. Die Autoren unterscheiden folgende vier Facetten: (1) Emotionsregulation, (2) Problemlösung, (3) Selbstwerterhaltung und (4) Steuerung sozialer Interaktionen.

Eine weitere Einteilung nach der Funktionalität von Bewältigungsstilen lässt sich bei Frydenberg (2008, S. 23f; auch Frydenberg & Lewis, 1991) finden. Dort werden zwei funktionale von einer unfunktionalen (unproduktiven) Copingstrategie unterschieden. Als funktionale Bewältigungsstrategien gelten direkte Bestrebungen einer Person, mit dem Problem umzugehen. Dies kann mit oder ohne die Hilfe anderer geschehen. Unfunktionale Strategien hingegen richten sich nicht auf direkte Bewältigungsbestrebungen, sondern auf negative Emotionen, wie bspw. Besorgnis, Selbstvorwürfe oder destruktive Handlungen.

Im Konzept der Proaktiven Bewältigung (*Proactive Coping*) nach Schwarzer (2004, S. 160f) steht die positive Einschätzung der Zukunft im Mittelpunkt. In diesem Zusammenhang gelten selbstgesetzte Lebensziele und Streben nach Verbesserung sowie Optimierung der Lebensbedingungen als Herausforderungen, die durch hohe Selbstwirksamkeit erreicht werden können. Schwarzer (2004) integriert und ergänzt frühere Coping-Dimensionen in einem zweidimensionalen System und unterschiedet vier Arten von Coping: (1) reaktives Coping („Anstrengungen, mit einem eingetretenem Ereignis umzugehen“), (2) antizipatorisches Coping („Bemühungen“ mit einem „bevorstehenden Ereignis“ oder einer „Bedrohung“ umzugehen, welche eine hohe Eintretens-Wahrscheinlichkeit hat, (3) präventives Coping („unbekannte Risiken in ferner Zukunft“; ob sie eintreten ist ungewiss) und (4) proaktives Coping (basiert auf präventivem Coping, die positive kognitive Einschätzung ist zentral). In dieser Klassifikation wird ergo die zeitliche Perspektive berücksichtigt. Bewältigungsverhalten kann sich auf vergangene, zukünftige oder gegenwärtige Ereignisse beziehen (ebd., S. 161f).

Tab. 2. *Klassifikation von Bewältigungsstrategien nach Schulz (2005)*

Bewältigung erzielt über die Beeinflussung	Offensives Coping	Defensives Coping
...der Stressquelle (stimulus-directed coping)	Planvolles Handeln zur Beeinflussung der Stressquelle	Bewusstes Vermeiden der Konfrontation mit der Stressquelle
...der Stresswahrnehmung (attention-directed coping)	Informieren über die Stressquelle	Verleugnen/Ignorieren oder Ausblenden der Stressquelle
...der Stressbewertung (appraisal-focused coping)	Sich Mut machen durch Umbewerten	Akzeptieren durch Umbewerten
...der körperlichen Stress-reaktion (response-directed, palliatives Coping)	Aktive Beruhigung und Anregung	Passive Beruhigung und Anregung
...des Stressausdrucks (response-directed, expressive Coping)	Stressemotionen ausdrücken/abreagieren/mitteilen	Stressemotionen kontrollieren/unterdrücken

Eine weitere Klassifikation von Bewältigungsstrategien, die für die Entwicklung der Auswertungsmethode in der hier vorliegenden Arbeit herangezogen wird, gibt Schulz (2005).[27] Er resümiert, dass es in den Ansätzen zur Klassifikation von Coping-Strategien grundlegend um zwei Fokusse geht. Zum einen geht es darum, „an welcher Stelle des Stressprozesses die Strategie ansetzt" (S. 229). Als mögliche Bezugspunkte nennt er: (1) die Stressquelle, (2) die Stresswahrnehmung, (3) die Stressbewertung und (4) die Stressreaktion. Zum anderen verweist er auf die dichotome Einteilung: (a) aktives/offensives/assimilatives versus (b) vermeidendes/defensives/akkomodatives Coping. Schulz (2005) kombiniert diese Einteilungspunkte und stellt ein Klassifikationssystem von Stressbewältigungsstrategien zusammen, das in Tabelle 2 dargestellt ist (S. 229).
Nachdem nun ausgewählte Differenzierungsmöglichkeiten von Bewältigungsstrategien vorgestellt wurden, ergibt sich die Frage, wie Bewältigung gemessen wird. Die Schwierigkeit besteht darin, dass Individuen „nicht wie ein Automat in gleicher Weise auf unterschiedliche Situationen und zu unterschiedlichen Zeiten" reagieren (Schwarzer, 2004, S. 163). Schwarzer konstatiert, dass sich daraus eine „Reihe diagnostischer Probleme" ergeben, „die bis heute weitgehend ungelöst" bleiben (ebd.). Er wirft eine Reihe von Fragen diesbezüglich auf, die auf (1) Situationsgeneralität (differenzierte Taktiken für unterschiedliche Herausforderungen vs. gleichbleibendes Reaktionsschema), (2) Stabilität (Wiederholung derselben Strategien vs. intraindividueller Flexibilität und Weiterentwicklung), (3) überdauernde systematische Unterschiede zwischen Menschen (Bevorzugung von Strategien) und (4) diesbezügliche interindividuelle Unterschiede (bzgl. Unterscheidung von Anforderungssituationen und intraindividuellen Schwankungen) abzielen (ebd.).
Die in den vorherigen Abschnitten aufgezeigten Differenzierungsmöglichkeiten von Bewältigungsstrategien implizieren ein vielseitiges Repertoire für die Messung von Bewältigungsstrategien. Es liegen zahlreiche Verfahren dazu vor (Überblick in

27 Dabei bezieht sich Schulz auf Konzeptionen von Lazarus und Folkman (1984), Pearlin (1989), Perrez und Reicherts (1992), Krohne (1997), Holahan, Moos und Schäfer (1996), Brandstädter und Rothermund (2002) sowie Schwarzer und Knoll (2003).

Schwarzer, 2004, S. 163-168). Einigkeit besteht darüber, dass Bewältigungsstrategien situativ und kontextsensibel zu bewerten sind. Die meisten Versuche der Bewältigungsmessung gruppieren sich um die Dimensionen problemorientierter vs. emotionsorientierter Copingstil sowie vigilanter vs. vermeidender Copingstil. Schwarzer (2004, S. 163) fasst zusammen, dass hauptsächlich *instrumentelle* (problemorientierte), *emotionsregulierende* und *ausweichende* Copingstile faktorenanalytisch unterschieden werden (z. B. Parker & Endler, 1992). Als Ergebnis einer Metaanalyse bezüglich „psychosozialer Adaptation und Gesundheit", in der eine Vielzahl an Befunden überprüft wurde, konstatieren Suls und Fletcher (1985), „dass Vermeidungsstrategien eher kurzfristig", „aufmerksamkeits-konfrontierende Strategien sich eher als langfristig günstig" seien (Schwarzer, 2004, S. 164).
Für die Erfassung der Strategien des proaktiven Coping-Modells wurde von der Arbeitsgruppe um Schwarzer ein mehrdimensionales Instrument entwickelt, dass in einer Subskala proaktives Coping integriert (*Proactive Coping Inventory* PCI, Greenglass, Schwarzer & Taubert, 1999).
Wie Personen ihr Verhalten in Anforderungssituationen mobilisieren und lenken können und welche Emotionen dabei auftreten, zeigt sich in verschiedenen Bewältigungsstrategien. Die hier vorliegende Studie beabsichtigt, Bewältigungsstrategien unter bindungstheoretischen Gesichtspunkten zu untersuchen. Nach Schmidt, Höger und Strauß (1999) hat die Bindungstheorie das Potential zur Erklärung von Bewältigungsstrategien, weil sie

> „(a) als Grundvoraussetzung fundamentale Prinzipien mit Coping-Ansätzen teilt und (b) als Entwicklungstheorie für Coping-Ansätze eine Erklärung und ein neues Verständnis anbietet, wobei vorhandene Ansätze integriert werden können" (S. 39).

Bindung und Coping

In Kapitel 3.6 wurden typische Verhaltensweisen der verschiedenen Bindungsmuster aufgezeigt: Ein sicheres Bindungsmuster ist mit einer ausbalancierten Emotionsregulation assoziiert, ein unsicher-vermeidendes Muster mit Unterdrückung von Emotionen und ein ambivalentes Muster mit übertriebenen Emotionen. Es liegt nahe, zu vermuten, dass diese Verhaltensweisen auch mit anderen Situationen, die nicht auf das Bindungsverhaltenssystem abzielen, assoziieren. So untersuchten bspw. Contreras, Kerns, Weimer, Gentzler und Tornich (2000) u. a. den Zusammenhang zwischen Bindung und Peer-Beziehungen bei $N = 62$ Fünftklässlern indem sie die Emotionsregulation als Mediator fokussierten. In der Studie wurden sowohl Selbstauskünfte der Kinder, semiprojektive Verfahren mit ihnen, als auch die Einschätzungen der Mütter über ihre Kinder zu Emotionalität und Bewältigungsstrategien sowie die Lehrereinschätzung zur Peerkompetenz der jeweiligen Kinder erfasst. Zur Erfassung

der Bewältigungsstrategien adaptierte das Forscherteam die *Children's Coping Strategies Checklist*[28] für ihre Studie, die auf der Bindungstheorie basiert. Die Forscher konstatieren, dass eine sichere Bindung im mittleren Kindesalter mit größerem Einsatz an konstruktiven Coping-Strategien und angemessen kompetentem Verhalten Gleichaltrigen gegenüber einhergeht. Was ist mit konstruktiven Strategien und kompetentem Verhalten gemeint? Konstruktive Coping-Strategien beziehen sich dabei auf kognitive Handlungspläne, die zur Problemlösung beitragen, wie z. B. konkrete Bemühungen das Problem zu lösen, kognitive Bemühungen der Stresssituation einen Sinn zu geben (Versuch, diese zu verstehen) oder die Gedanken in ein positives Licht zu stellen (sich Mut zusprechen). Sicher-gebundene Kinder gehen konstruktiv mit der Einforderung ihrer Bedürfnisbefriedigung nach Bindung um. Beim Überwinden belastender Situationen wählen sie Strategien, die emotionale oder problemzentrierte Unterstützung mobilisieren. Sichere Kinder neigen weder dazu, diese zu vermeiden, noch sie zu übertreiben. Ihnen wird eine realistische Sichtweise attestiert (Contreras et al., 2000, S. 118ff). Hier zeigt sich eine starke Ähnlichkeit zwischen Coping-Strategien und Bindungsmustern.
Auf eine andere Weise untersuchten Schmidt et al. (1999) Zusammenhänge zwischen Bindungsmustern und Bewältigungsstrategien mit dem Fokus auf Vigilanz und kognitiver Vermeidung hinsichtlich Angstbewältigung (Angstbewältigungsinventar ABI; Krohne, Schuhmacher & Egloff, 1992) bei Erwachsenen ($N = 62$). In dieser Studie wurde ein innovatives Instrument aus der Erwachsenenbindungsforschung eingesetzt, das Bindungsmuster durch „Bildung und Interpretation von Skalenkonfiguration" durch eine Clusteranalyse vorsieht (Schmidt et al., S. 47). Schmidt et al. (1999) bemängeln in diesem Zusammenhang die auf drei Strategien basierende Bindungs-Klassifikationseinteilung und postulieren eine Weiterentwicklung dieser. Die Forscher argumentieren, dass sich zwei Subgruppen mit vermeidendem Bindungsmuster differenzieren lassen: (1) die vermeidend-öffnungsbereite Gruppe vs. (2) die vermeidend-verschlossene Gruppe. Aus den Ergebnissen geht hervor, „dass die ambivalente Gruppe eher zu vigilanten Strategien neigt als die anderen Bindungsstile" (ebd., S. 39). Unter bindungstheoretischen Gesichtspunkten erscheint dies „einleuchtend, schließlich wird angenommen, dass bei Personen mit ambivalentem Bindungsstil das Bindungssystem besonders stark aktiviert ist" (ebd., S. 47) und diese „vermutlich sehr diffus Bewältigungsressourcen einsetzen (ohne zu wissen, welche zum Erfolg führt)" (ebd., S. 47). Die Subgruppen des vermeidenden Bindungsmusters unterschieden sich hinsichtlich der kognitiven Vermeidung nicht von den anderen Bindungsmustern und bestätigen damit nicht die von Kobak und Cole (1994) vertretene These zu „Zusammenhänge[n] zwischen dem vermeidenden Bindungsstil und Deaktivationsstrategien" (ebd., S. 47). „Tendenziell wies die vermeidend-öffnungsbereite Gruppe sogar

28 In der *Children's Coping Strategies Checklist* der amerikanischen Forschergruppe um Ayers lassen sich vier Dimensionen von Bewältigungsstrategien voneinander abgrenzen: (1) aktive Coping-Strategien, (2) Ablenkungsstrategien, (3) Vermeidungsstrategien und (4) Unterstützung suchende Strategien (Ayers, Sandler, West & Roosa, 1996).

besonders niedrige Werte in kognitiver Vermeidung auf, statistisch waren diese Unterschiede allerdings nicht bedeutsam“ (ebd., S. 39). Schmidt et al. (1999) diskutieren dabei die „bindungstheoretische Dimension, Deaktivation“, die sich „explizit auf das Bindungsverhalten“ bezieht (ebd., S. 47). Die Annahme ist, „dass kognitive Vermeidung generell eine „aktive“ Strategie darstellt, während „Deaktivation“ eher eine speziell, die Aktivität des Bindungssystems senkende Strategie ist“ (S. 47). Eine mögliche Erklärung für „die durchgängig niedrigen Werte der[s] vermeidend-öffnungsbereiten Musters“ (S. 47) sehen die Forscher darin, dass „diese Situationen schon gar nicht als „brenzlig“[...]“ (ebd., S. 47) wahrgenommen werden. Schmidt et al. (1999) sehen einen

> „Mangel an theoretischen Überlegungen und Untersuchungen zur Frage [...] mit welchen Bewältigungsmustern sich Personen mit bestimmten Bindungserfahrungen in vielfältigen Lebensbereichen tatsächlich und ganz konkret verhalten, und wie andere dieses Verhalten wahrnehmen“ (ebd., S. 47f).

Dieses Desiderat greift die hier vorliegende Arbeit auf, indem Bewältigungsstrategien in einer spezifischen Anforderungssituation untersucht werden: bei einer schwierigen Lernaufgabe mit hohen Anforderungen im Training. Eine weitere Eingrenzung dazu ist notwendig und Thema des nächsten Kapitels.

4.5.3 *Ableitung der Bewältigungsstrategien bei einer schwierigen Lernaufgabe im Training*

Wie bereits dargestellt, ist eine leistungssportliche Karriere in kompositorischen Sportarten bereits im Kindesalter mit vielen Trainingsstunden in der Woche und einem hohen Maß an Disziplin und Beharrlichkeit verbunden. Eine notwendige Motivationsquelle ist das von den Kindern wahrgenommene Kompetenzerleben und der Kompetenzerwerb im Hinblick auf sportliche Leistungen (Frei et al., 2000, S. 100f), ohne die ein Trainingsbetrieb kaum denkbar wäre. Viele Versuche sind notwendig bis eine Technik oder ein Element klappt. Beim Erlernen von neuen Techniken und Elementen ist die Unterstützung und Hilfeleistung des Trainers unabdinglich. Während des Trainingsbetriebs sind Kinder aber auch angehalten, allein zu üben. Wie beharrlich übt ein Kind aber, wenn Schwierigkeiten und Widerstände auftreten – also akuter Stress besteht? Viele Beobachtungsstunden wären notwendig dieses Unterfangen zu operationalisieren. Für die hier vorliegende Studie wurde stattdessen ein Erfassungsinstrument entwickelt, das an das *Geschichtenergänzungsverfahren zur Bindung* (vgl. Kap. 3.5) anknüpft. Es wird hiermit also der Versuch unternommen, Bewältigungsstrategien auf Repräsentationsebene zu erfassen. Dafür wird ein Geschichtenstamm vorgespielt, in dem die Identifikationsfigur vor eine schwierige Situation gestellt wird. Eine ausführliche Beschreibung der Entwicklung dieses Geschichtenstammes folgt im Methodenteil. Zum besseren Verständnis wird er an dieser Stelle exemplarisch für die Jungen vorgestellt. In dieser Szene ist auch ein Trainingskamerad anwesend:

> „Der Trainer sagt zu Jan: „Für deine Kraft sollst du üben, dass du 10 Kreis-Flanken[29] am Turnpilz hintereinander kannst. Du weißt schon, wie das geht. Bitte übe, bis du zehn ordentliche Flanken hintereinander geschafft hast." Jan geht zum Pilz und fängt an, schau mal. 1, 2, 3, ups, da ist abgekommen. Also noch ein Versuch: 1, 2, oh man, jetzt ist es schon wieder danebengegangen. „Puh, das ist aber schwer und anstrengend" sagt er. Jetzt versucht er es noch einmal: 1 und 2 und 3 und ...ups, wieder aufgesetzt. Nun erzähle und zeig du mir, wie die Geschichte weitergeht."

Die Narrationen der Kinder werden unter verschiedenen Aspekten von Bewältigung analysiert, die nun spezifiziert und in einem Klassifikationssystem aufgezeigt werden. Das Schema dafür resultiert zum einen aus der Klassifikation von Bewältigungsstrategien nach Schulz (vgl. Tab. 2) und zum anderen aus der im letzten Abschnitt dargelegten Diskussion zur Mobilisierung von Hilfe in kritischen Situationen (Contreras et al., 2000) sowie dem Proactive Coping-Ansatz (Schwarzer, 2004). Es werden offensive und defensive sowie *vom Kind selbst* und *durch andere* initiierte Strategien unterschieden. Nach Schulz (2005) ist an der Stelle, an der die Bewältigung ansetzt, eine weitere Differenzierung nötig, die hier herangezogen und auf die konkrete Trainings-Situation zugeschnitten wird. Dies ist eine Differenzierung nach: (1) der Beeinflussung der Stressquelle, (2) der Stresswahrnehmung, (3) der Stressbewertung und (4) dem Stressausdruck, dabei werden allerdings körperliche Stressreaktionen nicht berücksichtigt. In dieser Studie werden folgende Strategien unterschieden:

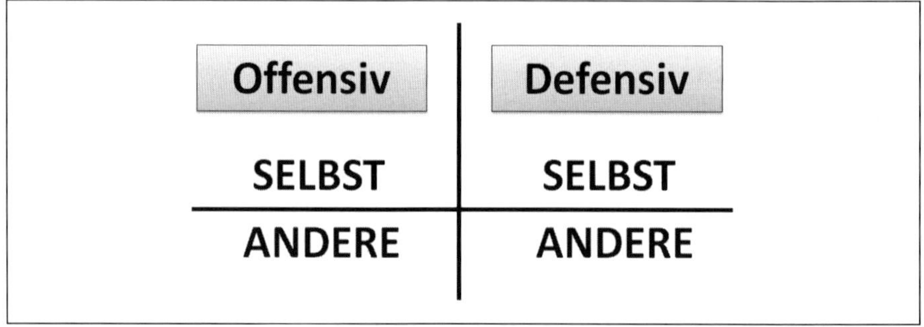

Abb. 4. Klassifikationsraster von Bewältigungsstrategien bei einer schwierigen Lernaufgabe im Training.

(1) Offensive und vom Kind selbst initiierte Bewältigungsstrategie

Offensive Strategien zur Stressbewältigung können durch das Individuum selbst initiiert werden. Eine offensive Strategie zeichnet sich zunächst dadurch aus, ob die Schwierigkeit bzw. der Widerstand als solche/r anerkannt wird, also nicht verleugnet wird. Dementsprechend ist der Erfolg gleichzusetzen mit dem Überwinden der Situation durch planvolles Handeln, also in dem Fall durch weitere Versuche die Übung zu schaffen, bis es klappt. Dafür ist es notwendig, Ablenkung abzuschirmen, was

29 Die Anzahl der Flanken variiert je nach Altersklasse. Ab AK 7/8 sind es 4 Flanken. In der Altersklasse ist dies aber noch fakultativ. Erst ab AK 9/10 sind 15 Flanken obligatorisch.

ebenfalls dem planvollen Handeln zugeordnet wird. Die Beeinflussung der Stressquelle kann außerdem durch die Stressbewertung offensiv bewältigt werden, indem man sich Mut macht, die Stressquelle positiv zu beeinflussen und zuversichtlich ist, dass der Erfolg eintrifft (*Proactive Coping*). Weiterhin wird der Stressausdruck, also wenn Emotionen mitgeteilt werden, den offensiven Strategien zugeordnet. Dies kann sich durch ein Abreagieren zeigen aber auch dadurch, dass man sich freut, wenn die Situation erfolgreich bewältigt wurde.

(2) Offensive, durch und mit anderen initiierte Bewältigungsstrategie

Eine weitere offensive Strategie ist die, Unterstützung einzufordern, um anspruchsvolle Anforderungen zu bewältigen. Die Hilfe kann auf verschiedene Art und Weise eingeholt werden. Hilfe durch andere zeichnet sich in dieser konkreten Situation dadurch aus, dass der Trainingskamerad Unterstützung durch Nähe oder emotionale Unterstützung durch gutes Zureden zeigt. Aber auch das Einholen von Informationen (Trainingskamerad gibt Hinweise oder wird nach Hinweisen zur Bewältigung gefragt) über die Anforderung zählt dazu, Unterstützung einzuholen.

(3) Defensive und vom Kind selbst initiierte Bewältigungsstrategie

Defensive Strategien hingegen sind durch planvolles Vermeiden oder Verleugnen der Stressquelle gekennzeichnet. Eine defensive von der Person selbst initiierte Strategie wäre demnach die Verweigerung der Aufgabe selbst, also planvolles Vermeiden der Stressquelle. Als weitere defensive und von der Person selbst initiierte Strategie gilt die Verleugnung der Schwierigkeit. Dies zeigt sich dadurch, dass die Übung ohne Probleme ausgeführt wird und nicht auf die Schwierigkeit oder den Widerstand eingegangen wird. Als weiteres Indiz für eine defensive, vom Individuum selbst ausgehende Strategie ist das Umbewerten der Stressquelle insofern, als dass der Widerstand als zu groß angesehen wird und der Erfolg ausbleibt oder hoffnungslos ist. Außerdem ist defensives Verhalten durch geringes Mitteilungsbedürfnis und Unterdrückung der Stressemotionen charakterisiert (Schulz & Jansen, 2007, S. 51). Ein weiteres Indiz für diese Strategie ist der soziale Vergleich mit anderen – in diesem Fall mit dem Trainingskamerad.

(4) Defensive und durch andere initiierte Bewältigungsstrategie

Eine defensive und durch andere initiierte Bewältigungsstrategie ist für die konkrete Stresssituation durch interpersonale Konflikte gekennzeichnet, bspw. wenn andere als Störfaktoren gesehen werden oder Konflikte mit dem Trainingskameraden aufkommen und deshalb die schwierige Aufgabe nicht geschafft werden kann.

Im letzten Abschnitt wurden verschiedene Bewältigungsstrategien für eine konkrete Stresssituation dargestellt. Die in Kapitel 4.5.2 dargestellte Diskussion zur Erklärbarkeit von Bewältigung durch die Bindungstheorie lässt vermuten, dass ein sicherer Bindungsstatus eher mit offensiven Strategien und Strategien, die von der Person selbst ausgehen, assoziiert ist. Für Kinder mit einem unsicher-ambivalenten Bindungsmuster kann angenommen werden, dass durch die Stresssituation ein übersteigerter Emotionsausdruck ausgelöst wird und Strategien hauptsächlich durch andere initiiert werden. Für Kinder mit einem unsicher-vermeidenden Bindungsmuster wird vermutet, dass defensive Strategien sowohl vom Kind selbst als auch durch andere initiiert überwiegen. Diese Annahmen werden in Kapitel 6 in Hypothesen überführt.

Im gesamten Kapitel 4 wurden die theoretischen Grundlagen der ergänzenden Theoriebausteine zu Selbstkonzept, sozialer Unterstützung, pädagogischem Arbeitsbündnis und Bewältigungsstrategien aufgezeigt und unter bindungstheoretischen Gesichtspunkten diskutiert. Das folgende Kapitel zeigt den aktuellen Forschungsstand zur Beziehungsqualität zu sekundären Bezugspersonen sowie zu Zusammenhängen zwischen Bindungsmustern und den ergänzenden Theoriebausteinen auf. Abschließend werden Ableitungen für die hier vorliegende Studie zur Trainer-Athlet-Beziehung dargestellt.

5 Beziehungsqualität zum Trainer aus der Sicht der Bindungsforschung – Forschungsstand und Ableitungen für die Studie

Die Bindungstheorie erklärt Prozesse, die grundlegende Muster im Bindungsverhalten in Abhängigkeit von frühkindlichen Beziehungserfahrungen zum Vorschein kommen lässt (Bowlby, 2006a, S. 338f). Der Bindungsforschung folgend ist zu erwarten, dass eine hohe Beziehungsqualität einen förderlichen Einfluss auf die Entwicklung eines optimistisch-realistischen Selbstkonzepts, auf eine positive Unterstützungserwartung, ein gut funktionierendes Arbeitsbündnis sowie günstige Bewältigungsstrategien hat. Beziehungsqualität ist in diesem Sinne zuerst in der Interaktion von Kindern mit ihren primären Bezugspersonen untersucht worden (z. B. Ainsworth et al., 1974; Grossmann & Grossmann, 2004). Die Forschungsströmung, die auf den Grundlagen der Bindungstheorie Zusammenhänge auch zu sekundären Bezugspersonen in den Mittelpunkt rückt, soll nun skizziert und mit empirischen Befunden untermauert werden.
Zunächst wird der Fokus auf die Forschungslage im Erzieher-Kind- und Lehrer-Schüler-Kontext gelegt, da sie zum einen Parallelen in der Ausgestaltung der Beziehungen zu sekundären Bezugspersonen aufweist und zum anderen eine breite Befundlage bietet. Danach folgt die Zusammenfassung der Befunde zur Beziehungsqualität im Trainer-Athlet-Bündnis.

5.1 *Beziehungsqualität zu sekundären Bezugspersonen und Auswirkungen*

Welche Wirkmechanismen haben positive Beziehungserfahrungen zur sekundären Bezugsperson? Längsschnittstudien zeigen, dass sich die Beziehungsqualität zu sekundären Bezugspersonen bereits im Kindergartenalter für das Vorschul- und Grundschulalter vorhersagen lässt. So zeigen bspw. Kindergartenkinder mit einer sehr negativen Beziehungsqualität zu ihren Erzieherinnen mehr Verhaltensprobleme und weniger Verhaltenskompetenzen in der Schule als diejenigen mit einer positiven Beziehungsqualität (Pianta, 1994). Konflikte mit Erzieherinnen im Kindergarten lassen zudem bei Erstklässlern ein mangelndes prosoziales Verhalten und vermehrte Aggressivität unter Gleichaltrigen vorhersagen (Birch & Ladd, 1998).
Auch die Befunde von Ladd und Burgess (2001) zeigen, dass chronische Konflikte mit Erzieherinnen im Kindergarten mit geringerer kooperativer Beteiligung in der Schule, weniger Schulfreude und geringeren akademischen Erfolgen einhergehen als dies bei Kindern der Fall ist, die von einer positiven Beziehungsqualität zu ihren Erzieherinnen berichten. Zudem zeigen Schüler mit einer konflikthaften Beziehung zum Lehrer wenig soziales Engagement in der Klasse (Ladd et al., 1999).
Hamre und Pianta (2005) weisen Zusammenhänge zwischen der Beziehungsqualität zu Erzieherinnen im Kindergarten, schulischen Fähigkeiten und sozialem Verhalten bis zur 8. Klasse nach. Kinder, die im Kindergarten eine nahe Beziehung zu Erziehern aufweisen, zeigten zum Ende der ersten Klasse weniger Verhaltensauffälligkeiten in

Form von Lernschwierigkeiten, Ängsten und mangelhaftem Betragen als Kinder mit einer distanzierten Beziehung zu den sekundären Bezugspersonen.
Positive Zusammenhänge zwischen Lehrer-Schüler-Beziehungsqualität und Auswirkungen auf das Schulengagement konstatieren Pianta und Stuhlmann (2004). Dabei ließen sich Lehrerbeurteilungen zu Schüler-Leistungen in der 1. Klasse durch die Dimensionen *Nähe* und *Konflikthaftigkeit* in der Lehrer-Schülerbeziehung vorhersagen. Die Lehrer bescheinigen Kindern, deren Beziehungsqualität durch *Nähe* gekennzeichnet war, größere schulische Erfolge als Kindern, bei denen konflikthaftes Verhalten dominierte (Pianta & Stuhlmann, 2004). Die wahrgenommene Beziehungsqualität verschiedener Lehrer zu einem Kind weist von der Vorschule bis zur ersten Klasse eine moderate Stabilität auf (ebd., S. 451).
Mit der komplexen und aufwändigen Sommercampstudie konnte das Team um Sroufe Konstruktionen sozialer Kompetenz darstellen (Sroufe et al., 2005), welche durch frühkindliche Beziehungsqualität vorhergesagt werden können. Die Befunde sind eindeutig:

> "In accord with numerous later studies [...] we found that attachment security was significantly related to the broadest measures of competence at camp, such as the counselor ratings and rankings of social competence, self confidence, and emotional health/self-esteem" (S. 152).

Im Hinblick auf angemessenes soziales Verhalten zu Lehrern und Camp-Leitern waren die sicheren Kinder im Vorteil. Kinder, die in ihren ersten Lebensjahren unterstützende Fürsorge erfahren haben, finden sich zuversichtlich in der sozialen Welt der mittleren Kindheit zurecht. Sie zeigen größere Anstrengungsbereitschaft und Erfolgszuversicht indem sie sich ihre Ziele hoch setzen und herausfordernde Aufgaben bewältigen (Sroufe et al., 2005, S. 148ff).
Collins und seine Mitarbeiter finden einen engen Zusammenhang zwischen einer guten Beziehungsqualität zu den Eltern und sozialen Kompetenzen im schulischen Umfeld – wie z. B. Hilfsbereitschaft, Unterstützung und gegenseitige Wertschätzung von Klassenkameraden. Die Kinder, die flexibel und angemessen auf persönliche Frustrationen reagierten, schilderten in den meisten Fällen eine gute Beziehungsqualität zu ihren Eltern (Collins, Harris & Susmann, 1995).
O'Connor, Collins und Supplee (2012) finden einen Zusammenhang zwischen frühkindlichen Bindungserfahrungen, der Lehrer-Schüler-Beziehungsqualität sowie externalen (offensichtlichen) und internalen Verhaltensproblemen. Die Beziehung zum Lehrer fungiere dabei als Mediator für Kinder aus risikoreichen Umwelten, die eine größere Tendenz zu Verhaltensauffälligkeiten und -problemen haben. Ähnliche Befunde zeigen, dass positive Erfahrungen in der Beziehung zum Lehrer negative Verhaltensauffälligkeiten, die schon in der frühen Kindheit bestanden, zum Positiven ändern können (Baker, Grant & Morlock, 2008). O'Connor und McCartney (2006) fanden zudem heraus, dass die Beziehungsqualität zu Erziehern von Kindern mit 54 Monaten, die Beziehungsqualität zu Erziehern und Lehrern in der ersten Klasse stärker vorhersagte als die mütterliche Bindung.

Ahnert und Harwardt (2008) betrachteten die „motivationalen Faktoren in der intellektuellen Auseinandersetzung des Kindes mit seiner Umwelt als vermittelnde Einflussgrößen zwischen Bindungssicherheit und Kompetenzentwicklung“ (S. 157). Vor dem Hintergrund einer bindungstheoretischen Perspektive haben die Autorinnen geprüft, ob vorschulische Beziehungserfahrungen Einfluss auf die spätere Bildungskarriere haben. Das zentrale Anliegen ihrer Studie war, den „Zusammenhang von Beziehungserfahrungen und Lernmotivation bei Kindern in der Vorschulzeit“ (ebd., S. 149) zu klären. Die Ergebnisse zeigen, dass die kindlichen Beziehungserfahrungen mit der Mutter mit der Selbstmotivation des Kindes korrelieren und dass die Erzieher-Kind-Beziehung eher mit der allgemeinen Lernmotivation des Kindes und seinem späteren Schulengagement in Zusammenhang steht.

> „Diese Zusammenhänge wurden insbesondere durch die Sicherheit gebenden mütterlichen sowie die explorationsunterstützenden und assistierenden Betreuungsfunktionen der Erzieherinnen getragen“ (ebd., S. 157).

Weiter zeigen die Ergebnisse der Längsschnittstudie, dass Schüler-Lehrer-Konflikte die Anstrengungsbereitschaft in der Grundschule hemmen und sich so negativ auf die schulischen Leistungen auswirken (Harwardt-Heinecke & Ahnert, 2013).
Grolnick, Kurowski und Gurland (1999) zeigen auf, dass die Lehrmethoden der Lehrer zwar wichtig für den Kompetenzerwerb sind, diese allerdings nur Auswirkungen zeigen, wenn auch Faktoren aus dem Elternhaus beachtet werden, z. B. dass sich die Eltern als effizient einschätzen und sich als „Lehrunterstützer“ ihrer Kinder betrachten. Demnach scheint es für die Kinder vorteilhaft zu sein, wenn sie autonomieunterstützendes Verhalten von ihren Eltern erfahren und dadurch eine positive und angemessene Selbstregulation entwickeln, um in der Schule erfolgreich zu sein. Ähnliche autonomieunterstützende Praktiken des Lehrers verstärken diesen Prozess.
Zusammenfassend kann gesagt werden, dass die Lehrer-Schüler-Beziehung – genauso wie die Eltern-Kind-Beziehung – einen Einfluss auf regulative Funktionen im Hinblick auf die soziale, emotionale und kognitive Entwicklung von Kindern im Kindergarten und Schulalter haben (Pianta & Stuhlmann, 2004, S. 444). Überträgt man diese Forschungs-ergebnisse aus dem „sozialen Feld Schule“ auf das „soziale Feld Training“, so kommt die Frage auf, inwiefern die Beziehungsqualität zwischen Trainer und Athlet ähnliche regulationsunterstützende Funktionen haben kann?

5.2 *Trainer-Athlet-Beziehungsqualität und Auswirkungen*

Im Turnen, wo schwierige Elemente ohne die Hilfestellung des Trainers gar nicht erlernt werden können, sammelt der junge Athlet eine Vielzahl an (Beziehungs-) Erfahrungen: Beziehungserfahrungen beispielswiese durch die Regulierung des Sicherheitsgefühls durch körperliche und psychische Nähe oder durch die Unterstützung bei der Aufgabenbewältigung in Training und Wettkampf. Richartz und seine Mitarbeiter haben sich durch qualitative Interviews einen Zugang zu internalen Fürsorge- und Herausforderungsmodellen von Trainerinnen und Trainern verschafft. Sie

entwickelten in Anlehnung an etablierte Interviewformate (*Interview über die Erfahrungen von Müttern/Vätern mit ihrer elterlichen Fürsorge*; Gloger-Tippelt & Gries, 2002) im Rahmen der Kinderleistungssportstudie einen Interviewabschnitt, der „bei Trainern vorliegende internale Repräsentationen des Selbst und des Kindes in Situationen, in denen das Kind soziale Unterstützung braucht oder an sie appelliert", erfasst (Richartz et al., 2009, S. 268). Damit kommen die Autoren der Forschungslücke nach, die soziale Kompetenz von Trainern auf kontrolliert-qualitative Weise zu untersuchen. Zwei Drittel der $N = 23$ befragten Trainer konnten einem bindungssicheren Arbeitsmodell von Fürsorge/Herausforderung zugeordnet werden (ebd., S. 300). Die Autoren weisen darauf hin, dass sich kein pädagogisch-didaktischer Einheitsstil, sondern vielmehr eine persönliche Akzentuierung mit unterschiedlichen Aspekten feinfühliger Herausforderung konstatieren lässt. Die als unsicher klassifizierten Trainer zeigten größtenteils einen zurückweisenden Fürsorgestil, der mit bagatellisierenden oder abwertenden Einstellungen gegenüber Ängsten, Gefühlen und Schmerzen beschrieben ist. Die Ergebnisse weisen dabei keine Geschlechtsdifferenzen auf.
Den Ausführungen Deci und Ryan's (1993) nach, wäre es Kindern mit einem integrierten und identifizierten Regulationsstil möglich, von einer höheren Qualität in ihrem Lernprozess zu profitieren und dementsprechend beharrlicher zu trainieren, im Gegensatz zu jenen Athleten, die ein Element üben, weil der Trainer es vorgibt. Die Arbeitsgruppe um Pelletier (Pelletier, Fortier, Vallerand, Tuson, Brière & Blais, 1995) ist der Frage nachgegangen, wie sich die verschiedenen Motivationsstile im sportlichen Kontext in affektiven Bereichen bemerkbar machen. Sie kommen zu dem Ergebnis, dass intrinsisch motivierte Personen von positiven Emotionen (Spaß am Sport und Zufriedenheit) berichten, wohingegen extrinsisch motivierte Sportler weniger positives Empfinden und mehr Angst erleben (ebd., S. 35). Aus einer Studie mit $N = 45$ Turnerinnen geht hervor, dass die von den Athletinnen wahrgenommene Autonomieunterstützung durch Eltern und Trainer sowie deren soziale Einbindung positive Auswirkungen auf die Qualität der Motivation hat: "The more autonomy supportive and involved parents and coaches were perceived to be by the gymnasts, the more autonomously motivated the gymnasts were" (Gagné, Ryan & Bergmann, 2003, S. 385).
Im Leistungssport wird in den technisch-kompositorischen Sportarten bereits im Kindesalter ein hohes Maß an Anforderungen gestellt. Nicht alle Kinder schaffen später den Sprung auf die internationale Ebene. Interessant ist dabei die Tatsache, dass ein Ausscheiden nicht ausschließlich auf mangelnde Leistung zurückzuführen ist (Würth, 2001). Vielmehr scheint das soziale Umfeld und konkret das soziale Feld „Training", eine ausschlaggebende Rolle im Hinblick auf die Bindung an den Leistungssport zu spielen (Pelletier et al., 1995). In die Trainer-Athlet-Interaktion fließen, dies wurde bereits weiter oben diskutiert, bindungstypische Regulationsprozesse ein. Die Ausgestaltung dieser Beziehung wurde mit dem Arbeitsbündnis beschrieben. Eine positive Beziehungsqualität ist demnach eine Dimension, die als Indiz für ein gut funktionierendes Arbeitsbündnis gesehen werden kann. Dabei bestimmen

zwei Akteure den reziproken Prozess: Athlet und Trainer. Beide bringen Eigenschaften, Werte und Normen in diese Interaktion ein, die aufeinander abgestimmt werden müssen, um gemeinsame Ziele zu erreichen. In welchem Zusammenhang eine positive Trainer-Athlet-Beziehungsqualität zu Selbstkonzeptfacetten von Kindern steht, zu der von ihnen wahrgenommenen sozialen Unterstützung und ihren Bewältigungsstrategien im Training, wurde bislang nicht untersucht. Diesem Desiderat wird hier nachgegangen.

Unter bindungstheoretischen Gesichtspunkten entwickelt sich das Kompetenzstreben in engem Zusammenhang mit den Beziehungserfahrungen, die ein Kind mit seinen Eltern macht. Sicher gebundene Kinder nutzen dazu die soziale Unterstützung Erwachsener. Dieser reziproke Prozess ist auch ein wesentlicher Bestandteil in der gemeinsamen Trainingsarbeit. Für den Erwerb von Fähigkeiten sind Bewältigungsstrategien wichtig, auf die in Herausforderungs- und Belastungssituationen zurückgegriffen werden kann. Dabei ist auch entscheidend, „ob ein Kind in kritischen Situationen daran denkt", andere als Unterstützungsquelle zu mobilisieren (Grossmann & Grossmann, 2004, S. 365), zum Beispiel den Trainer. „Die Aufgabe des Trainers[...]" so steht es in der Rahmentrainingskonzeption des Deutschen Turner-Bundes,

> „[...]besteht darin, die geistige Entwicklung der jungen Turner zu unterstützen und gleichzeitig die Entwicklung von Einsatz- und Anstrengungsbereitschaft zu fördern, indem er ihnen geduldig und kindgemäß Zusammenhänge erläutert und ihnen hilft zu verstehen, warum die verschiedene Trainingsaufgaben gestellt und mit hoher Qualität erfüllt werden sollen" (Fetzer, Milbrandt, Karg & Hirsch, 2007, S. 33).

Ein Trainer, der in diesem Zusammenhang als „vertrauter Gefährte" (Bowlby, 2006b, S. 29, 322) den Athleten mit Wertschätzung im Lernprozess autonomiefördernd unterstützt, könne demnach mit einem höheren Explorationsverhalten und mehr Beharrlichkeit des Kindes rechnen. Mit dem Begriff Beharrlichkeit ist immer auch ein konkreter subjektiv wahrgenommener Widerstand gegeben, welchen es zu überwinden gilt – bspw. beim Üben eines neuen Turnelements. Viele Wiederholungen sind dafür notwendig. Die Voraussetzung ist, dass der Widerstand erkannt wird und die notwendigen Fähigkeiten für seine Überwindung verfügbar sind (Bullock & Lütkenhaus, 1988). Der Akteur kann das Ziel mit unterschiedlichen Strategien erreichen. Diese Aktivitäten sind im günstigen Fall mit Anstrengung und Zuversicht auf Erfolg verbunden und gehen mit dem Wunsch nach Kompetenzerwerb einher (Heckhausen & Roelofson, 1962, Frei et al., 2000). Oerter (1998) unterscheidet zwei Grundformen der Anspruchsniveausetzung im Hinblick auf schwierige Aufgaben im Leistungssport: Zum einen die individuelle oder ipsative und zum anderen die soziale bzw. normative, wobei er erstere als „die beste motivationale Bedingung für Leistungssteigerung" hervorhebt (S. 70). Demnach wirken Strategien, bei denen das Anspruchsniveau und die Leistung an der Bewältigung der Aufgabe festgemacht werden, effektiver im sportlichen Training, als Strategien, die mit dem Anspruchsniveau, zu Gewinnen und damit soziale Anerkennung zu erhalten, verbunden sind. Entsprechend sind Unterschiede

im Training, in der Unterstützungserwartung von Kindern und bei der Bewältigung schwieriger Situationen zu erwarten.
Zahlreiche Befunde belegen, dass *Lehren* von sozialen und psychologischen Prozessen beeinflusst wird. Lehr-Instruktionen (im Schulkontext) gehen über bloßes Demonstrieren, Modellieren und Disziplinieren hinaus und die Beziehungsqualität zwischen Lehrperson und Lernendem wird als bedeutender Einflussfaktor auf Lernleistungen in den Mittelpunkt gerückt (z. B. Pianta, 2006). Dies kann auch für das Lehren komplexer Anforderungen im Leistungssport gelten.
Für Kinder, die auf leistungssportlicher Ebene aktiv sind, kann davon ausgegangen werden, dass auch in der Interaktion mit dem Trainer bindungsrelevante Aspekte einfließen, die sich durch Internale Arbeitsmodelle mental manifestieren und auf repräsentativer Ebene erfassbar sind. Dabei unterscheiden sich die Internalen Arbeitsmodelle verschiedener Bezugspersonen, wie bereits in Kapitel 3.4 mit der teilweise Nichtübereinstimmung der Bindungsrepräsentation zu Vater und Mutter gezeigt wurde. Damit einhergehende Erwartungen an die Bezugsperson wirken sich auf die Interaktion zwischen beiden aus. Eine zentrale Frage hierbei ist, ob sich die Bindungsrepräsentation als generalisiertes und/oder personenspezifisches Modell abgrenzen lässt und ob eine Übertragung der Bindungsmuster aus der Herkunftsfamilie auf sekundäre Bezugspersonen stattfindet. Die Befunde diesbezüglich sind nicht konsistent, wie bereits in Kapitel 3.4 dargelegt wurde. Angenommen, Kinder die eine unterstützende und emphatische Eltern-Kind-Beziehung pflegen, hätten Erwartungen an den Trainer, die ebenfalls auf Unterstützung und Empathie abzielen. Kinder die Zurückweisungen und/oder bagatellisierendes Verhalten der Eltern erfahren haben, haben Mechanismen entwickelt, die soziale Unterstützung nicht erwarten. Inwieweit sich diese Erfahrungen auf die Beziehungsqualität zum Trainer auswirken, ist nicht geklärt. Bindungstheoretische Grundlagen finden erst seit kurzem Einzug in die sportwissenschaftliche Forschungswelt. Die vorliegende Arbeit leistet einen ersten Beitrag, um diesem Desiderat zu begegnen.

6 Untersuchungsmodell und Hypothesen

Die Trainer-Athlet-Beziehungsqualität ist ein komplexes Geflecht mit dynamischem Prozesscharakter. Aus den theoretischen Vorüberlegungen und ausgewählten Befunden geht hervor, dass die Bindungsqualität zu den primären Bezugspersonen Einfluss auf die Aufnahme und Ausgestaltung neuer Beziehungen zu sekundären Bezugspersonen hat (vgl. Kap. 3.7). Wie in Kapitel 3.6 dargestellt wurde, lassen sich verschiedene Bindungstypen hinsichtlich der Elternbindung differenzieren und auf Repräsentationsebene empirisch erfassen (Kap. 3.5). Das erste Fragenbündel für die hier vorliegenden Studie resultiert aus den in Kapitel 3.4 aufgezeigten Annahmen zur Organisation und Entwicklung Internaler Arbeitsmodelle, die auf Repräsentationsebene erfasst werden können:

(1) Welche Bindungsrepräsentation und Bindungssicherheitswerte zu Eltern haben Kinder, die leistungssportlich in technisch-kompositorischen Sportarten aktiv sind?
(2) Welche Beziehungsrepräsentation und Bindungssicherheitswerte haben diese Kinder zu ihrem Trainer?
(3) Bestehen Zusammenhänge zwischen beiden Repräsentationen und den Bindungssicherheitswerten? Sind diese personenspezifisch oder generalisiert?

Der aktuelle Forschungsstand lässt offen, ob eine sichere Bindung automatisch mit einem positiven Selbstkonzept einhergeht (vgl. Kap. 4.2). Das Selbstkonzeptmodell nach Shavelson et al. (1976) differenziert verschiedene Selbstkonzeptfacetten und ermöglicht so eine bereichsspezifische Operationalisierung bestimmter Dimensionen. Es wird angenommen, dass Kinder in Abhängigkeit der Bindungssicherheitswerte soziale Unterstützung unterschiedlich wahrnehmen (vgl. Kap. 4.3). Daraus abgeleitet zielt das zweite Fragenbündel darauf ab, die in Kapitel 4.1 beschriebenen Selbstkonzeptfacetten mit der Bindungsrepräsentation zu Eltern und Beziehungsrepräsentation zum Trainer sowie die wahrgenommene soziale Unterstützung (Eltern/Trainer) mit den Bindungssicherheitswerten in Beziehung zu setzen:

(4) Welche Zusammenhänge bestehen zwischen Bindungsrepräsentation zu Eltern und den Selbstkonzeptfacetten (a) soziales Selbstkonzept in der Schulklasse und (b) schulisches Fähigkeitsselbstkonzept sowie (c) Selbstwertgefühl?
(5) Welche Zusammenhänge bestehen zwischen Beziehungsrepräsentation zum Trainer und den Selbstkonzeptfacetten (d) soziales Selbstkonzept in der Trainingsgruppe und (e) sportliches Fähigkeitsselbstkonzept sowie (f) Körperkonzept?
(6) Welche Zusammenhänge bestehen zwischen Bindungssicherheit (g) zu Eltern und wahrgenommener sozialer Unterstützung, konkret ihrer Fürsorglichkeit sowie (h) Bindungssicherheit zum Trainer und wahrgenommener Fürsorglichkeit?

Weitere Bausteine der Trainer-Athlet-Beziehungsqualität erfasst das dritte Fragenbündel. Es zielt zum einen auf das Arbeitsbündnis (vgl. Kap. 4.4) und zum anderen auf die in Kapitel 4.5.3 entwickelten Bewältigungsstrategien ab. Wirkt eine positive Beziehungsqualität zwischen Trainer und Athlet auf Bewältigungsstrategien im Training? Die wahrgenommene Sinnhaftigkeit der Anstrengung im Hinblick auf die persönlichen Ziele spielt dabei eine wichtige Rolle. Es liegt auf der Hand, dass leistungssportliches Trainieren nicht ausschließlich aus Interesse oder Freude an der Sache selbst geschieht. Die Anstrengungsbereitschaft sowie hartnäckiges Festhalten an schwierigen Situationen geben Aufschluss darüber, in welchem Ausmaß die jungen Athleten bereit sind, ins Training zu investieren. Die Bindungstheorie besagt, dass sicher-gebundene Kinder durch ihre emotionale Kapazität größere Freiheit haben, zu explorieren. Wirkt sich dies auch auf die Bewältigung einer schwierigen Lernaufgabe im Training aus, bei der beharrliches Verhalten notwendig ist? Konkret lauten die Fragen:

(7) Welche Zusammenhänge bestehen zwischen Beziehungsrepräsentation zum Trainer und Repräsentation von Bewältigungsstrategien bei einer schwierigen Lernaufgabe im Training?

(8) Welche Zusammenhänge bestehen zwischen Beziehungsrepräsentation zum Trainer und wahrgenommener Qualität des pädagogischen Arbeitsbündnisses (Ziele/eigene Pflichten/Pflichten des Trainers und Fachkompetenz Trainer)?

Das in Abbildung 5 abgebildete Untersuchungsmodell veranschaulicht die forschungsleitenden Fragestellungen, die im nächsten Abschnitt in Hypothesen ausformuliert sind.

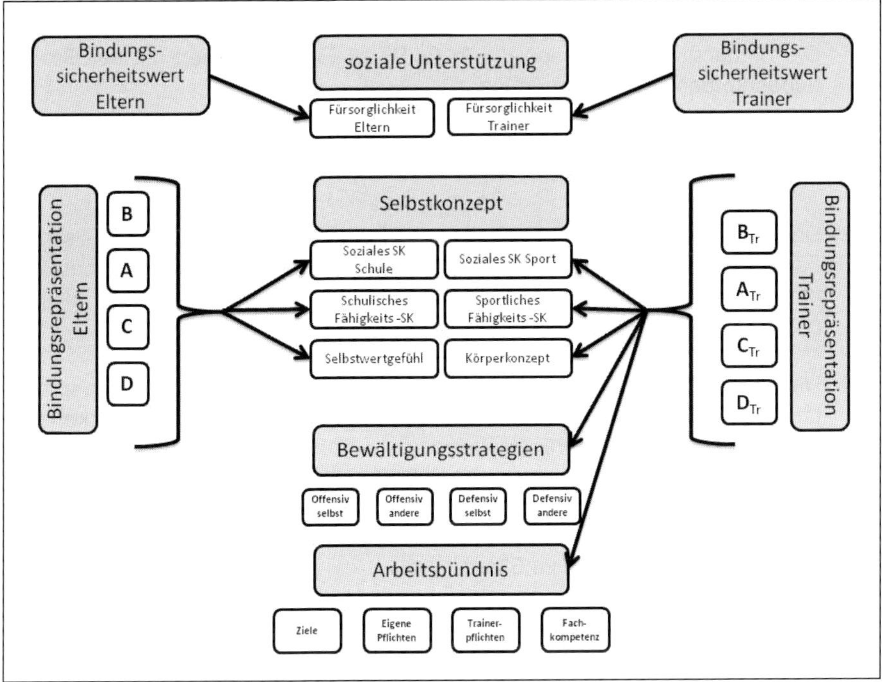

Abb. 5. Theoretisches Untersuchungsmodell.

Hypothesen

H1 Die Bindungsrepräsentation (B, A, C, D) zu Eltern korreliert mit der Beziehungsrepräsentation zum Trainer (B_{Tr}, A_{Tr}, C_{Tr}, D_{Tr}).

H2 Der Bindungssicherheitswert zu Eltern korreliert positiv mit dem Bindungssicherheitswert zum Trainer.

H3 Die Werte des sozialen Selbstkonzeptes in der Schulklasse, des schulischen Fähigkeitsselbstkonzepts und des globalen Selbstwertgefühls sind bei Kindern mit sicherer Bindungsrepräsentation zu Eltern signifikant höher ausgeprägt als bei Kindern mit unsicheren Bindungsrepräsentationen.

H4 Die Werte des sozialen Selbstkonzeptes in der Trainingsgruppe, des sportlichen Fähigkeitsselbstkonzeptes und des Körperkonzepts sind bei Kindern mit sicheren Beziehungsrepräsentationen zum Trainer signifikant höher ausgeprägt als bei Kindern mit unsicheren Beziehungsrepräsentationen zum Trainer.

H5 Die Werte fürsorglichen Verhaltens der Eltern korrelieren mit einem hohen Bindungssicherheitswert zu Eltern.

H6 Die Werte fürsorglichen Verhaltes des Trainers korrelieren mit einem hohen Bindungssicherheitswert zum Trainer.

H7 Es besteht ein Gruppenunterschied bei der Einschätzung zum Arbeitsbündnis in Bezug auf Ziele, eigene Pflichten, Pflichten auf Seiten des Trainers und fachliche Kompetenz des Trainers zwischen einer sicheren Beziehungsrepräsentation und unsicheren Beziehungsrepräsentationen zum Trainer.

H8 Eine sichere Beziehungsrepräsentation zum Trainer korreliert mit einer offensiven und selbstgesteuerten Bewältigungsstrategie (in einer schwierigen Lernaufgabe mit hohen Anforderungen) auf Repräsentationsebene.

7 Methode

7.1 *Besonderheiten bei Untersuchungen mit Kindern*

In der Literatur wird oft bemängelt, dass methodische Vorgehensweisen in der Kindheitsforschung unzureichend dargestellt sind. Auch die Methoden an sich werden in ihrer Struktur teilweise denen der Erwachsenenforschung gleichgesetzt. Die Weltanschauung von Kindern weicht allerdings von der der Erwachsenen ab (Kränzl-Nagel & Wilk, 2000). Reaktionen von Kindern auf Interaktionen mit Erwachsenen können in Forschungssituationen zu falschen Interpretationen führen. Heinzel (2000) weist darauf hin, dass Kindheit sich in sozialisierenden Umwelten (z. B. Schule/Verein) vollziehe und dass Kinder die Regeln dieser sozialen Welten in ihrem Verhalten sowohl übernehmen als auch neu gestalten (S. 26). Dies lässt sich auf das soziale Feld im Training sehr gut übertragen, wo gewisse Regeln, teils ausgesprochen, teils nonverbal vermittelt, vorherrschen, denen sich die Kinder unterwerfen müssen, um in diesem Feld erfolgreich zu agieren. Konzentration und Aufmerksamkeit bspw., aber auch diszipliniertes Üben versus einfach nur an den Geräten herumtollen, sind hierfür entscheidend. Um die Anschauung, Bewertung und Meinung von Kindern zu erfahren, können Befragungen eingesetzt werden, wie beispielsweise Fragebögen mit einfachen Antwortformaten oder höchstens vierfachgestuften Likertskalen. Diese Art von Datengewinnung gilt als sehr ökonomisch und bietet die Möglichkeit, in die Erfahrungswelt von Kindern einzutauchen. Voraussetzung dafür ist, dass die befragten Kinder grundlegende Lese- und Schreibfähigkeiten aufweisen und somit die Vergleichbarkeit und Verlässlichkeit der Daten abgesichert werden kann (Grunert & Krüger, 2012, S. 38). Konkrete Fragen können demnach ab der 2.-3. Klasse gelöst werden. Die standardisierte Befragung hat aber auch ihre Nachteile. Mit welchen Grenzen muss man rechnen – vor allem unter besonderer Berücksichtigung der Faktoren sozialer und personaler Erwünschtheit? Kränzl-Nagl und Wilk (2000) gehen auf die Herausforderung bei Umfragen mit Kindern ein. Bei Kindern kommt zur Dimension der sozialen Wünschbarkeit die Dimension der „personalen Wünschbarkeit" hinzu. Holms (1974, vgl. Kränzl-Nagel & Wilk, 2000) legte ein Konzept vor, indem er die faktische Antwort als einen Durchschnittswert dieser Dimensionen sieht. Somit kann je nach Gewichtung einer Dimension der wahre Wert vom erhaltenen Wert abweichen und verzerrt sein. Beispielsweise neigen Kinder dazu

> „direkte Fragen, die unmittelbar auf Dimensionen ihrer Familie gerichtet sind, anhand derer Familie oder Elternpersonen implizit als gut oder schlecht bewertet werden, in Richtung des persönlich und sozial Wünschenswerten zu beantworten" (Kränzel & Nagel, 2000, S. 69).

Bei den Erhebungen zu dieser Arbeit wurde deshalb darauf geachtet, den Kindern das Gefühl zu vermitteln, sie seien die Experten und ihre Expertenmeinung sei uns wichtig. Außerdem haben wir im Vorfeld verständlich gemacht, dass die Fragen nicht richtig oder falsch beantwortet werden können und die Befragung keine Prüfung darstellt. Für die meisten Kinder dieser Studie war es das erste Mal, dass sie einen

Fragebogen ausfüllten oder interviewt wurden und somit etwas Besonderes. Die Forschungsstrategie des Mehr-Methoden-Ansatzes wird in dieser Studie verfolgt und im Untersuchungsdesign näher erläutert.

7.2 *Untersuchungsdesign*

In der hier vorliegenden kombiniert quantitativ-qualitativen Querschnittstudie werden Daten aus zwei Studien zur Situation von Kindern im Leistungssport zusammengeführt, die vom Bundesinstitut für Sportwissenschaft (BISp) gefördert wurden.[30] In der Studie zur *Ressourcenförderung Kinderleistungssport* (Studie 1: Leistungssportstudie) erfolgte die Datenerhebung von leistungsorientiert trainierenden Kindern im Alter von acht bis zehn Jahren ($N = 607$) im Zeitraum von Juli 2004 bis Juni 2005 in den Bundesländern Sachsen und Berlin. Die Erhebung wurde in den Trainingsgruppen der Kinder, jeweils in separaten, geeigneten Räumlichkeiten der Trainingsstätten durchgeführt.[31] Als Erhebungsverfahren kamen u. a. die *Geschichtenergänzungsverfahren zur Bindung zu Eltern* und *zum Trainer* (GEV-B und GEV-B-Sp) sowie der *Fragebogen zu Belastungen und Ressourcen von Kindern im Leistungssport* (BRiL-K)[32], der auch Grundlage für den Fragebogen der zweiten Studie war, zum Einsatz. In der vorliegenden Untersuchung werden Datensätze aus diesen identischen Befragungsinstrumenten zusammengeführt.

Die Datenerhebung im Rahmen der zweiten Studie *Evaluation der Turn-Talentschulen (TTS) des DTB* (Studie 2: Evaluationsstudie) fand über das Bundesgebiet verteilt im Zeitraum von Januar 2010 bis Juni 2011 statt. Aus (zu diesem Zeitpunkt) 100 TTS wurden 22 TTS[33] unter Beachtung eines Kontext-Scores[34] für die Evaluation ausgewählt, die näher erforscht wurden. Bei den Erhebungen war eine kleine Forschergruppe[35] für zwei Tage im Feld – also direkt in den Trainingsstätten der Kinder. In diesem Rahmen wurden jeweils zu einem Zeitpunkt in einer TTS das *Geschichtenergänzungsverfahren* (GEV-B) und die sportspezifische Erweiterung (GEV-B-Sp und neue Szene zur *schwierigen Lernaufgabe im Training*) mit jeweils zwei Kindern einer TTS durchgeführt. Weiterhin wurden dieselben Kinder mit einem standardisierten *Fragebogen für Kinder einer Turn-Talentschule* (KiFB-TTS) schriftlich befragt. Der *KiFB-TTS* setzt sich aus dem standardisierten *BRiL-K* und neu entwickelten Skalen zum Arbeitsbündnis zusammen (vgl. Kapitel 7.4.4). Tabelle 3 bietet einen ersten Überblick der erfassten Merkmale und dafür ausgewählten Erhebungsinstrumente.

30 1) Ressourcenförderung Kinderleistungssport (VF:07/11/69/2004-2006); 2) Evaluation Turn-Talentschulen des DTB (IIA1-071104/2009-2011).

31 Die Beschreibung zu Design und Aufbau dieser Studie ist in Richartz et al. 2009, S. 75f ausführlich dargestellt.

32 Dieser Fragebogen wurde für den Fragebogen für Kinder einer Turn-Talentschule übernommen und erweitert.

33 Die Anzahl der untersuchten TTS ist durch den Projektantrag festgelegt.

34 Geschlecht der Kinder, Raumstrukturtyp (Großstadt-Ballungsgebiet-Kleinstadt), geographische Lage (Nord-, Süd-, West- u. Ostdeutschland).

35 Das Forscherteam bestand in der Regel aus 2 wissenschaftlichen Mitarbeitern und drei bis fünf studentischen Hilfskräften, die an einer Schulung für Erhebungen mit Kindern teilgenommen haben.

Tab. 3. *Erfasste Merkmale und Erhebungsinstrumente*

Erfasste Merkmale	Erhebungsinstrumente
Soziodemographische Daten Trainingsumfänge	Studie (1) BRiL-K Studie (2) KiFB-TTS
Bindung	
Bindungsqualität zu den Eltern	Geschichtenergänzungsverfahren (GEV-B)
Grad der Bindungssicherheit zu den Eltern	Geschichtenergänzungsverfahren (GEV-B)
Bindungsqualität zum Trainer	Sporterweiterung zum GEV-B (GEV-B-Sp)
Grad der Bindungssicherheit zum Trainer	Sporterweiterung zum GEV-B-Sp
Soziale Unterstützung	
Fürsorglichkeit Eltern/Trainer	Studie (1) BRiL-K Studie (2) KiFB-TTS
Selbstkonzept	
Fähigkeitsselbstkonzept Schule Fähigkeitsselbstkonzept Sport Soziales Selbstkonzept in der Trainingsgruppe Soziales Selbstkonzept in der Schulklasse Selbstwertgefühl Körperkonzept	Studie (1) BRiL-K Studie (2) KiFB-TTS
Bewältigungsstrategien	
Bewältigungsstrategien bei einer schwierigen Lernaufgabe im Training	Geschichtenstamm zur *Bewältigung einer schwierigen Lernaufgabe im Training*
Merkmale zum pädagogischen Arbeitsbündnis aus Sicht der Kinder	
Ziele	KiFB-TTS
Investitionen	KiFB-TTS
Pflichten des Trainers	KiFB-TTS
Fachliche Kompetenz des Trainers	KiFB-TTS

Die Bindungsrepräsentationen zu den Eltern und zum Trainer gelten als unabhängige Variablen entsprechend der vierfach abgestuften Bindungskategorien (B, A, C, D und B_{Tr}, A_{Tr}, C_{Tr}, D_{Tr}). Genauso gelten die fünffach abgestuften Bindungssicherheitswerte als unabhängige Variable mit Faktoren (a) zu Eltern: sehr sicher (4), sicher (3), unsicher (2), sehr unsicher (1) und hochunsicher (0) und (b) zum Trainer: sehr sicher (4_{Tr}), sicher (3_{Tr}), unsicher ($2_{Tr.}$) sehr unsicher (1_{Tr}) und hoch unsicher (0_{Tr}). Die Bindungsrepräsentation wird im Hinblick auf die abhängigen Variablen des Selbstkonzepts (soziales Selbstkonzept, Fähigkeitsselbstkonzept, Körperkonzept und Selbstwertgefühl) sowie der Wahrnehmung des Arbeitsbündnisses (Ziele, eigene Pflichten, Trainer-Pflichten) untersucht. Der Bindungssicherheitswert wird hinsichtlich der abhängigen Variablen zu sozialer Unterstützung (Fürsorge Eltern/Trainer) analysiert. Als weitere abhängige Variable, die im Zusammenhang mit der Bindungsrepräsentation analysiert wird, gilt die Codierung zu Bewältigungsstrategien: (a) offensive, selbst aktivierte, (b) offensive, durch andere aktivierte, sowie (c) defensive, selbst aktivierte und (d) defensive, durch andere aktivierte Bewältigungsstrategie. Als Kontrollvariablen gelten Geschlecht und Alter.

7.3 *Auswahl und Beschreibung der Stichprobe*

Entsprechend der oben beschriebenen Forschungsprojekte setzt sich die Stichprobe dieser Studie aus zwei Teilstichproben zusammen (vgl. Abb. 6).

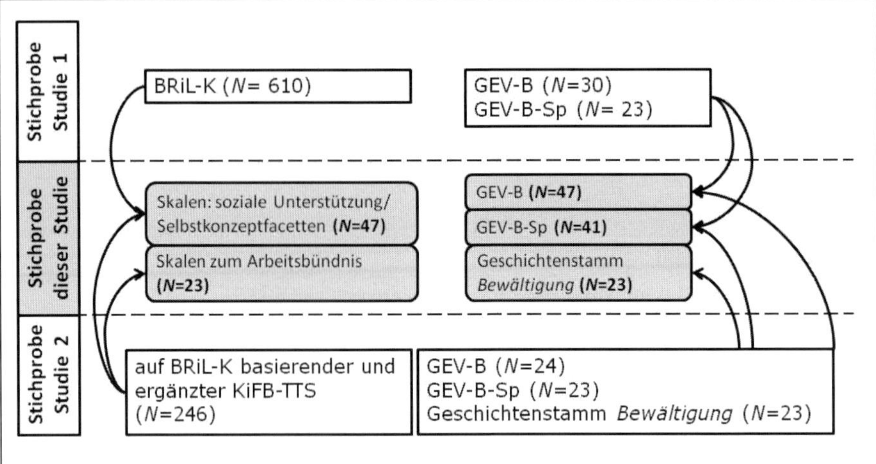

Abb. 6. Überblick der Stichprobeextraktion.

Die erste Teilstichprobe wurde aus dem Projekt *Kinder im Leistungssport – Chronische Belastungen und protektive Ressourcen* gewonnen (Studie 1). Dabei wurden aktive Leistungssportler aus den Sportarten *Rhythmische Sportgymnastik (RSG), Turmspringen* und *Kunstturnen* im Alter von acht bis zehn Jahren (3./4. Schulklasse) aus den Bundesländern Sachsen und Berlin mit dem standardisierten Fragebogen zu Belastungen und Ressourcen (*BRiL-K*) schriftlich befragt. Die Auswahl erfolgte unter folgenden Kriterien:

- Mindestens zwei bzw. drei Trainingseinheiten pro Woche,
- Teilnahme an überregionalen Wettkämpfen,
- Aktivität in der jeweiligen Sportart mindestens ein Jahr.

In Studie 1 wurde mit 30 Kindern zudem das *Geschichtenergänzungsverfahren* (*GEV-B* und *GEV-B-Sp*) durchgeführt. Davon wurden sieben Sportspezifische *Geschichtenergänzungsverfahren* ausgeschlossen, da bei diesen Kindern das Bindungssystem durch die Geschichtenstämme nicht ausreichend aktiviert wurde. Sieben Fälle aus Studie 1 sind in der vorliegenden Studie nicht berücksichtigt, da sie keiner technisch kompositorischen Sportart angehörten. Diese Daten sind bereits veröffentlicht (Richartz et al., 2009, S. 249ff), werden aber für diese Studie in die Berechnungen mit einbezogen. Dabei handelt es sich um Daten der mit dem GEV-B und GEV-B-Sp erfassten Bindungsrepräsentationen und Bindungssicherheitswerte

und mit dem Fragebogen erhobenen Selbstkonzeptfacetten und sozialer Unterstützung (*BRiL-K-Skalen* s. u.).
Die zweite Teilstichprobe wurde im Rahmen Evaluation der TTS (Studie 2) gewonnen. Aus den bundesweit ca. 100 Turn-Talentschulen[36] wurden für das Projekt 22 Talentschulen unter Beachtung eines Kontext-Scores ausgewählt und telefonisch gefragt, ob sie an der Studie teilnehmen möchten. Bei einer Zustimmung wurden die Termine so koordiniert, dass sichergestellt war, das Prozedere des *Geschichtenergänzungsverfahrens* mit zwei Kindern der TTS durchführen zu können. Für die hiervorliegende Studie wurde eine Stichprobe von $N = 24$ (12 Jungen und 12 Mädchen) im Alter zwischen sieben und elf Jahren aus 12 TTS ausgewählt und den oben genannten Erhebungsinstrumenten (Tab. 3) untersucht.[37] Die Auswahl erfolgte vor Ort durch die Trainer unter folgenden Kriterien:

- Einverständniserklärung der Eltern liegt vor,
- Mitglied in einer Turn-Talentschule des DTB,
- mindestens einjährige Zusammenarbeit mit dem Trainer,
- regelmäßige Wettkampfteilnahme,
- einer der Haupttrainer steht für ein Interview zur Verfügung.[38]

Die beiden Teilstichproben ergeben die für diese Studie relevante Gesamtstichprobe von $N = 47$ (Tab. 4).[39] Die Stichprobe lässt sich anhand soziodemografischer Daten wie folgt beschreiben: 36 Kinder lebten zum Zeitpunkt der Erhebung mit beiden biologischen Elternteilen zusammen. Sieben Kinder lebten mit der neuen Partnerin/dem neuen Partner des Vaters/der Mutter zusammen. Vier Kinder machten dazu keine Angabe.

Tab. 4. *Häufigkeitsverteilung der Stichprobe und Trainingsmerkmale getrennt nach Sportarten*

Sportart	**Anzahl**	**Geschlecht**		**Alter**	**Training**		
	N	**männlich**	**weiblich**	***M (SD)***	**Häufigkeit pro Woche Ø**	**Umfang pro Woche Ø**	**Training am We (ja/nein)**
Gerätturnen	36	19	17	8,41 (1,06)	4,17	12,00 h	19/17
Turmspringen	7	4	3	9,17 (1,16)	4,00	9,00 h	5/2
RSG	4	-	4	9,00 (0,81)	3,75	7,87 h	3/1
Gesamt	**47**	**23**	**24**	**8,55 (1,08)**	**4,11**	**11,23 h**	**26/20**

36 Der aktuelle Stand ändert sich monatlich; zum einen kommen neue Turn-Talentschulen hinzu und zum anderen läuft das Prädikat nach vier Jahren aus wenn kein Verlängerungsantrag gestellt wird oder die Anforderungen an das Prädikat: Turn-Talentschule nicht erfüllt werden können.

37 In der gesamten Erhebung dieser Evaluation wurden mehr Instrumente eingesetzt, als die hier beschriebenen.

38 Die Interviews werden für die hier vorliegende Studie nicht mit einbezogen.

39 Die Beschreibung der Erhebung dieser soziodemographischen und trainingsspezifischen Daten folgt zwar erst weiter unten (vgl. Kapitel 7.4.4), es scheint der Autorin aber sinnvoll diese hier zu platzieren um die Stichprobe bestmöglich und verständlich zu beschreiben.

37 Kinder haben ein oder mehr Geschwister. Von den Eltern waren zwei Väter und sechs Mütter nicht berufstätig. 16 Kinder kommen aus einem akademischen Elternhaus. Die Kinder gehen mindestens dreimal und in sieben Fällen sogar sechsmal die Woche zum Training, dabei divergieren die Stunden pro Trainingseinheit zwischen 1,5 und 6 Stunden.[40] Tabelle 4 zeigt die durchschnittlichen Werte für die jeweiligen Sportarten.

7.4 *Erhebungsinstrumente*

7.4.1 *Das Geschichtenergänzungsverfahren zur Bindung (GEV-B)*

Zur Erfassung der Bindungsqualität haben sich semiprojektive Verfahren für das Vorschul- und frühe Schulalter etabliert. Diese Methode basiert auf der Annahme, dass durch spezifische Stimuli in Geschichtenstämmen, die den Kindern standardisiert vorgespielt werden, das Bindungssystem aktiviert wird. Die individuellen Geschichtenergänzungen der Kinder legen das jeweilige Internale Arbeitsmodell des Kindes dar. Das standardisierte *Geschichtenergänzungsverfahren zur Bindung in der mittleren Kindheit* (GEV-B) von Gloger-Tippelt und König (2009) besteht aus sieben Geschichtenstämmen. Die erste Geschichte dient dabei zum einen als Aufwärmgeschichte, um mit dem Material vertraut zu werden und die Letzte um mit einem fröhlichen und entspannten Ende das Prozedere abzuschließen. Sie fließen nicht in die Auswertung mit ein. In den fünf Geschichten, in denen bindungsrelevante Aspekte angesprochen bzw. angespielt werden, steigert sich der Grad der Intensität. In den Geschichten verwendet man Figuren (hier Playmobilfiguren), die eine Familie aus Vater, Mutter und zwei Geschwisterkindern (unterschiedliches Geschlecht), bilden. Das ältere Geschwister hat das gleiche Geschlecht wie das Kind und stellt die Identifikationsfigur dar (Jan oder Susanne). In zwei Geschichten spielt auch die Oma mit. Gegenstände wie Tisch mit Stühlen, Couch und Bett und ein Auto machen die Szenen alltagsähnlich. Die Geschichtenstämme sind so konzipiert, dass das Bindungsverhaltenssystem zunehmend auf die Probe gestellt wird. Die Geschichten behandeln folgende Themen (vgl. Gloger-Tippelt & König, 2009, S. 65f):

- Missgeschick des Kindes, die Bindungsfiguren (Eltern) sind in einer Autoritätsrolle („Verschütteter Saft“);
- Schmerz als Auslöser von Bindungs- und Fürsorgeverhalten („Verletztes Knie“);
- Angst als Auslöser von Bindungs- und Fürsorgeverhalten („Monster im Kinderzimmer“);
- Trennungsangst und ihre Bewältigung („Trennungsgeschichte“);
- Bindungsverhalten bei Widerkehr der Eltern („Wiedervereinigungsgeschichte“).

40 Einige Kinder werden von einem vereinsinternen Fahrdienst direkt von der Schule abgeholt und in die Trainingsstätte gebracht, wo sie zu Mittag essen und ihre Hausaufgaben machen. Sie verbringen zwar 6h in der Trainingsstätte, aber nicht 6h mit dem eigentlichen Training.

„Bei dieser Reihenfolge in der Thematik der Geschichten steigert sich systematisch die Belastung für das Kind“ (ebd., S. 66). Demnach ist das Bindungsverhalten in den letzten beiden Geschichten am meisten aktiviert. Ihnen wird ein höheres Gewicht in der Gesamtbewertung beigemessen. Die gesamte Erhebung wird auf Video aufgezeichnet. Die Auswertung basiert auf einer kategorialen (Bindungsrepräsentation) und quantitativen (Bindungssicherheitswert) Beurteilung der Bindung (vgl. Kap. 7.6.1). Die Reliabilität und Validität des GEV-B basiert auf einer Metaanalyse (Gloger-Tippelt, Kappler & König, 2008). Die Ergebnisse zur Zuverlässigkeit aus fünf Stichproben belegen eine durchschnittliche Beurteilerübereinstimmung von 87%.

> „Belege für die konvergente Validität sind die mittleren Zusammenhänge des GEV-B mit dem Bindungsverhalten der Kinder in der fremden Situation für das Vorschulalter und durch Zusammenhänge mit der Bindung im Child Attachement Interview“ (Gloger-Tippelt & König, 2009, S. 130).

Dieses Verfahren ist sehr zeitaufwändig. Die Erhebungen erstrecken sich in dieser Studie von 20 bis 65 Minuten. Die Auswertung und Klassifizierung der Bindungsrepräsentation und des Bindungssicherheitswertes bis zu drei Stunden (vgl. Kap. 7.6.1). Eine Schulung und bindungstheoretisches Hintergrundwissen notwendig. Die empirische Analyse setzt eine GEV-B Rater Zertifizierung voraus.[41]

In Kapitel 3.4 wurden divergente Befunde im Hinblick auf eine Generalisierung der Bindungsrepräsentationen aufgezeigt. Bowlbys (1969) Annahme war, dass die primäre Entwicklung eines Bindungsmusters dominiere und auf andere Bezugspersonen generalisiert würde. Aktuellere Studien hingegen legen den Fokus auf einen Vergleich der Bindungsmuster zu den Eltern und sekundären Bezugspersonen wie Erziehern und Lehrern (Ahnert & Harwardt, 2008; Pianta, 1999; Sabol & Pianta, 2012). König, Gloger-Tippelt und Zweyer (2007, S. 448) widerlegen, dass die hauptsächliche Bezugsperson (Vater oder Mutter) stärkeren Einfluss auf eine generalisierte Bindungsrepräsentation des Kindes hat. Dies spricht für personenspezifische Repräsentationen, die durchaus auch über den engen familiären Rahmen hinausgehen (Sabol & Pianta, 2012). Richartz et al. (2009) haben in ihrer Studie sowohl die Bindungsrepräsentation zu Eltern als auch zum Trainer erfasst. Dafür adaptierten die Autoren das Instrument (GEV-B) sportartspezifisch (für die Sportarten *Turnen, Rhythmische Sportgymnastik und Wasserspringen*) für die Trainer-Athlet-Beziehung im Leistungssport (GEV-B-Sp; Richartz et al., 2009, S. 87f). Die Variante *Turnen* ist für die zweite Teilstichprobe relevant, die den größten Teil der Stichprobe ausmacht und wird im nächsten Kapitel exemplarisch beschrieben.

41 Das Zertifikat „Durchführung und reliable Auswertung des Geschichtenergänzungsverfahrens zur Bindung (GEV-B)“ erlangte die Autorin am 20.04.2011 nach einer halbjährigen Schulung mit einem Schulungswochenende bei Frau Dr. Lilith König und der darauffolgenden Eigenstudiums- und Übungsphase und 80% Übereinstimmung in 20 Fällen.

7.4.2 *Die Sporterweiterung zum* Geschichtenergänzungsverfahren *(GEV-B-Sp)*

Die Geschichtenstämme der Sporterweiterung behandeln die Themen: *Schmerz* (Verletzung beim Training), *Angst* (vor einer Übung), *Trennung* und *Wiedervereinigung* (mit dem Trainers bei einem Wettkampf). Die Identifikationsfigur geht zum Turntraining und zieht sich dafür um (gleiche Haarfarbe der Playmobilfigur wie im GEV-B aber Sportkleidung). Hier spielen als Bezugsperson die Trainerin oder der Trainer (dem realen Trainer gleichgeschlechtlich) und ein Sportfreund (gleiches Geschlecht wie Identifikationsfigur) mit. Die Szenen finden im Trainingsalltag und beim Wettkampf statt. Hierfür wurden eine Turnmatte und eine Bank zum Spielen verwendet. Die Geschichten wurden in Zusammenarbeit mit Frau Gloger-Tippelt und König angepasst und in der Studie *Kinder im Leistungssport – Chronische Belastungen und protektive Ressourcen* (Richartz et al., 2009) eingesetzt.
Für die hier vorliegende Studie wurde ein neuer Geschichtenstamm entwickelt (vgl. Kap. 7.4.3), der eine schwierige Aufgabe im Training thematisiert. Die neue Szene wurde ans Ende des *Geschichtenergänzungsverfahrens* positioniert, um den standardisierten Ablauf nicht zu stören. Insgesamt werden hier elf Geschichtenanfänge[42] verwendet, die prototypische Alltags-, Trainings-, und Wettkampf-Situationen aufwerfen (Tab. 5). Die Geschichten wurden von der Untersucherin standardisiert angespielt und beim bindungsrelevanten Höhepunkt dem Kind übergeben.[43] Das Kind wird aufgefordert, die Situation zu *lösen*, also die Geschichte zu Ende zu spielen. Das Verfahren ist für Kinder im mittleren Kindesalter geeignet. Die Kinder hier liegen ein bisschen über dieser Altersspanne. Richartz et al. (2009) weisen in ihrer Studie darauf hin, dass die Kinder in ihrer Stichprobe am Ende des Altersbereichs liegen für den das Geschichtenergänzungsverfahren gut validiert ist und auch darüber hinaus gehen. „Diese Fehlerquelle wurde ausgiebig mit den Entwicklerinnen des GEV-B diskutiert. Die Auswertungsverfahren wurden daraufhin geringfügig angepasst“ (ebd., S. 251). Dies wurde für die Stichprobe dieser Studie ebenso berücksichtigt.

Tab. 5. *Reihenfolge der Geschichtenstämme*

Aufwärmgeschichte: Geburtstag
Geschichtenstamm: Schmerz
Geschichtenstamm: Angst
Geschichtenstamm: Trennung
Geschichtenstamm: Wiedervereinigung
Geschichtenstamm *Sport*: Schmerz – Verletzung beim Training
Geschichtenstamm *Sport*: Angst – Angst vor „Flick Flack“
Geschichtenstamm *Sport*: Trennung – Trainer geht beim Wettkampf weg
Geschichtenstamm *Sport*: Wiedersehen – Trainer kommt wieder
Geschichtenstamm *Sport* : Schwierige Trainingsaufgabe
Geschichtenstamm: Ausflug mit der Familie

42 Die „Saftgeschichte“ wurde aus zeitlichen Gründen weggelassen.

43 Eine exemplarische Darstellung zur Anleitung und Durchführung der einzelnen Geschichten am Beispiel der Geschichte „Verletztes Knie“ ist Anhang B zu entnehmen.

7.4.3 *Neu entwickelter Geschichtenstamm Bewältigung einer schwierigen Lernaufgabe im Training*

Aus den Erfahrungen der psychologischen Spieltherapie und bei der Verwendung projektiver Verfahren zeigt sich, dass Kinder offen über ihre Erfahrungen berichten, wenn sie bei der Untersuchung in altersentsprechende Aktivitäten eingebunden werden (Measelle, Ablow, Cowan & Cowan, 1998). Spielnarrative, die auf Geschichtenanfänge folgen, können dabei diejenigen Strategien aktivieren, die das Kind in spontanen Interaktionen leiten und eher mit dem tatsächlichen Handeln korrespondieren als rein verbale oder schriftliche Auskünfte, in denen Kinder ihre typischen Bewältigungsstrategien reflektieren und beschreiben sollen (Mize & Ladd, 1988). Die *MacArthur Story Stem Battery* (Bretherton & Oppenheim, 2003) beinhaltet Geschichtenstämme, die Themen zu Bindung, moralischer Entwicklung, Verhalten in konflikthaften Situationen, etc. anspricht, die für das familiäre und das nahe soziale Umfeld konzipiert sind. In unserem Fall aber mussten wir einen Geschichtenstamm entwickeln, der ganz spezifisch für den *Turnkontext* ausgelegt ist. Diese kontextspezifische Anpassung an eine Stichprobe wird von Warren (2003) empfohlen: "New stories and codes can be added to enhance explorations" (S. 104). Da das Forschungsinteresse dieser Studie auf Zusammenhänge zwischen Beziehungsqualität und Bewältigungsstrategien abzielt, wurde in Anlehnung an die Geschichtenstämme der GEV eine Szene entwickelt, die eine herausfordernde Situation als Stimulus aufwirft. Konkret handelt der Geschichtenstamm von einer herausfordernden Trainingssituation (genaue Ausformulierung vgl. Anhang C). Für diese Szene wurde für die Mädchen ein Schwebebalken-Modell und für die Jungen ein Pauschenpilz-Modell nachgebaut, die im gleichen Verhältnis zu den Playmobilfiguren© stehen. Der von der Untersucherin angespielte Geschichtenanfang thematisiert eine typische Trainingssituation und hebt die Anstrengung hervor: Der Trainer leitet das Kind an, eine Übung am jeweiligen Gerät *alleine* zu üben, dies sei wichtig für den nächsten Wettkampf und stelle keine Neuigkeit für das Kind dar. Die Identifikationsfigur wird aufgefordert so lange zu üben, bis es die schwierige Aufgabe (für Mädchen: 5-10[44] einbeinige Drehungen auf dem Schwebebalken; für Jungen: 5-10 Kreisflanken auf dem Pauschenpilz) schafft. Der Trainer muss an ein anderes Gerät und wird aus dem Spiel herausgenommen. Die Identifikationsfigur beginnt zu üben und scheitert nach drei anstrengenden Versuchen. Nun wird das Kind aufgefordert die Geschichte weiter und zu Ende zu spielen.

Genauso wie Kinder in der mittleren Kindheit eine Repräsentation von Bindung haben, kann angenommen werden, dass Kinder auch eine Repräsentation ihres Explorationsverhaltens haben – vorausgesetzt das Explorationssystem ist aktiviert. Für die Entwicklung des Geschichtenanfangs wurde ein Experte[45] herangezogen um die Anforderungen auf verschiedene Altersabschnitte abzustimmen. Dadurch sind die

44 Die Anzahl variiert in Abhängigkeit des Alters der Probanden.

45 Trainer mit B-Lizenz Gerätturnen.

Geschichtenstämme authentisch. Die Art und Weise, wie das Kind die Identifikationsfigur die anstrengende Übung ausführen lässt, ob es die Schwierigkeit verleugnet oder die Aufgabe verweigert, soll Aufschluss über die Beharrlichkeit bzw. die Bewältigungsstrategien, bei schwierigen Lernaufgaben mit hohen Anforderungen geben. Oppenheim (1997) hebt hervor, dass sich in den kindlichen Narrativen die emotionale Regulationsfähigkeit eines Kindes zeigt und der Geschichtenstamm als eine Art Katalysator für psychologische Impulse gilt, die die subjektive Einstellung, die Sinnesempfindungen und Affekte genauso hervorbringt, wie die Fähigkeit des Kindes die Gefühle in einer in sich stimmigen Geschichte als Abbildung der Repräsentation seiner eigenen Welt wiederzugeben (S. 692ff).

7.4.4 *Fragebogen* KiFB-*TTS*

Der Fragebogen für Kinder einer Turn-Talentschule (*KiFB-TTS*) ist eine Erweiterung des erfolgreich eingesetzten Fragebogens zu Belastungen und Ressourcen im Leistungssport von Kindern (*BRiL-K*; Richartz et al., 2009). Der *BRiL-K* beinhaltet verschiedene Fragen zu soziodemographischen Angaben, Belastungen und Ressourcen, die auch im Fragebogen für Kinder an den TTS (*KiFB-TTS*) eingesetzt wurden. Der *BRiL-K* ist speziell auf die Bedürfnisse von Kindern angepasst und enthält für Kinder entwickelte und teilweise für Kinder adaptierte Versionen erprobter Instrumente des Erwachsenenalters. Er besteht insgesamt aus drei inhaltlichen Bereichen mit insgesamt 91 Items (Richartz et al., 2009, S. 77). Der *KiFB-TTS* ist um 23 Fragen zum Arbeitsbündnis erweitert, die weiter unten dargestellt sind (Kap. 7.4.4). In dieser hier vorliegenden Studie wurde der *BRiL-K* bei $N = 24$ leistungssportlich aktiven Kindern und der *KiFB-TTS* bei $N = 23$ Kindern, die in Turn-Talentschulen trainieren eingesetzt. Insgesamt ergibt sich daraus ein Datenpool mit Angaben von $N = 47$ Kindern. Für die hier vorliegende Studie werden ausgewählte Skalen herangezogen, die für die Überprüfung der Hypothesen notwendig sind. Der *KiFB-TTS* enthält vier Bereiche, die für diese Arbeit relevant sind und mit insgesamt 114 Fragen erhoben wurden[46]. Die Skalen zu Selbstkonzeptfacetten und sozialer Unterstützung wurden aus dem Kinderfragebogen *SET* (Skalen zu protektiven Ressourcen und Belastungssymptomen- Fragebogen aus dem Projekt „Sportengagement und Entwicklung von Heranwachsenden – eine Evaluation zum Paderborner Talentmodell: *SET*) von Brettschneider und Gerlach (2004) entnommen und von Richartz et al. (2009) ergänzt. Im Original enthält der *SET* 15 Skalen zu protektiven Ressourcen. Für den *BRiL-K* wurden zehn Skalen weggelassen. Orientierungspunkt hierfür waren zum einen inhaltliche Gesichtspunkte und zum anderen statistische Kennziffern (ebd., S. 80). Im Folgenden werden lediglich die Skalen vorgestellt, die für die vorliegende Studie relevant sind. Die einzelnen Items zu den Skalen sind im Anhang A ausformuliert.

46 Insgesamt 91 Fragen im *BRiL-K* und 114 Fragen im Fragebogen für Kinder einer TTS.

Skalen zur sozialen Unterstützung:

(1) Fürsorglichkeit der Eltern (adaptiert nach Saldern & Littig, 1987)
Die wahrgenommene Fürsorglichkeit der Eltern als Hauptbezugspersonen umfasst die Art und Weise der Kooperation und Unterstützung in alltäglichen Situationen. Diese Skala gibt Auskunft darüber inwieweit Kinder die Beteiligung der Eltern (*involvement*) in ihrem Alltag wahrnehmen.

(2) Fürsorglichkeit des Trainers (adaptiert für Trainer nach Saldern & Littig, 1987)
Die Fürsorglichkeit des Trainers schließt Erfahrungen aus Trainingssettings als auch Wettkampfsituationen im Hinblick auf persönliche Interessen und Probleme von Kindern mit ein.

Skalen zum Selbstkonzept:

Die Selbstwahrnehmung von Kindern wird in diesem Zusammenhang durch verschiedene Selbstkonzeptfacetten erfasst. Dazu gehören Kontrollüberzeugungen, Kompetenzerwartungen und verschiedene Selbstkonzeptdimensionen. Für Kinder, die den größten Teil ihrer Freizeit in der Trainingsgruppe verbringen, interessiert besonders, wie sie sich in diesem Setting wahrnehmen. Soziale Kompetenzen spielen dabei genauso eine wichtige Rolle wie die eigenen Überzeugungen und Erwartungen. In der Schule und in der Trainingsgruppe verbringen Kinder die meiste Zeit mit Gleichaltrigen. Es ist gut möglich, dass Kinder sich in einem der sozialen Orte wohler fühlen, darum wird das Soziale Selbstkonzept für den Schul- und Sportkontext getrennt erhoben. Gemäß den theoretischen Grundlagen dieser Arbeit, sind folgende Skalen relevant:

(3) Soziales Selbstkonzept in der Schulklasse (adaptiert nach Melfsen & Florin, 1997)
Die Skala zum sozialen Selbstkonzept in der Schulklasse erfasst wie Kinder in der Gruppe der Gleichaltrigen (Peer Group) akzeptiert werden und inwieweit sie die Fähigkeit haben Freundschaften zu schließen

(4) Soziales Selbstkonzept in der Trainingsgruppe (adaptiert nach Melfsen & Florin, 1997)
Diese Skala erfasst, wie Kinder in ihrer Trainingsgruppe von Gleichaltrigen akzeptiert werden und inwieweit es ihnen gelingt Freundschaften zu schließen.

(5) Schulisches Fähigkeitsselbstkonzept/Aufgabenbezogene Kompetenz Schule (adaptiert nach Harter, 1982, 1985)
Mit dieser Skala werden die schulischen Fähigkeiten, die sich die Kinder zuschreiben, erfasst.

(6) Sportliches Fähigkeitsselbstkonzept/Aufgabenbezogene Kompetenz Sport (adaptiert nach Harter, 1982, 1985)
Diese Skala erfasst die Beurteilung der Kinder spezifisch zu ihren sportlichen Fähigkeiten.

(7) Selbstwertgefühl (modifizierte Subskala „General-Self" nach Marsh, 1988, Rosenberg, 1979)
Das Selbstwertgefühl erfasst den Grad der eigenen Akzeptanz und gilt als wesentlicher Faktor für das psychosoziale Wohlbefinden einer Person.

(8) Körperkonzept (adaptiert nach Harter, Waters & Whitesell, 1998)
Diese Skala erfasst die Zufriedenheit mit dem eigenen Aussehen und die Akzeptanz des eignen Körpers.

Skalen zum Arbeitsbündnis:

Die Skalen zum Arbeitsbündnis aus Sicht der Kinder zu *Zielen*, *eigene Pflichten aus dem Arbeitsbündnis, Pflichten aus dem Arbeitsbündnis auf Seiten der Trainer* und *Fachliche Kompetenz der Trainer* sind aus theoretischen Vorüberlegungen und qualitativen Ergebnissen der Studie zur Ressourcenförderung Kinderleistungssport entstanden. In einem Prätest mit $N = 50$ Turnerinnen und Turnern der 2. und 3. Klasse aus leistungssportlich ambitionierten Sportvereinen in Leipzig wurden diese Skalen erprobt und z. T. angepasst.

(9) Ziele aus Sicht der Kinder
Diese Skala erfragt die Ziele der Athleten. Die Skala zielt darauf ab, ferne und nahe Ziele – wie z. B. ich möchte deutscher Meister werden oder ich möchte zu den Besten in meinem Verein gehören – zu explorieren.

(10) Pflichten aus dem Arbeitsbündnis – auf Seiten der Kinder
Die Skala erfasst welche Pflichten für die Kinder aus dem Arbeitsbündnis hervorgehen und erfasst die Motivationsbereitschaft zu trainieren, z. B. wenn das „Training langweilig" ist oder man „überhaupt keine Lust" hat zum Training zu gehen.

(11) Pflichten aus dem Arbeitsbündnis auf Seiten der Trainer – aus Sicht der Kinder
Kinder haben eine präzise Vorstellung über die Erwartungen an ihren Trainer. Er solle ihnen gut Sachen beibringen können, nett sein aber auch streng sein, denn „sonst lernt man ja nichts". Diese von den Athleten geforderte Strenge darf aber nicht zweckentfremdet und unnötig überstrapaziert werden. Diese Skala erfasst durch das Wörtchen „zu" (Mein Trainer schimpft zu viel, Mein Trainer ist zu streng), inwieweit und ob die Zurechtweisung eine Grenze überschreitet und damit das Selbstwertgefühl der Kinder verletzt oder ob der Trainer gerecht ist.

(12) Fachliche Kompetenz der Trainer – aus Sicht der Kinder
Diese Skala erfasst inwieweit die Kinder ihrem Trainer zutrauen, dass er Ihnen „gut Sachen beibringen" kann und zielt auf die Wahrnehmung der Fachkompetenz des Trainers aus Kindersicht ab.

Alle Items der 12 dargestellten Skalen sind als Aussagesätze formuliert. Die Antwortskala erstreckt sich über eine vierfachgestufte Likertskala. Die Beurteilungen gehen von 1 „stimmt nicht", 2 „stimmt etwas", 3 „stimmt ziemlich", 4 „stimmt genau" bzw.

1 „nie“, 2 „manchmal“, 3 „oft“, 4 „sehr oft“. Die Ausformulierungen aller Items befinden sich in der Skalendokumentation im Anhang A. Die Skalen zur sozialen Unterstützung weisen annehmbare interne Konsistenzen auf (,69 < α < ,82). Genauso die Skalen zu den verschiedenen Selbstkonzeptfacetten, mit internen Konsistenzen von ,71 < α < ,81. Lediglich die Skala zum Selbstwertgefühl mit α = ,58 fällt etwas aus dem Rahmen, was aber für diesen Altersabschnitt trotzdem noch zufriedenstellend ist. Die Skalen zu Arbeitsbündnis haben α-Werte zwischen ,59 und ,79. Lediglich die Skala zur Fachkompetenz des Trainers erweist sich als nicht intern konsistent (α = ,26) und wird auf Item-Ebene ausgewertet. Bei der deskriptiven Ergebnisdarstellung der Skalenmittelwerte weiter unten im Text sind alle α-Werte aufgezeigt.

Soziodemographische Angaben

Die soziodemographischen Angaben werden mit 13 Fragen mittels einer Einfachauswahlliste erfasst und bereits in der Beschreibung der Stichprobe dargestellt (Kap. 7.3). Dazu zählen:

- Alter, Geschlecht und Nationalität;
- Familienstruktur (Alleinerziehender Elternteil/neuer Partner der Mutter/neue Partnerin des Vaters und Vorhandensein von Geschwistern);
- Berufliche Situation der Eltern (zur Zeit ohne Arbeit);
- Trainingsdauer (Anzahl der Trainingsstunden pro Tag);
- Trainingshäufigkeit (Anzahl der Trainingstage pro Woche und Training und Wettkämpfe am Wochenende).

Die Fragen dieses Bereichs wurden für den *BRiL-K* konstruiert, wobei Ideen zur Formulierung und grafischen Gestaltung aus den Fragebögen der SET-Studie stammen (Brettschneider & Gerlach, 2004). Die Fragen sind so konzipiert, dass die Formulierungen kindgerecht (Alltagsnähe, einfache Worte, kurze Sätze) sind.

7.5 *Durchführung*

Die Erhebungen beider Studien fanden im Feld statt. Das gesamte Repertoire an Erhebungsmethoden wurde eingesetzt, wofür das Forscherteam die bundesweit verstreuten Trainingsstätten besuchte. Die Kontaktaufnahme erfolgte durch die Projektleiter. Die Termine wurden so abgestimmt, dass die Trainingszeit sowie ein Zeitfenster für die Fragebogenerhebung und die *Geschichtenergänzungsverfahren* bei zwei Kindern garantierten.

Die Kinder füllten die Fragebögen je nach Vereinbarung mit dem jeweiligen Trainer vor, während oder nach dem Training aus. Dabei wurden die jüngeren Kinder von geschulten studentischen Hilfskräften unterstützt[47]. Es wurde darauf geachtet, dass der Trainer nicht anwesend war und weitere Ablenkungen wurden minimiert. Die Erhebungen der *Geschichtenergänzungsverfahren* fanden in einem Nebenraum der

47 Mit einem Betreuungsschlüssel von 1:4.

jeweiligen Trainingsstätte vor Ort statt, es wurde dabei auf eine vertrauensvolle Atmosphäre und empathische Befragungshaltung geachtet, die das Kind spontane Spielimpulse hervorbringen ließ. Nach einer Begrüßung wurde das Kind instruiert, dass diese Art von Kinderinterview aus verschiedenen Geschichten besteht, die das Kind weiterspielen darf. Auch die Videokamera begutachteten die Kinder, vergaßen diese aber während des Spiels. Die Einführung in die Untersuchung verlief nach einer Begrüßung und Vorstellung der eigenen Person folgendermaßen: „Wir spielen heute Geschichten, und dazu brauchen wir auch Spielfiguren, schau mal wen ich alles mitgebracht habe (die Figuren werden auf den Tisch gelegt). Schau sie dir mal an, du kannst sie ruhig auch anfassen – was meinst du, wer könnte das sein?“ Nachdem das Kind seine Vermutungen abgegeben hat, wird die ganze Familie nochmal vorgestellt: „Das ist der Vater, das ist die Mutter und das sind die Kinder, die Geschwister – das ist Susanne/Jan (Identifikationsfigur) und das ist die kleine Schwester/der kleine Bruder, das hier ist die Oma. Schau mal was ich noch mitgebracht habe. Einen Tisch und Stühle. Kannst du die Familie einmal auf die Stühle um den Tisch herum setzen?“ Dem Kind wird genügend Zeit gegeben, sich mit den Figuren und Gegenständen vertraut zu machen. Der erste Geschichtenstamm – die Aufwärmgeschichte (Geburtstag des Kindes) ermöglicht dem Kind sich auf das Spiel einzulassen. Hierbei darf von der Untersucherin noch ins Spiel eingegriffen werden, bspw. mit Nachfragen wie „was hat der Jan zum Geburtstag bekommen?“ „Singen die ein Lied für Susanne? Sollen wir gemeinsam mal eines singen?“ Wichtig ist, dass der Untersucher während der Erhebung dem Kind gegenüber keine wertende Haltung einnimmt und Suggestivfragen vermeidet. Verständnisfragen und non-direktive Kommentare sind zulässig. Nachdem das Kind die jeweilige Geschichte zu Ende gespielt hat, wird es gefragt, wie es Jan/Suanne geht und ob er/sie noch etwas denkt. Bei den Kindern, die sehr leise sprechen wird das Gesagte vom Untersucher wortwörtlich wiederholt. Den Ablauf des in dieser Studie eingesetzten Geschichtenergänzungsverfahrens[48] zeigt Abbildung 7. Die gesamte Erhebung wurde auf Video aufgezeichnet und für die Auswertung herangezogen. Die Videoaufnahmen bewegten sich zwischen 20 und 65 Minuten. Nach den Erhebungen bekamen alle teilnehmenden Kinder ein kleines Geschenk als „Dankeschön“.

48 Der neu entwickelte Geschichtenstamm wurde bei $N = 23$ Kindern im Rahmen des Evaluationsprojekts der DTB-Turn-Talentschulen eingesetzt.

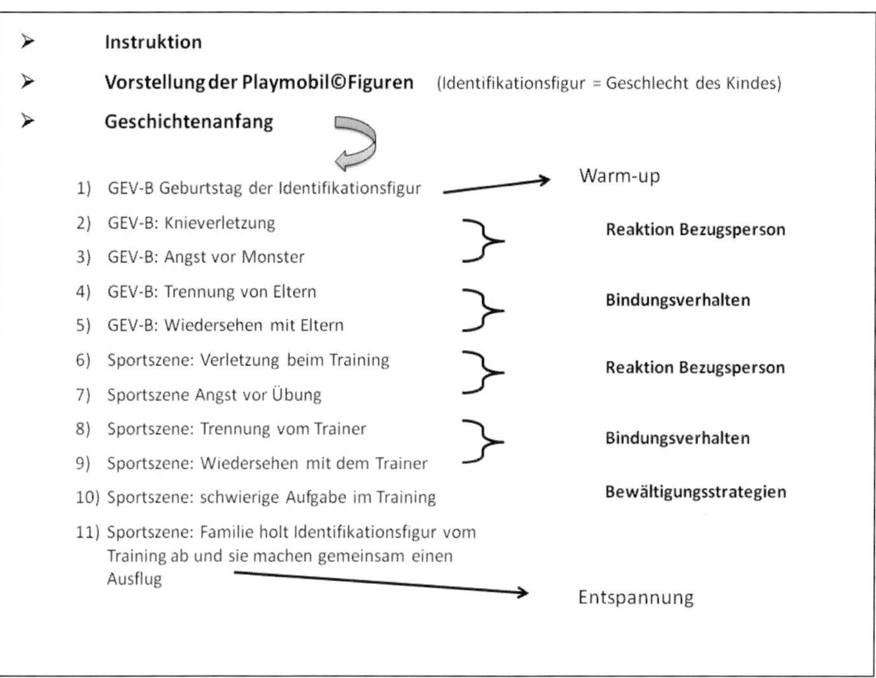

Abb. 7. Verlauf des Geschichtenergänzungsverfahrens dieser Studie.

7.6 *Datenaufbereitung und Auswertung*

7.6.1 *Geschichtenergänzungsverfahren*

Das gesamte Prozedere des Geschichtenergänzungsverfahrens (Abb. 7) wurde auf Video aufgezeichnet und danach schrittweise ausgewertet. Die Auswertung durchzieht sich durch mehrere Schritte, die in Abbildung 8 dargestellt sind.

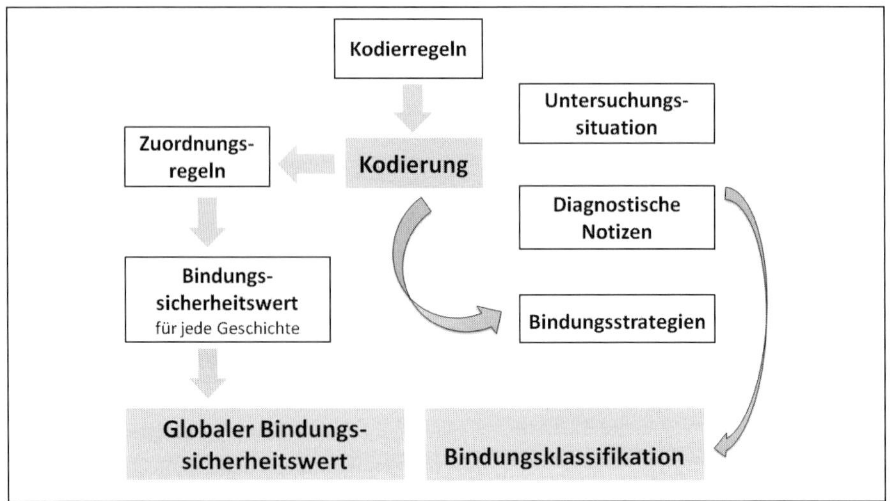

Abb. 8. Auswertungsschritte im Geschichtenergänzungsverfahren zur Bindung (Gloger-Tippelt & König, 2009, S. 91).

Der Bindungstyp *Eltern* (B, A, C, D) und *Trainer* (B_{Tr}, A_{Tr}, C_{Tr}, D_{Tr}) wird in diesem Verfahren qualitativ erhoben. Der globale Bindungssicherheitswert (BSW bzw. BSW_{Tr}) ist der Mittelwert der einzelnen Bindungssicherheitswerte der Geschichtenstämme. Die Auswertung der Szene „schwierige Lernaufgabe im Training“ fand statt nachdem die GEV-B und GEV-B-Sp vollständig ausgewertet waren. Zur Bestimmung der Bindungsklassifikation werden alle Geschichten im Zusammenhang betrachtet. „Jede Kategorie in einer einzelnen Geschichte ist vom Kontext im Spielen und Erzählen abhängig, d. h., sie muss danach beurteilt werden, welche Funktion dieses Element in der erzählten Geschichte erfüllt“ (Gloger-Tippelt & König, 2009, S. 113). Es ist möglich, dass vereinzelt Aspekte gespielt werden, die nicht zu der grundlegenden Strategie passen, hierbei ist „die Strategie, die deutlich überwiegt und sich durch alle Geschichten durchzieht [entscheidend]“ (ebd., S. 113).

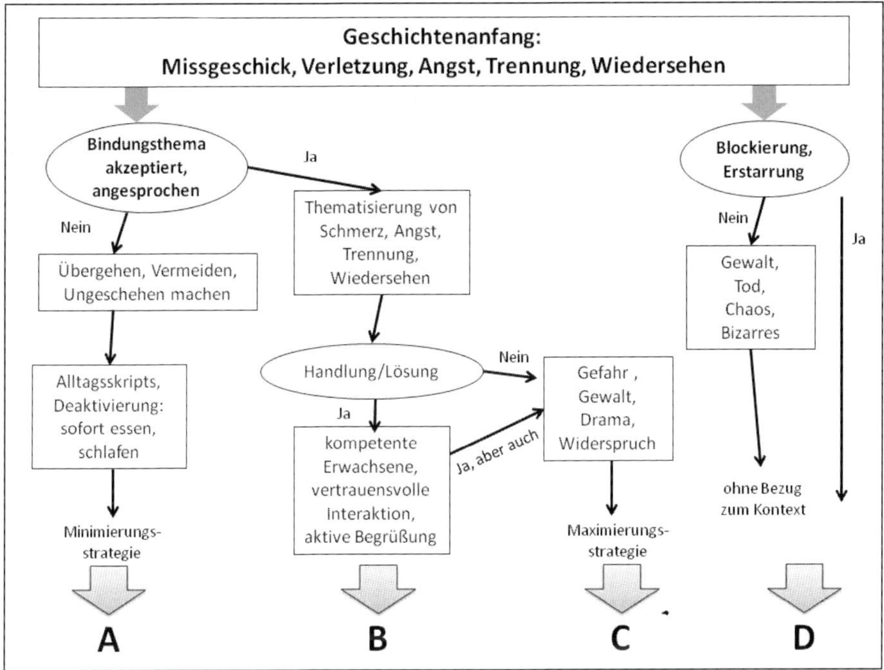

Abb. 9. Schematische Orientierungshilfe zur Identifizierung der Bindungsstrategien im GEV-B (Gloger-Tippelt & König, 2009, S. 114)

Die Autorinnen weisen darauf hin, dass Trennungs- und Wiedersehensgeschichte als eine Geschichte zu betrachten sind, wenn sich diese deutlich in der Behandlung des Bindungsthemas unterscheiden (ebd., S. 114). Die qualitative Auswertung und Bestimmung der Bindungsrepräsentation folgt dem in Abbildung 9 dargestellten Schema.

Mit diesem Leitfaden lassen sich die vier folgenden Klassifizierungen differenzieren:

(B) Eine **sichere Bindung** zeigt sich darin, dass Vertrauen in die Bindungsperson besteht und dass das Kind kohärente Geschichten erzählt. Auch spontan geäußerte positive sowie negative Emotionen und eine kompetente Lösung sind ein Indiz für eine sichere Bindung.

(A) Der **unsicher-vermeidende** Typ zeigt in seinem Spiel eine vermeidende Haltung und geht – wenn überhaupt – nur wenig auf Bindungsaspekte ein. Das Bedürfnis nach Nähe und Schutz scheint unterdrückt.

(C) Als **unsicher-ambivalent** gebunden werden die Kinder eingeschätzt, die in ihrem Spiel Emotionen übertreiben und nur schwer oder kein Ende der Geschichte finden. Teilweise sind ihre Narrationen inkohärent. In ihrem Spiel zeigt sich eine Dramatisierung respektive Maximierung des Bindungsthemas.

(D) Ist eine Blockierung und/oder keine Strategie erkennbar, weist dies auf einen **desorganisierten** Bindungsstatus hin.

Bindungssicherheitswert

Der fünffachgestufte Bindungssicherheitswert (BSW; 0 = *hoch unsicher,* 1 = *sehr unsicher,* 2 = *unsicher,* 3 = *sicher* und 4 = *sehr sicher*) hingegen wird anhand der vergebenen Codes quantitativ festgelegt. Der BSW wird für jede Geschichte vergeben, das arithmetische Mittel bildet den globalen Bindungssicherheitswert (Gloger-Tippelt & König, 2009, S. 112).
Das Prozedere der Erhebung und Auswertung des Geschichtenergänzungsverfahrens bedarf eines eingehenden Trainings und bindungstheoretischem Wissen – eine Schulung und Reliabilität-Zertifizierung sind für wissenschaftliche Zwecke notwendig. Sowohl die drei Versuchsleiter (inkl. Autorin) wie die drei Rater waren in diesem Verfahren trainiert und zertifiziert. In beiden Studien wurden Reliabilitätskontrollen vorgenommen. Die Beurteilerübereinstimmung der GEV-B in 19 Fällen betrug 95% mit einem Kappa von $\kappa = ,92$ ($p < ,001$) und für die Übereinstimmung der GEV-B-Sp in 18 Fällen betrug 89% mit einem Kappa von $\kappa = ,81$ ($p < ,001$).

7.6.2 *Strategien zur Bewältigung einer schwierigen Lernaufgabe im Training*

Die Auswertung der entwickelten Szene zu *Bewältigung einer schwierigen Lernaufgabe im Training* beruht auf den theoretischen Grundlagen, die in Kapitel 4.5.2 behandelt wurden und ist in Abbildung 10 schematisch dargestellt. Für die weitere Auswertung wurde ein Kodiersystem entwickelt. Die Codes lassen sich den vier Kategorien: (a) *offensive, vom Kind selbst aktivierte*, (b) *offensive, durch andere aktivierte,* sowie (c) *defensive, vom Kind selbst aktivierte* und (d) *defensive, durch andere aktivierte* Bewältigungsstrategie, zuordnen. Sie wurden dem *MacArthur Narrative Coding System* (Robinson & Mantz-Simmons, 2003; Warren, 2003), der *Children's Coping Strategies Checklist* (CCSC: Ayers, Sandler, West & Roosa, 1996) und der *Klassifikation von Stressbewältigungsstrategien* (Schulz & Jansen, 2007) zum Teil entnommen und konkret für diesen leistungssportspezifischen Kontext im Kindesalter adaptiert. Die Kodierungen werden im Folgenden nach Kategorie sortiert, dargestellt.

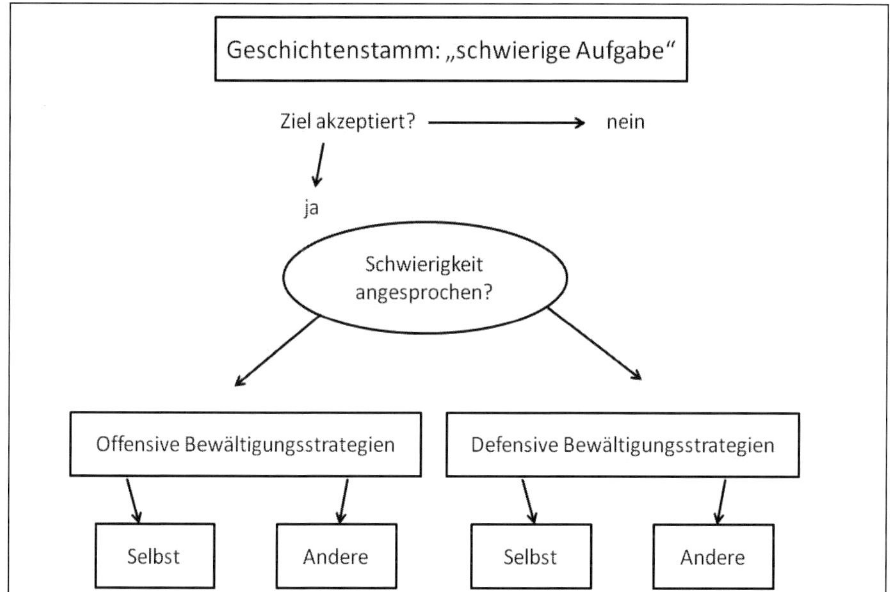

Abb. 10. Schematische Orientierungshilfe zur Auswertung der Bewältigungsstrategien im Umgang mit einer schwierigen Lernaufgabe im Training (Richartz & Krapf, unveröffentlicht).

Anzeichen für offensive Bewältigungsstrategien, die vom Kinde selbst aktiviert werden sind:

Erfolg gegen Widerstand – Planvolles Handeln

Das Kind schafft die anstrengende Aufgabe nach Überwindung eines gewissen Widerstandes. Diese Kinder gehen im Spiel auf die vorgegebene Schwierigkeit ein. Dies lässt sich daran erkennen, dass die Identifikationsfigur (ID) die anstrengende Aufgabe nicht gleich beim ersten Versuch lösen kann. Ein Ankerbeispiel hierfür ist: *„Mist, schon wieder nicht geschafft, ich versuch es nochmal!"* Die Identifikationsfigur schafft es schließlich und freut sich über den Erfolg: „ich hab's geschafft!" (CCSC: Direct Problem Solving/MNCS: Conflict Resolution).

Erfolgszuversicht und Erfolgszuversicht für den Wettkampf

Das Kind artikuliert, dass die Identifikationsfigur die anstrengende Übung noch schafft oder beim nächsten Wettkampf schafft. Die Zuversicht auf Erfolg indiziert, dass offensive vom Kind selbst initiierte Ansätze in der Bewältigungsstrategie repräsentiert sind.

Ablenkung abschirmen

Die Identifikationsfigur lässt sich nicht von externen Einflussfaktoren (Trainingskamerad, Material etc.) ablenken, sondern konzentriert sich auf die Übung.

Selbst ermutigen

Die Identifikationsfigur spricht sich selbst Mut zu. Diese Strategie hat die Funktion, die von der Anforderung ausgelöste Emotion zu bewältigen und diese in ein positives Licht zu stellen. Diese Strategie relativiert die Schwierigkeit, verleugnet sie aber nicht. Sie beinhaltet eine bewertende Komponente (CCSC: Positive Cognitive Restructuring).

Offenheit für Gefühlsausdruck/Emotionen

Das Kind zeigt spontan affektives Verhalten, das sich bspw. bei Anstrengung während und/oder Freude der ID nach dem Erfolg zeigt. Dabei ist wichtig, dass dies nicht skripthaft gespielt wird (CCSC: Expressing Feelings).
Die folgenden Strategien werden nicht vom Kind selbst sondern durch soziale Interaktion, also durch andere, aktiviert:

Soziale Unterstützung

Als sozialer Unterstützer kommt in dieser Szene nur der Trainingskamerad in Frage, da der Trainer aus der Geschichte genommen wurde. Drei Arten der sozialen Unterstützung werden hier berücksichtigt:

- Hilfe durch Nähe – Die Identifikationsfigur lässt sich vom Trainingskameraden (TK) helfen; z. B.: „Kannst du mich bitte mal halten?“ oder „Kannst du dich neben mich stellen?“
- Hilfe durch Information – Die ID informiert sich beim TK über die Technik oder Tipps für diese Übung. (CCSC: Problem Focused Support).
- Hilfe durch emotionale Unterstützung – Die ID bekommt vom TK emotionale Unterstützung (CCSC: Emotion Focused Support.)

Anzeichen für defensive Bewältigungsstrategien, die von einer Person selbstgesteuert aktiviert werden hingegen sind:

Planvolles Vermeiden der Konfrontation

Die Aufgabe wird nicht ausgeführt. Die Identifikationsfigur versucht die schwierige Übung kein weiteres Mal.

Erfolg ohne Widerstand/Verleugnung der Schwierigkeit

Die ID schafft die schwierige Übung sofort und geht nicht auf die Anstrengung ein und zeigt kein beharrliches Verhalten bei der Aufgabe, z. B. *„Das war gar nicht schwierig für Jan“.* Es kann sein, dass der Trainer verständigt wird, dass die Aufgabe geschafft ist.

Erfolg- und oder hoffnungslos

Das Kind artikuliert, dass die ID diese schwierige Übung wohl nie schaffen würde und oder die ID probiert die schwierige Aufgabe, schafft diese aber nicht.

Sozialer Vergleich

Die ID vergleicht sich mit dem Trainingskameraden oder mit anderen aus der Trainingsgruppe. Diese Strategie lenkt von der eigenen Beharrlichkeit ab und stellt den Vergleich in den Mittelpunkt.
Von anderen initiierte defensive Bewältigungsstrategien, sind in dieser Studie mit den folgenden Codes beschrieben:

Interpersonaler Konflikt

Ein interpersonaler Konflikt entsteht wenn das Kind unangemessene Rivalität oder Eifersucht, den Ausschluss anderer und eine aktive Hilfeverweigerung spielt und/oder in einen verbalen Konflikt gerät, der am Ende der Geschichte nicht gelöst ist (MNCS: Interpersonal Conflict).

Bizarres inkohärentes Ereignis

> „BIE wird kodiert, wenn Teile der erzählten Geschichte einen seltsamen, bizarren, auf jeden Fall atypischen Inhalt haben. Entscheidend ist dabei nicht der Inhalt der ganzen Geschichte, sondern, dass die Ereignisse im Kontext der Geschichte wenig Sinn machen. Sie treten unvermittelt und abrupt auf und können aus ganz kurzen Sequenzen bestehen" (Gloger-Tippelt & König, 2009, S. 95).

Dies kann der Fall sein, wenn das Kind die Rollen tauscht. Beispielsweise agiert dann der/die Turnkamerad/in als Trainer, das erkennt man daran, dass sich die Stimme ändert. Oder das Kind spielt einen Bruch in der Geschichte, der unpassende Ereignisse enthält.

Im Anschluss an die Kodierung der jeweiligen Geschichte wird die vorwiegende Strategie (a,b,c,d) vergeben. Für die Auswertung wurde eine zweite Raterin hinzugezogen, die für die Auswertung der GEV-B zertifiziert ist und in das Auswertungsschema des neuen Geschichtenstammes eingewiesen wurde. Die Beurteilerübereinstimmung der Szenen zu *Bewältigungsstrategien bei einer schwierigen Lernaufgabe im Training* für $N = 23$ Fälle betrug 87% mit einem Kappa von $\kappa = ,82$ ($p < ,001$).

7.6.3 *Fragebogen* KiFB-TTS

Die Dateneingabe erfolgte durch die Mitarbeiter der beiden Forschungsprojekte. Dafür wurden alle Daten der Kinderfragebögen in eine MS-Excel®-Maske eingegeben. Der Datensatz eines Kindes wurde mit einem Code anonymisiert. Daraufhin erfolgte ein Daten-Cleaning und die Zusammenführung der Daten aus beiden Teilstichproben durch die Autorin. Der PASW® Datensatz umfasst $N = 47$ Fälle, die nach folgenden Kriterien mit einbezogen wurden:

- Das Kind hat den Fragebogen selbst (oder mit geringer Hilfe beim Vorlesen der Aussagen) und bewusst (ohne offensichtliches Falschausfüllen) ausgefüllt.
- Das Kind befindet sich im Altersabschnitt zwischen sieben und elf Jahren.
- Der Fragebogen ist vollständig ausgefüllt.

Alle Angaben, die nicht plausibel waren, wurden durch Missing-Werte ersetzt. Bei fehlenden Werten werden die Analysen mit paarweisem Fallausschluss durchgeführt. Fehlten Angaben zu Trainingsumfängen wurden diese wenn möglich durch die Trainer oder Vergleiche mit Kindern der zugehörigen Trainingsgruppe ergänzt. Einige Items sind so konzipiert, dass eine Umkodierung (*Recode*) notwendig war um die Homogenität der Skala zu sichern (vgl. Anhang A).

7.7 *Statistische Verfahren*

Die statistischen Berechnungen für die vorliegende Arbeit wurden mit dem Statistikprogrammpaket PASW® Statistics 18.0 (ehemals SPSS) durchgeführt. Die Graphiken wurden mit dem Programm Microsoft Excel und PowerPoint 2007 erstellt.
Alle erfassten Daten wurden auf Geschlechts- und Alterseffekte (UV) geprüft und im gegebenen Fall wurden die Analysen geschlechts- bzw. altersspezifisch getrennt durchgeführt. Als weitere unabhängige Variablen gelten die mit dem Geschichtenergänzungsverfahren bestimmten Bindungsmuster (B, A, C, D bzw. B_{Tr}, A_{Tr}, C_{Tr}, D_{Tr}) und der quantitativ erfasste Bindungssicherheitswert (BSW bzw. BSW_{Tr} Skalierung: 0 bis 4).
Da die Daten aus den Fragebögen nicht normalverteilt sind, wurde aufgrund der kleinen Stichprobe vorwiegend mit nonparametrischen Verfahren gerechnet. Die nonparametrischen Verfahren bieten den Vorteil, dass sie keine Annahmen über die genaue Form der Verteilung der zu prüfenden Merkmale fordern, da sie auf die Rangdaten Bezug nehmen (Bortz & Lienert, 2008, S. 56). Folgende (verteilungsfreie) Testverfahren wurden hier eingesetzt.
Für die Prüfung der Assoziation zwischen Bindungsrepräsentation zu Eltern und Beziehungsrepräsentation zum Trainer (H1) wurde der Chi-Quadrat-basierende Index von Cramér herangezogen (Cramer *V*). Dieser stellt eine Verallgemeinerung des Phi-Koeffizienten für $k \times m$ – Tafeln dar und eignet sich, Zusammenhänge zwischen nominalskalierten Merkmalen aufzuzeigen (Bortz & Lienert, 2008, S. 271; Field, 2005, S 153).
Die Prüfung der Korrelation zum einen der Bindungssicherheitswerte zu Eltern und Trainer (H2) und zum anderen der Bindungssicherheit und Fürsorglichkeit (H5 u. H6) wurden mit der Rangkorrelation von Spearman (r_s) getestet (Field, 2005, S 179).
Für die Analyse kategorialer Häufigkeitsverteilungen der qualitativen Merkmale (Geschlecht, Alter, Bindungsrepräsentationen, Bewältigungsstrategien) wurden Chi-Quadrat-basierende Tests verwendet. Bei einer Fallzahl < 40 oder einer erwarteten Zellhäufigkeit < 5 wurde der Exakte Test nach Fisher[49] (H8) verwendet (ebd., S. 690).
Zum Vergleich der quantitativen Merkmale (Skalenmediane) in Abhängigkeit der Bindungs- und Beziehungsrepräsentationen wurden für die Hypothesenprüfungen H3, H4 und H7 der H-Test von Kruskal Wallis und der U-Test von Mann und Whitney herangezogen. Zur Unterschiedsprüfung der verschiedenen Bindungstypen eignet

49 Wird in einigen Quellen auch Fisher-Yates-Test oder exakter Chi-Quadrat-Test genannt.

sich der H-Test von Kruskal Wallis für mehr als zwei unabhängige Stichproben (Bortz & Lienert, 2008, S. 157; Field, 2005, S. 540, 559). Zum einen schöpft der H-Test die ordinalen Informationen vollständig aus und zum anderen eignet er sich besonders für Berechnungen mit kleiner Zellbesetzung in den einzelnen Populationen. Dieser Test besagt lediglich, dass sich mindestens eine Population von den anderen unterscheidet wenn das Ergebnis signifikant ist, gestattet aber keine weitere Spezifizierung. Dafür wird – post hoc – mit dem U-Test weiter analysiert. Dieser dient dem Vergleich der zentralen Tendenz zweier unabhängiger Stichproben. „Der U-Test prüft die Nullhypothese, dass zwei zu vergleichende Stichproben aus formgleich verteilten Populationen mit identischem Medianwert stammen“ (Bortz & Lienert, 2008, S. 140). Wird der U-Test signifikant, ist davon auszugehen, dass sich die Mediane der Populationen unterscheiden.

Das Kriterium für statistische Signifikanz wurde mit einer Irrtums-Wahrscheinlichkeit mit dem Alpha-Fehlerniveau α = ,05 festgesetzt. Korrelationen und Varianzen bis zu einem Signifikanz-Niveau von α = ,10 werden als Tendenzen berücksichtigt. Obwohl bei einigen Verfahren die Unterschiede mehrerer Tests berechnet wurden, wurde das Alpha-Fehlerniveau konstant auf α = ,05 gehalten und nicht für multiples Testen nach Bonferoni adjustiert, was mit dem explorativen Charakter dieser Studie gerechtfertigt ist.

Die Überprüfung der internen Konsistenz der Skalen wurde mit Cronbach's Alpha (α) realisiert.

Für die Beurteilerübereinstimmung der *Geschichtenergänzungsverfahren* wurde die prozentuale Übereinstimmung angegeben und der Kappa-Wert (κ) nach Cohen berechnet.

Die erfassten Bindungstypen (B, A, C, D bzw. B_{Tr}, A_{Tr}, C_{Tr}, D_{Tr}) und die dazugehörigen Bindungssicherheitswerte (Skala: 0-4 bzw. 0_{Tr}-4_{Tr}), sowie die Bewältigungsstrategien (offensiv-selbst, offensiv-andere, defensiv-selbst oder defensiv-andere) wurden für die statistische Datenanalyse dem Datensatz der Fragebögen hinzugefügt.

8 Ergebnisse

Im diesem Kapitel werden zunächst die deskriptiven Ergebnisse dargestellt und anschließend die Analysen der Hypothesenprüfungen präsentiert. Die folgenden nonparametrischen Analysen basieren auf den Medianwerten der Skalen als zentraler Messgröße bei Rangsummen und Korrelationstests. Es scheint wenig sinnvoll, die Mittelwerte darzustellen, die bei den nonparametrischen Verfahren nicht zur Berechnung verwendet werden. Für einen ersten Überblick werden dennoch die Mittelwerte der Skalen (*M*) deskriptiv dargestellt um eine Vergleichbarkeit mit anderen Stichproben zu gewährleisten. In weiteren Tabellen, die in Abhängigkeit der Bindungsrepräsentationen aufgezeigt werden, wird der Median (*Mdn*) angegeben, da sich die Berechnungen darauf beziehen. Die deskriptive Darstellung der Bindungs- bzw. Beziehungsrepräsentationen und Bindungssicherheitswerte, jeweils zu den Eltern (Kap. 8.1) und zum Trainer (Kap. 8.2), gibt einen gesamten Überblick und wird zudem für Jungen und Mädchen getrennt dargestellt. Weiterhin werden die Ergebnisse zu Selbstkonzeptfacetten (Kap. 8.3) und sozialer Unterstützung (Kap. 8.4) des Fragebogens deskriptiv, alters- und geschlechtsspezifisch aufbereitet. Die Ergebnisdarstellung aus den Fragebögen zur Beurteilung des wahrgenommenen Arbeitsbündnisses mit dem Trainer bietet Kapitel 8.5. In Kapitel 8.6 werden die Bewältigungsstrategien, aus der Analyse der Narrationen zu einer schwierigen Lernaufgabe im Training aufgezeigt. Das Kapitel 8.7 befasst sich mit der Hypothesenprüfung. Eine Zusammenfassung der Ergebnisse bietet Kapitel 8.8.

8.1 *Bindungsrepräsentationen und Bindungssicherheitswerte zu Eltern*

Die Bindungsrepräsentation zu Eltern stellt eine wichtige Grundlage für jede weitere Aufnahme sozialer Beziehungen dar. Im Folgenden werden die Ergebnisse zu Repräsentationen und Bindungssicherheitswerten zu Eltern der untersuchten Kinder dargestellt.

8.1.1 *Verteilung der Bindungsklassifizierungen zu Eltern*

Die Häufigkeitsverteilung der Klassifizierungen für die gesamte Stichprobe und nach Geschlecht getrennt ist Tabelle 6 zu entnehmen. Die Verteilung der Bindungsmuster im GEV-B (Eltern-Bindung) zeigt, dass die unsicher-vermeidende Bindungsrepräsentation mit 48,9% (n = 23) am häufigsten vorkam. Dabei besteht ein Ungleichgewicht zwischen den Mädchen und den Jungen. Mittels χ^2-Test wurde überprüft, ob zwischen Jungen und Mädchen sowie den verschiedenen Altersgruppen (7-8 Jahre sowie 9-11 Jahre)[50] Unterschiede in der Verteilung der Bindungsklassifikationen bestehen. Da die erwartete Zellhäufigkeit < 5 ist, kam der Exakte Test nach Fischer

50 Zweifachkategorisierung: In der Altersgruppe 1 befinden sich alle 7- und 8-Jährigen (N = 22) und in der Altersgruppe 2 alle 9-, 10- und 11-Jährigen (N = 25).

zum Einsatz. Die Ergebnisse zeigen einen Trend für Unterschiede zwischen Mädchen und Jungen (χ^2 = 6,927, *df* = 3, p_{exakt} = ,055), nicht aber für die beiden Altersgruppen (χ^2 = 0,00 *df* = *1*, *p* = ,98 *ns*.). Die Jungen haben mit 63,6% (*n* = 14) im Gegensatz zu den Mädchen mit 36,0% (*n* = 9) eine unsicher-vermeidende Bindungsrepräsentation. In der Verteilung des sicheren Bindungsmusters gibt es ebenfalls ein Ungleichgewicht: 44,0% (*n* = 11) der Mädchen und 18,2% (*n* = 4) der Jungen haben eine sichere Bindungsrepräsentation. Seltener wurde die Bindungsklassifikation unsicher-ambivalent (*n* = 7) vergeben, wobei diese häufiger bei den Mädchen (20,0%, *n* = 5) im Gegensatz zu den Jungen (9,1%, *n* = 2) vergeben wurde. Bei zwei Jungen konnte keine durchgängige Strategie klassifiziert werden.

Tab. 6. *Verteilung der Bindungsrepräsentationen (Eltern) für die gesamte Stichprobe und nach Geschlecht und Altersklasse getrennt (N = 47) mit Prozentangabe spaltenweise*

Bindungsrepräsentation	**Gesamt (*N* = 47)**		**AK 1 (*n* = 22)**		**AK 2 (*n* = 25)**		**Jungen (*n* = 22)**		**Mädchen (*n* = 25)**	
sicher (B)	15	31,9%	7	31,8%	8	32,0%	4	18,2%	11	44,0%
unsicher-vermeidend (A)	23	48,9%	8	36,4%	15	60,0%	14	63,6%	9	36,0%
unsicher-ambivalent (C)	7	14,9%	5	22,7%	2	8,0%	2	9,1%	5	20,0%
desorganisiert (D)	2	4,3%	2	9,1%	0	0%	2	9,1%	0	0%
Gesamt sicher vs. unsicher										
sichere Repräsentation	15	31,9%	7	31,8%	8	32,0%	4	18,2%	11	44,0%
unsichere Repräsentation	32	68,1%	15	68,2%	17	68,0%	18	81,8%	14	56,0%

8.1.2 *Verteilung der Bindungssicherheitswerte zu Eltern*

Neben der Klassifikation der Geschichtenergänzungsverfahren wurde sowohl für die Eltern-Kind-Bindung als auch die Trainer-Athlet-Bindung ein Bindungsscore ermittelt, welcher die Bindungssicherheit anhand einer fünfstufigen Skala (0 = hoch unsicher, 1 = sehr unsicher, 2 = unsicher, 3 = sicher und 4 = sehr sicher) angibt.

Tab. 7. Verteilung *globaler Bindungssicherheitswert (Eltern) für die gesamte Stichprobe und nach Geschlecht und Altersklasse getrennt (N = 47) mit Prozentangabe spaltenweise*

Bindungssicherheitswert (BSW)	**Gesamt (*N* = 47)**		**AK 1 (*n* = 22)**		**AK 2 (*n* = 25)**		**Jungen (n = 22)**		**Mädchen (*n* = 25)**	
hoch unsicher (0)	0	0%	0	0 %	0	0%	0	0%	0	0%
sehr unsicher (1)	3	6,4%	3	13,6%	0	0%	2	9,1%	1	4,0%
unsicher (2)	27	57,4%	11	50,0%	16	64,0%	14	63,6%	13	52,0%
sicher (3)	6	12,8%	3	13,6%	3	12,0%	5	22,7%	1	4,0%
sehr sicher (4)	11	23,4%	5	22,7%	6	24,0%	1	4,5%	10	40,0%
Gesamt sicher vs. unsicher										
gesamt unsicher	30	63,8%	14	63,6%	16	64,0%	16	72,7%	14	56,0%
gesamt sicher	17	36,2%	8	36,4%	9	36,0%	6	27,3%	11	44,0%

Wie aus Tabelle 7 ersichtlich, überwiegt von allen Bindungssicherheitswerten mit 57,4% der Wert 2 (unsicher). 40% der Mädchen erreichten den Wert 4 (sehr sicher) wohingegen dieser Wert lediglich für einen Jungen (4,5%) vergeben wurde. Fasst

man die Ordinalskalierung (0-5) in einer binäre Skalierung zusammen (gesamt unsicher (Werte 0-2) vs. gesamt sicher (Werte 3-4)) zeigt sich, dass die gesamt unsicheren Werte mit 63,8% überwiegen. Die gesamt unsicheren Werte wurden für 56,0% der Mädchen und für 72,7% der Jungen vergeben.
Für die Prüfung auf Unterschiede zwischen Jungen und Mädchen sowie zwischen den beiden Altersgruppen (7-8 Jahre und 9-11 Jahre) hinsichtlich der Bindungssicherheitswerte, wurde der Mann-Whitney-U-Test herangezogen. Er verweist zwar für das Geschlecht auf einen Trend, die Mediane der Mädchen ($Mdn = 2{,}0$) und Jungen ($Mdn = 2{,}0$) unterschieden sich aber nicht voneinander ($U = 198{,}5$, $Z = -1{,}829$, $p = {,}067$). Die Alters-gruppen 1 ($Mdn = 2{,}0$) und 2 ($Mdn = 2{,}0$) unterscheiden sich nicht signifikant voneinander ($U = 250{,}5$, $Z = -0{,}586$, *ns*).

8.2 *Beziehungsrepräsentationen und Bindungssicherheit zum Trainer*

8.2.1 *Verteilung der Beziehungs-Klassifizierungen zum Trainer*

Die Bindungsrepräsentation zum Trainer aus dem sportspezifischen Geschichtenergänzungsverfahren (B_{Tr}, A_{Tr}, C_{Tr}, D_{Tr}) liegt für 41 Fälle vor[51]. Die Häufigkeitsverteilung (Tab. 8) zeigt hier ein anderes Bild als bei der Bindungsrepräsentation zu den Eltern. Mittels χ^2-Test wurde überprüft, ob zwischen Jungen und Mädchen und Kindern der verschiedenen Altersgruppen (7-8 Jahre sowie 9-11 Jahre) Unterschiede in der Verteilung der Beziehungsrepräsentation bestehen. Da die erwartete Zellhäufigkeit < 5 ist wurde der Exakte Test nach Fischer herangezogen. Dieser zeigt einen signifikanten Unterschied zwischen Jungen und Mädchen hinsichtlich der Beziehungsrepräsentation zum Trainer ($\chi^2 = 6{,}792$, $df = 3$, $p_{exakt} = {,}050$).

Tab. 8. *Verteilung der Beziehungsrepräsentation (Trainer) für die gesamte Stichprobe und nach Geschlecht getrennt (N = 41) mit Prozentangabe spaltenweise*

Bindungsrepräsentation$_{Tr}$	**Gesamt (*N* = 41)**		**AK 1 (*n* = 19)**		**AK2 (*n* = 22)**		**Jungen (*n* = 19)**		**Mädchen (*n* = 22)**	
sicher (B)	16	39,0%	6	31,6%	10	45,5%	6	31,6%	10	45,4%
unsicher-vermeidend (A)	16	39,0%	7	36,8%	9	40,9%	10	52,6%	6	27,3%
unsicher-ambivalent (C)	7	17,1%	4	21,1%	3	13,6%	1	5,3%	6	27,3%
desorganisiert (D)	2	4,9%	2	10,5%	0	0%	2	10,5%	0	0%
Gesamt sicher vs. unsicher										
sichere Repräsentation	16	39,0%	6	31,6%	10	45,5%	6	31,6%	10	45,4%
unsichere Repräsentation	25	61,0%	13	68,4%	12	54,5%	13	68,4%	12	54,6%

Überzufällig mehr Mädchen wurden als sicher oder sehr sicher geratet. Das sichere und das unsicher-vermeidende Bindungsmuster liegen mit jeweils 39,0% gleich häufig vor. Es ist auffällig, dass bei den Jungen der Anteil an unsicher-vermeidenden Klassifizierungen (52,6%) überwiegt. Im Gegensatz dazu überwiegt bei den Mädchen der sichere Bindungstyp mit 45,4%. Insgesamt wurde sieben Mal die unsicher-

51 In drei Fällen wurde durch die Mitarbeiter des Leistungssportprojektes (Datensatz 1) entschieden, die Fälle nicht zu raten, im Datensatz 2 hatte in zwei Fällen das Video keinen Ton, ein Fall wurde nicht zu Ende gespielt.

ambivalente Bindungsrepräsentation vergeben, wobei die Mädchen mit sechs Fällen deutlich überwiegen. Zwei Jungen wurden als desorganisiert klassifiziert. Wieder überwiegen die unsicheren Bindungsmuster (einschließlich Desorganisation) mit 61% gegenüber der sicheren Klassifi-kation mit 39%. Die beiden Altersgruppen unterscheiden sich nicht signifikant voneinander (χ^2 = 2,860, *df* = 3, *ns.).*

8.2.2 *Verteilung der Bindungssicherheitswerte zum Trainer*

Die Häufigkeitsverteilung der Bindungssicherheitswerte (Tab. 9) zeigt, dass der unsichere Score (2) mit 48,8% überwiegt. Auch hier überwiegt der Anteil der Jungen, die mit 63,2% als unsicher geratet wurden im Gegensatz zu 36,4% der Mädchen.

Tab. 9. *Verteilung globaler Bindungssicherheitswert (Trainer) für die gesamte Stichprobe und nach Geschlecht und Altersklasse getrennt (N = 41) mit Prozentangabe spaltenweise*

Bindungssicherheitswert (BSW $_{Tr}$)	**Gesamt (*N* = 41)**		**AK 1 (*n* = 19)**		**AK2 (*n* = 25)**		**Jungen (*n* = 19)**		**Mädchen (*n* = 22)**	
hoch unsicher (0)	0	0%	0	0%	0	0%	0	0%	0	0%
sehr unsicher (1)	6	14,6%	5	26,3%	1	4,5%	3	15,8%	3	13,6%
unsicher (2)	20	48,8%	8	42,1%	12	54,5%	12	63,2%	8	36,4%
sicher (3)	7	17,1%	3	15,8%	4	18,2%	4	21,1%	3	13,6%
sehr sicher (4)	8	19,5%	3	15,8%	5	22,7%	0	0%	8	36,4%
Gesamt sicher vs. unsicher										
gesamt unsicher	26	63,4%	13	68,4%	13	59,1%	15	78,9%	11	50,0%
gesamt sicher	15	36,6%	6	31,6%	9	40,9%	4	21,1%	11	50,0%

Bei acht Mädchen (36,4%) wurde der sehr sichere Score (1) vergeben, bei den Jungen nie. Bei der Betrachtung der binären Zusammenfassung der Bindungssicherheitswerte zeigt sich bei den Mädchen eine gleiche Verteilung an gesamt sicheren (50,0%) und gesamt unsicheren (50,0%) Werten. Dies hebt sich deutlich vom Ergebnis der Jungen ab, deren binäre Einteilung der Bindungssicherheitswerte für die gesamten unsicheren Werte 78,9% betragen. Bei den Bindungssicherheitswerten zu den Eltern zeigt der Trend höhere Werte bei den Mädchen. Die Bindungssicherheit zum Trainer wurde mit dem Mann-Whitney-Test geprüft und er verweist auf signifikante Unterschiede zwischen den Geschlechtern hinsichtlich des Bindungssicherheitswertes (BSW_{Tr}) (*U* = 138,500, *Z* = -1,98; *p* = ,048). Die Mädchen (*Mdn* = 2,5) unterscheiden sich bezüglich der Bindungssicherheit zum Trainer von den Jungen (*Mdn* = 2,0). Die beiden Altersgruppen unterscheiden sich nicht signifikant voneinander (*U* = 162,00, *Z* = -1,318, *ns*).

8.3 *Selbstkonzeptfacetten*

Die Selbstkonzeptfacetten der leistungssportlich aktiven Kinder wurden in der vorliegenden Untersuchung im Hinblick auf verschiedene Selbstkonzeptfacetten inklusive des globalen Selbstwertgefühls erhoben. Die hier verwendeten Skalen zum Selbstkonzept und Selbstwertgefühl sind aus dem SET übernommen (vgl. Kap. 7.4.4). Auch hier wurde die vierfach abgestufte Antwortskala von 1 („stimmt überhaupt nicht") bis 4 („stimmt genau") verwendet. Für die hier vorliegende Studie wurden in Anlehnung an das multidimensionale, hierarchische Selbstkonzeptmodell (Shavelson et al., 1976) die Facetten soziales Selbstkonzept (in der Schulklasse und in der Trainingsgruppe), Fähigkeitsselbstkonzepte (Aufgabenbezogene Kompetenz Schule und Aufgabenbezogene Kompetenz Sport), Körperkonzept und das globale Selbstwertgefühl erfasst.

Tabelle 10 gibt einen Überblick der deskriptiven Ergebnisse, wobei die Mittelwerte der Skalen in der Reihenfolge nach unten abnehmen. Den Daten nach schreiben sich die Kinder dieser Studie eine hohe Selbstwahrnehmung zu (> 3). Diese Ergebnisse stimmen in der Tendenz mit den Resultaten anderer Studien überein, die den SET verwendet haben (Brettschneider & Gerlach, 2004; Richartz et al., 2009).

Tab. 10. *Selbstzuschreibungen mit Skalenmittelwerten und Standardabweichungen sowie Interne Konsistenz*

Skalen zu Selbstzuschreibungen (aus BRiL-K nach SET)	*1 (stimmt nicht) – 4 (stimmt genau)*			*N*
Soziales Selbstkonzept in der Trainingsgruppe (2 Items)	α = ,81	*M* = 3,45	*SD* = ,78	47
Selbstwertgefühl (3 Items)	α = ,74	*M* = 3,42	*SD* = ,67	47
Körperkonzept (3 Items)	α = ,76	*M* = 3,38	*SD* = ,65	47
Soziales Selbstkonzept in der Schulklasse (2 Items)	α = ,63	*M* = 3,37	*SD* = ,77	47
Schulisches Fähigkeitsselbstkonzept (3 Items)	α = ,73	*M* = 3,37	*SD* = ,61	47
Sportliches Fähigkeitsselbstkonzept (3 Items)	α = ,63	*M* = 3,35	*SD* = ,57	47

Für die Kinder dieser Studie sind das soziale Feld der Schule und das soziale Feld Training neben der Familie bedeutende Nährböden bei der Entwicklung des sozialen Selbst. An oberster Stelle steht das soziale Selbstkonzept in der Trainingsgruppe, gefolgt vom Selbstwertgefühl auf dem zweiten Rang. Rein deskriptiv erreichen die Kinder auf der Skala soziales Selbstkonzept in der Trainingsgruppe höhere Werte als auf der Skala soziales Selbstkonzept in der Schulklasse. Der Großteil der Kinder fühlt sich im sozialen Umfeld des Trainings wohl. Das schulische Fähigkeitsselbstkonzept besetzt den gleichen Rang wie das soziale Selbstkonzept in der Schule und liegt im Mittelwert über dem des sportlichen Fähigkeitsselbstkonzeptes. Tabelle 11 gibt einen Überblick der Medianwerte in Abhängigkeit von Alter und Geschlecht.

Tab. 11. *Medianwerte der Skalen zu Selbstzuschreibungen nach Altersklasse und Geschlecht getrennt*

Selbstzuschreibungen	**AK 1 (*n* = 22)**	**AK2 (*n* = 25)**	**Jungen (n = 22)**	**Mädchen (*n* = 25)**	**Gesamt (*N* =47)**
	Mdn	*Mdn*	*Mdn*	*Mdn*	*Mdn*
Soz. SK in der Trainingsgruppe	3,50	4,00	4,00	4,00	4,00
Selbstwertgefühl	3,50	3,67	3,33	3,67	3,66
Körperkonzept	3,30	3,67	3,33	3,67	3,66
Soz. SK in der Schulklasse	3,50	3,50	3,50	3,50	3,50
Schulisches Fähigkeit-SK	3,33	3,67	3,33	3,67	3,33
Sportliches Fähigkeits-SK	3,67	3,00	3,67	3,00	3,66

Die Prüfung auf Geschlechts- und Alterseffekte der jeweiligen Selbstkonzeptfacetten, berechnet mit dem Mann-Whitney U-Test, verwies in keiner Analyse auf signifikante Unterschiede (für Geschlecht: $p < ,81 - p > ,09$, für Altersklassen: $p < ,93 - p > ,15$). Darum werden die weiteren Ergebnisse nicht Geschlechts- und altersspezifisch, sondern für die gesamte Stichprobe dargestellt. Anhand der deskriptiven Darstellung zeigt sich ein Anstieg oder Gleichstand aller Mediane von der ersten zur zweiten Altersklasse mit der Ausnahme des Sportlichen Fähigkeitsselbstkonzeptes, das in der AK 2 den geringsten Medianwert einnimmt. Rein deskriptiv geben die Mädchen in den Skalen Selbstwertgefühl, Körperkonzept und schulisches Fähigkeitsselbstkonzept höhere Werte an als die Jungen, wohingegen die Jungen deskriptiv höhere Werte im sportlichen Fähigkeitsselbstkonzept erreichen. Das soziale Selbstkonzept sowohl in der Trainingsgruppe als auch in der Schulklasse bewerten beide Geschlechter gleich.

8.4 *Soziale Unterstützung*

Die Athleten der vorliegenden Stichprobe wurden zu wahrgenommener sozialer Unterstützung von Eltern und Trainer befragt. Die soziale Unterstützung wurde mit jeweils einer Skala zur Fürsorglichkeit (Eltern/Trainer) erfasst. Die vierfach abgestufte Antwort-skala von 1 („stimmt überhaupt nicht“) bis 4 („stimmt genau“) wird für das Kindesalter empfohlen. Demzufolge zeichnen höhere Werte eine positive Wahrnehmung der Kinder ab. Die hohen Skalenmittelwerte zeigen, dass die Kinder sowohl den Eltern als auch den Trainern ein hohes Maß an Fürsorglichkeit zuschreiben (Tab. *12*). Die Kinder der hier vorliegenden Stichprobe schätzen sowohl die Fürsorglichkeit der Eltern als auch die des Trainers sehr hoch ein. Die Skalenmittelwerte liegen hier im oberen Drittel. Tabelle 13 zeigt die Medianwerte der Skalen in Abhängigkeit von Alter und Geschlecht.

Beim Vergleich der Jungen und Mädchen hinsichtlich der Skala Fürsorglichkeit der Eltern, unterscheiden sich die Mädchen signifikant von den Jungen (U = 148,0, Z = -2,822, p = ,005). Dabei attestieren die Mädchen (*Mdn* = 4,0) den Eltern ein höheres Maß an Fürsorglichkeit als die Jungen (*Mdn = 3,2*).

Tab. 12. *Mittelwerte und Standardabweichungen der Skalen zu sozialer Unterstützung sowie Interne Konsistenz*

Soziale Unterstützung (aus BRiL-K nach SET)	*1 (stimmt nicht) – 4 (stimmt genau)*			*N*
Fürsorglichkeit Eltern (5 Items)	α = ,84	*M* = 3,45	*SD* = ,63	47
Fürsorglichkeit Trainer (5 Items)	α = ,71	*M* = 3,43	*SD* = ,54	46

Diese Geschlechtseffekte nivellieren sich in der Skala Fürsorglichkeit des Trainers. Es bestehen keine signifikanten Unterschiede in der Wahrnehmung der Fürsorglichkeit des Trainers (*U* = 206,50, *Z* = -1,281, *ns*). Auch lassen sich keine statistisch relevanten Alters-effekte (Fürsorglichkeit Eltern: *U* = 207,50 *Z* = -1,50, *ns.,* Fürsorglichkeit Trainer: *U* = 256,00, *Z* = -0,145, *ns.)* in dieser Stichprobe nachweisen.

Tab. 13. *Medianwerte der Skalen zur Fürsorglichkeit (Eltern/Trainer) nach Altersklasse und Geschlecht getrennt*

Soziale Unterstützung	**AK 1 (*n* = 22)**	**AK2 (*n* = 25)**	**Jungen (*n* = 22)**	**Mädchen (*n* = 25)**	**Gesamt (*N* =47)**
	Mdn	*Mdn*	*Mdn*	*Mdn*	*Mdn*
Fürsorglichkeit Eltern	3,50	4,00	3,25	4,00	3,50
Fürsorglichkeit Trainer	3,40	3,60	3,40	3,60	3,40

Diese Ergebnisse gehen nur zum Teil konform mit denen der Leistungssportstudie, in der die Mädchen sowohl den Eltern (*p* = ,045; *N* = 606) als auch dem Trainer (*p* = ,031; *N* = 606) ein höheres Maß an Fürsorglichkeit zusprechen.

8.5 *Das Pädagogische Arbeitsbündnis*

Das pädagogische Arbeitsbündnis zwischen Trainer und Athlet gilt als wichtiges Element der Trainingsarbeit. Die gemeinsamen Ziele beider Interaktionspartner stellen das Fundament des pädagogischen Arbeitsbündnisses dar. In dieser Lehr-Lern-Interaktion entstehen Pflichten auf beiden Seiten, die nicht nur auf den Leistungsfortschritt abzielen, sondern auch auf respektvolles Miteinander und Gerechtigkeit. Diese Daten wurden ausschließlich in Studie 2 erfasst, sodass die Stichprobe hier kleiner ist. Im *KiFB-TTS* wurden den Kindern Aussagesätze zu Zielen und Pflichten beider Seiten vorgelegt, die sie auf einer Skala von „stimmt nicht" (1) bis „stimmt genau" (4) werten konnten. In Tabelle 14 sind die Mittelwerte und Standardabweichungen der jeweiligen Skalen zusammengefasst und in Tabelle 15 die für die weiteren Analysen verwendeten Medianwerte nach Altersklasse und Geschlecht getrennt dargestellt.

In den folgenden Abschnitten werden die Einzelitems dazu näher betrachtet. Da sich weder die Jungen und Mädchen, noch die Altersklassen dieser Stichprobe statistisch signifikant unterscheiden (*p* > ,12) wird in der weiteren Abhandlung auf eine geschlechts- und altersspezifische Ausdifferenzierung verzichtet.

Tab. 14. *Mittelwerte und Standardabweichungen der Skalen zum Arbeitsbündnis sowie interne Konsistenz*

Skalen zum pädagogischen Arbeitsbündnis	*1 (stimmt nicht) – 4 (stimmt genau)*			*N*
Ziele aus Sicht der Kinder (3 Items)	α = ,79	*M* = 3,72	*SD* = ,34	22
Plichten auf Seiten der Kinder (4 Items)	α = ,71	*M* = 3,62	*SD* = ,42	24
Pflichten auf Seiten der Trainer – aus Kindersicht (3 Items)	α = ,59	*M* = 3,63	*SD* = ,50	24
Fachliche Kompetenz der Trainer – aus Kindersicht (2 Items)	α = ,26	M = 3,85	*SD* = ,31	24

Tab. 15. *Medianwerte der Skalen zu Zielen Pflichten der Kinder und Trainerpflichten nach Altersklasse und Geschlecht getrennt*

Skalen zum Arbeitsbündnis Sicht der Kinder	**AK 1 (*n* = 16)**	**AK2 (*n* = 7)**	**Jungen (n = 11)**	**Mädchen (*n* = 12)**	**Gesamt (*N* =23)**
	Mdn	*Mdn*	*Mdn*	*Mdn*	*Mdn*
Ziele	3,90	3,80	3,80	4,00	3,80
Plichten auf Seiten der Kinder	3,80	3,60	3,60	3,80	3,80
Pflichten auf Seiten der Trainer	3,80	4,00	3,60	4,00	4,00
Fachliche Kompetenz der Trainer	4,00	4,00	4,00	4,00	4,00

Ziele aus Kindersicht

Motivationsquellen im Hinblick auf Ziele können von unterschiedlicher Natur sein. Einerseits können Kinder in den technisch kompositorischen Sportarten gewillt sein, schwierige Elemente zu beherrschen, also Kompetenzen zu erwerben. Andererseits gilt der Wettbewerbscharakter und der Vergleich mit anderen als Ursache Ziele zu fokussieren. Im Hinblick auf die Ziele unterscheiden sich die Jungen nicht signifikant zu den Mädchen[52]. Das Balkendiagramm (Abb. *11*) zeigt eine Rechtsverteilung. Demnach hat der Großteil der Kinder dieser Stichprobe einen starken Wunsch sowohl Kompetenzen zu erwerben als auch Ziele, die weiter in der Zukunft liegen, zu erreichen.

Die Abbildung 12 zeigt die starke rechtsschiefe Verteilung der Zustimmung zu Verzicht und Aufmerksamkeit als Voraussetzung für einen gut funktionierenden Trainingsprozess. In keinem Fall wurden die Aussagen mit *„stimmt nicht"* bewertet. Fast nahezu Übereinstimmung herrscht hinsichtlich der Gehorsamkeit (*„wenn man im Turnen gut werden will, muss man auf den Trainer hören*").

52 In der Gesamtstichprobe der Evaluation der Turn-Talentschulen allerdings unterschieden sich die Jungen signifikant von den Mädchen hinsichtlich der Ziele, sie stimmen allen drei Zielfeststellungen häufiger zu als Mädchen (Richartz, 2012, S. 77).

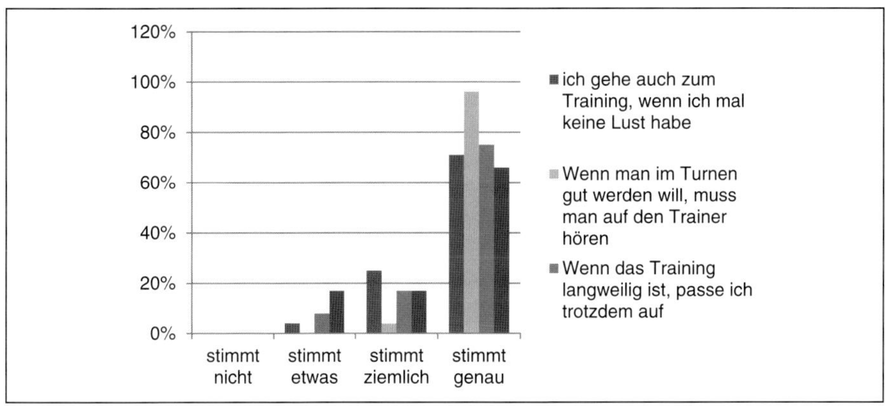

Abb. 11. Häufigkeitsverteilung der Bewertung zu ausformulierten Zielen.

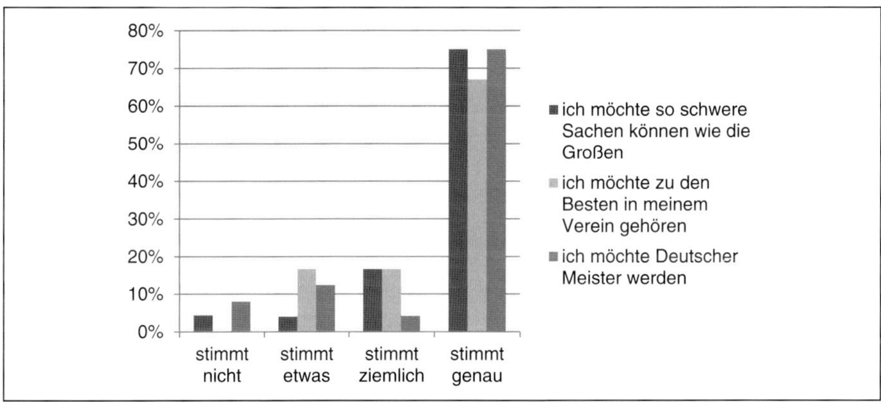

Abb. 12. Häufigkeitsverteilung der Bewertung zu ausformulierten Pflichten aus dem Arbeitsbündnis aus Kindersicht.

Pflichten aus dem Arbeitsbündnis auf Seiten der Trainer aus Kindersicht

Die Pflichten die Trainer in das Arbeitsbündnis einbringen sind aus Kindersicht mit Erwartungen verknüpft. Sie erwarten vom Trainer Kompetenzen, die zu Lern- und Leistungsfortschritten führen, genauso wie Konsequenzen einzufordern und wenn nötig auch Strenge walten zu lassen um gemeinsame Ziele zu erreichen. Durch die Anweisungsbefugnis (siehe Richartz, 2012, S. 75) ist klar, dass Trainer mit verschiedenen Mitteln agieren können. Dass dies in Fällen auch zu Machtmissbrauch führen kann, zeigen die Aussagen der Kinder, wenn dabei Grenzen überschritten werden – z. B. wenn der Trainer „zu" streng ist oder „zu" viel schimpft. Der Großteil der Kinder findet nicht, dass dies der Fall ist. Dennoch zeigt das Balkendiagramm (Abb. 13), dass es neun Fälle gibt, die dem Trainer eine überzogene Strenge zuweisen. Die

Mehrheit der Kinder attestiert ihrem Trainer, dass er gerecht ist. In keinem Fall wurde diese Ausformulierung mit „stimmt nicht“ bewertet.

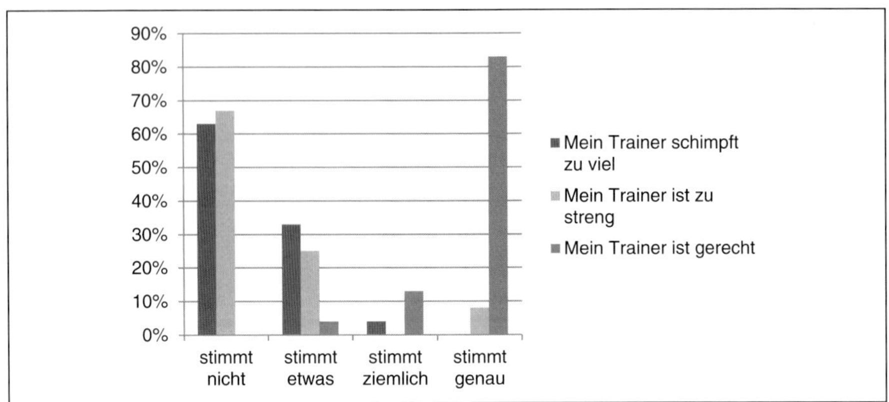

Abb. 13. Häufigkeitsverteilung der Bewertung zu Pflichten aus dem pädagogischen Arbeitsbündnis auf Seiten der Trainer aus Sicht der Kinder.

Fachliche Kompetenz der Trainer aus Sicht der Kinder

Die Bewertung der Kinder über die Fachkompetenz ihres Trainers fällt überwiegend positiv aus (Abb. 14). Lediglich ein Kind gibt „stimmt etwas“ an. Jeweils über 80% der Kinder dieser Stichprobe werten die Ausformulierungen mit „stimmt genau“.

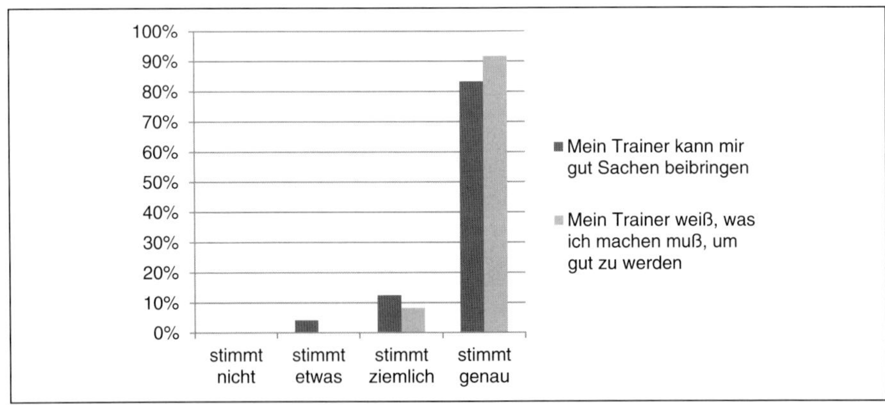

Abb. 14. Häufigkeitsverteilung der Bewertung zur Fachlichen Kompetenz des Trainers aus Sicht der Kinder.

8.6 *Bewältigungsstrategien*

Die Art und Weise, wie Kinder mit schwierigen Lernaufgaben mit hohen Anforderungen umgehen und welche Strategien sie zum Bewältigen wählen, wurde mit der neu entwickelten Szene exploriert. Dabei wurde die Identifikationsfigur aufgefordert, so lange zu üben, bis sie eine schwierige bzw. anstrengende Aufgabe erfolgreich bewältigt hat. Die anhand der Codes vergebenen Strategien werden im Folgenden dargestellt und mit präzisierenden Ankerbeispielen verdeutlicht. Tabelle 16 zeigt zunächst einen Überblick über die verschiedenen Strategien nach Altersklassen und Geschlecht getrennt.

Tab. 16. *Verteilung der Bewältigungsstrategien für die gesamte Stichprobe und nach Geschlecht und Altersklasse getrennt (N = 23) mit Prozentangabe spaltenweise*

Vorwiegende Bewältigungsstrategie	**Gesamt (*N* = 23)**		**AK 1 (*n* = 16)**		**AK2 (*n* = 7)**		**Jungen (*n* = 11)**		**Mädchen (*n* = 12)**	
offensiv - selbst	13	56,5%	8	50,0%	5	71,4%	6	54,5%	7	58,3%
offensiv - andere	5	21,7%	4	25,0%	1	14,3%	3	27,3%	2	16,7%
defensiv - selbst	4	17,4%	3	18,8%	1	14,3%	2	18,2%	2	16,7%
defensiv - andere	1	4,3%	1	6,3%	0	0%	0	0%	1	8,3%

Die Prüfung auf Unterschiede zwischen den Geschlechtern (χ^2 = 1,376, *df* = 3, *ns.*) sowie Altersgruppen (χ^2 = 1,226, *df* = 3, *ns.*) analysiert mit dem Exakten Test nach Fisher zeigt keine signifikanten Unterschiede.

(1) Offensive und vom Kind selbst initiierte Bewältigungsstrategie

Diese Strategie ist hauptsächlich dadurch gekennzeichnet, dass der Code *Erfolg gegen Widerstand* vergeben wurde. Die Kinder zeigen im Spiel, die Anstrengung der Identifikationsfigur und nehmen somit das Thema an. Sie spielen Episoden, in denen klar zum Ausdruck kommt, dass es einen Widerstand gibt, den sie versuchen zu überwinden. Dabei zeigen sie sich erfolgszuversichtlich („ich glaub, ich schaff das!") und/oder sprechen sich selbst positiv zu („jetzt schaff ich's, jetzt schaff ich's!"). Der Code *Selbst ermutigen* wurde vier Mal vergeben, davon drei Mal an sicher gebundene Kinder und einmal an ein unsicher-vermeidendes Kind. Als weiteres Indiz einer selbstaktivierten Bewältigungsstrategie zählt eine offene Haltung, seine Gefühle zu äußern. Der Code *Offenheit für Gefühlsausdruck* wurde insgesamt zwölf Mal vergeben und davon in neun Fällen für sicher gebundene Kinder, im Gegensatz zu zwei Vergaben für unsicher-vermeidende Kinder. Dies geht theoriekonform mit der Minimierungsstrategie, die mit einem vermeidenden Muster zusammenhängt. Dies deutet darauf hin, dass offener Gefühlsausdruck durch feinfühlige Bindungsfiguren gespiegelt wird und der Intentionsaspekt von Emotionen erfolgreich erreicht wird. Der Code *Ablenkung abschirmen* wurde keinmal vergeben.

(2) Offensive, durch und mit anderen initiierte Bewältigungsstrategie

Sämtliche Episoden, in denen die Einforderung sozialer Unterstützung gespielt wurde, konnten den folgenden drei Codes zugeordnet werden: *Hilfe durch Nähe,*

Hilfe durch Information und *Hilfe durch emotionale Unterstützung*. Da in dieser Geschichte als zusätzliche Figur nur die Trainingskameradin/der Trainingskamerad mitspielt, werden diese zum ersten Ansprechpartner in diesem Setting. In 20 von 23 Narrationen involvieren die Kinder die Figur, aber nur in neun Geschichten spielen die Kinder konkrete Unterstützungs-aktionen, wie z. B.: „*Soll ich dir helfen und daneben stehen damit du nicht so viel Angst hast?*" Für die Gruppe der unsicher-ambivalent gebundenen Kinder wurden alle drei Codes geratet, wohingegen für die A- und D- Gruppe jeweils nur einmal Hilfe durch Information vergeben wurde. Der Code Hilfe durch Nähe wurde nur an die C-Gruppe vergeben. Drei Kinder aus der Gruppe der sicher gebundenen spielten Episoden, in denen die Identifikationsfigur Hilfe durch Information oder emotionale Unterstützung vom Trainingskameraden bekam.

(3) Defensive und von selbst initiierte Bewältigungsstrategie

Diese Strategie beruht hauptsächlich auf der *Verleugnung der Schwierigkeit*. Diese Vermeidungsstrategie zeigen Kinder aus allen Bindungsgruppen. Die Kinder schaffen die schwierige Übung auf Anhieb und zeigen keine Hinweise auf Anstrengung. Dennoch wurde diese Strategie nur zugordnet, wenn mindestens noch ein weiterer Code aus der Kategorie *defensive und von selbst initiierte Bewältigungsstrategie* mit vergeben wurde. Die Minimierungsstrategie wird den unsicher-vermeidend gebundenen Kindern zugeschreiben. Demnach gingen die Vorannahmen in die Richtung, diese Kinder verleugnen die Schwierigkeit der gestellten Aufgabe häufiger als die Kinder der B- und C-Gruppe. Die Codierungen bestätigen dies nicht. Der Code *Verleugnung der Schwierigkeit* wurde insgesamt fünf Mal vergeben. Den *sozialen Vergleich* als Strategie, von der eigenen Beharrlichkeit abzulenken und den Vergleich in den Mittelpunkt zu stellen, wurde in Episoden bei allen drei Gruppen mit organisiertem Bindungsmuster geratet. Lediglich drei Kinder bleiben erfolglos bei der schwierigen Übung. Davon gehören jeweils zwei Kinder der A- und D-Gruppe an und ein Kind der B-Gruppe. Interessant ist dabei, dass dieses Kind der B-Gruppe die Aufgabe von vornherein verweigert und dieser Code insgesamt auch nur dieses eine Mal vergeben wurde. Diese junge Sportlerin argumentiert: „*Ich lass es lieber sein, weil ich glaube, wenn ich müde bin, rutsch ich ab und dann tu' ich mir vielleicht noch weh...ja...Ende!*" Auf die anschließende Frage, wie es Susanne gehe, beschreibt die Sportlerin weiter: „*Gut – dass sie diesmal ähm nicht so... dass sie sich diesmal nicht verletzt hat, dass sie gleich aufgehört hat...ja.*" Die letzte Frage, ob sie meine, dass Susanne es noch „schafft" bejaht die Sportlerin. Diese Episode kann zum einen als Vermeidungsstrategie verstanden werden, bedenkt man, dass die Aufgabe verweigert wird. Zum anderen kann auch ein Schutzmechanismus aktiviert sein, schließlich ist Susanne diese schwierige Übung schon dreimal nicht erfolgreich angegangen. Schulz und Jansen (2007) betonen, dass auch eine defensive Bewältigungsstrategie, geschieht sie planvoll, durchaus günstig sein kann. „Es hängt hauptsächlich von der Kontrollierbarkeit der Stressquelle ab, ob eher offensives oder defensives Coping sinnvoll ist" (Schulz & Jansen, 2007, S. 51) – bspw. wenn der Körper Müdigkeit signalisiert. Ein solcher Schutzmechanismus ist für Kinder im Leistungssport wichtig, um ein Übertraining zu vermeiden und nicht in einen Übermüdungszustand zu geraten, der in Abgrenzung vom Burnout-Syndrom als *Staleness* gekennzeichnet ist (Oerter, 1998, S. 70). Dieses Phänomen beschreibt einen Zustand der „Verbrauchtheit", der dann eintreten kann, „[...] wenn rigoros trainiert wird, ohne dass genügend Ruhepausen eingeschoben werden" (ebd., S. 70). Die Folgen dieser zunächst physiologischen Ermüdung können negative Emotionslagen wie Depression, Wut und Müdigkeit sein. Der Code *Hoffnungslos* wurde keinmal vergeben.

(4) Defensive und durch andere initiierte Bewältigungsstrategie

Nur ein Kind (vermeidend) spielte eine Episode, in der *Andere als Störfaktoren* dargestellt wurden. In dieser Episode fällt die Identifikationsfigur während des Übens vom Balken, weil sie von der Trainingskameradin erschreckt wurde. Bei einem Kind (sicher) enthielt die Narration seltsamen und bizarren Inhalt. Das Kind spielte einen abrupten Wechsel, indem die Identifikationsfigur die Trainingskameradin plötzlich als Trainerin ansprach woraufhin die Trainingskameradin mit typischen autoritären Phrasen der Identifikationsfigur die Hilfe verweigert (überschwänglich fragend betont: „*Ich? – Ich, dich bei 'ner Drehung halten? Nie im Leben, das machst du sofort allein, ich guck es mir jetzt an!*"). Da der Konflikt am Ende der Geschichte gelöst ist und das Kind in der gesamten Geschichte mehr selbstinitiierte und offensive Episoden spielt, wurde sie dieser Kategorie nicht zugeordnet.

8.7 *Statistische Hypothesen und Datenanalyse*

Die in Kapitel 6 aufgestellten Hypothesen konnten für die Übereinstimmung von Bindungsrepräsentation zu Eltern und Beziehungsrepräsentation zum Trainer sowie den Bindungssicherheitswerten (H1, H2) und für die Korrelation von Bindungssicherheitswerten (Eltern/Trainer) und sozialer Unterstützung (Fürsorglichkeit Eltern/Trainer) (H5, H6) für 41 Fälle geprüft werden. Für die Prüfung der Bindungsgruppenunterschiede zu Selbstkonzeptfacetten (H3, H4) wurden die D-Klassifizierungen mangels Fallzahlen ausgeschlossen. Da bei den Bindungsmaßen zum Trainer (Beziehungsrepräsentation und Bindungssicherheitswert) Geschlechtseffekte auftraten, wurden die Berechnungen für H2 und H6 für Jungen und Mädchen getrennt durchgeführt. Die Skalen zum Arbeitsbündnis und der neu entwickelte Geschichtenstamm (schwierige Lernaufgabe im Training) wurden nur im Sample *TTS* eingesetzt. Somit wurde H7 und H8 für 23 Fälle geprüft wobei die unsicheren Klassifikationen zusammengefasst wurden.

8.7.1 *Hypothesenprüfung zur Übereinstimmung der Bindungs- und Beziehungsrepräsentation*

In Hypothese 1 wurde angenommen, dass die Bindungsrepräsentation (B, A, C, D) zu Eltern mit der Beziehungsrepräsentation zum Trainer (B_{Tr}, A_{Tr}, C_{Tr}, D_{Tr}) assoziiert ist.

Tab. 17. *Verteilung Bindungstyp: GEV-B x GEV-B-Sp (N = 41) mit zeilenweiser Prozentangabe*

Bindungstyp GEV-B	***Bindungstyp GEV-B-Sp***				
	A – vermeidend	B – sicher	C – ambivalent	D – desorganisiert	Gesamt
A - vermeidend	15 (83%)	2 (11%)	1 (6%)	-	18
B - sicher	1 (7%)	14 (93%)	-	-	15
C - ambivalent	-	-	6 (100%)	-	6
D - desorganisiert	-	-	-	2 (100%)	2
Gesamt	16	16	7	2	41

Stellt man nun die Ergebnisse der *Geschichtenergänzungsverfahren* gegenüber (Tab. 17) zeigt die Verteilung der Elternbindung (GEV-B) und Trainerbeziehung (GEV-B-Sp) eine hohe Übereinstimmung. Wie die Kreuztabelle zeigt, stimmen in 37 der 41 Fälle die Klassifikationen überein. Ein Kind, das gegenüber den Eltern ein vermeidendes Bindungsmuster zeigte, erwies sich dem Trainer gegenüber als ambivalent. Einen erfreulichen Befund zeigen zwei Kinder mit vermeidender Elternbindung, für die eine sichere Klassifikation in der Trainerbeziehung bestimmt wurde. Ein Kind, das den Eltern gegenüber eine sichere Bindungsrepräsentation zeigte, hatte dem Trainer gegenüber eine vermeidende Beziehungsrepräsentation.

In Hypothese 1 wurde angenommen, dass die Bindungsrepräsentation zu Eltern mit der Beziehungsrepräsentation zum Trainer überzufällig assoziiert. Die Übereinstimmung der Repräsentationen betrug 93,8% und erweist sich als signifikant ($\chi^2 = 59{,}16$, $df = 9$, $V = {,}926$, $p < {,}0001$). Demnach wird Hypothese 1 angenommen.

8.7.2 *Hypothesenprüfung zur Korrelation der Bindungssicherheitswerte*

In Hypothese 2 wurde angenommen, dass der Bindungssicherheitswert zu Eltern (BSW) mit dem Bindungssicherheitswert des Trainers (BSW_{Tr}) korreliert.

Bei der Gegenüberstellung der Verteilung der Bindungssicherheitswerte (Tab. *18*) zeigt sich eine Übereinstimmung in 31 von 41 Fällen mit 75,6%.

Tab. 18. *Verteilung der Bindungssicherheitswerte: BSW x BSWTr (N = 41) mit zeilenweiser Prozentangabe*

Bindungssicherheitswert BSW	***Bindungssicherheitswert BSW_{Tr}***				
	sehr sicher (1)	unsicher (2)	sicher (3)	sehr sicher (4)	Gesamt
sehr unsicher (1)	3 (100%)				3
unsicher (2)	3 (13%)	18 (78%)	2 (9%)		23
sicher (3)			3 (75%)	1 (25%)	4
sehr sicher (4)		1 (9%)	3 (27%)	7 (64%)	11
Gesamt	6	19	8	8	41

Mit Hypothese 2 wurde angenommen, dass der Score der Bindungssicherheit zu den Eltern mit dem Score der Bindungssicherheit zum Trainer korreliert. Auch hier ist die Korrelation eindeutig. Die Spearman-Rangkorrelation betrug $r_s = ,849$ ($p < ,001$), der Zusammenhang ist hoch signifikant. Die Bindungssicherheit zu den Eltern steht in engem Zusammenhang mit der Bindungssicherheit zum Trainer. Hypothese 2 wird demnach angenommen.

8.7.3 *Hypothesenprüfung zu Selbstkonzeptfacetten und Selbstwertgefühl in Abhängigkeit der Bindungsrepräsentation zu Eltern*

In Hypothese 3 wurde angenommen, dass sich die jeweiligen Bindungsgruppen hinsichtlich ihrer Selbstkonzeptfacetten (soziales Selbstkonzept in der Schulklasse, schulisches Fähigkeitsselbstkonzept und globales Selbstwertgefühl) unterscheiden. Tabelle 19 zeigt die Medianwerte der jeweiligen Skalen in Abhängigkeit zur Bindungsrepräsentation zu Eltern.

Tab. 19. *Häufigkeitsverteilung und Median der Skalen zum sozialen Selbstkonzept in der Schulklasse, Schulischem Fähigkeitsselbstkonzept und zum Selbstwertgefühl in Abhängigkeit zur jeweiligen Bindungsrepräsentation zu Eltern*

Eltern-Bindung		***Soz. SK Schule***	***Schul. Fähigkeits-SK***	***Selbstwertgefühl***
	n	*Mdn*	*Mdn*	*Mdn*
sicher (B)	15	4,00	4,00	4,00
unsicher-vermeidend (A)	23	3,50	3,33	3,67
unsicher-ambivalent (C)	7	3,50	3,33	3,00
desorganisiert (D)	2	3,00	3,50	3,67
sicher gesamt	15	4,00	4,00	4,00
unsicher gesamt	32	3,50	3,33	3,33

Da die Zellbesetzung der D-Gruppe zu klein ist, werden diese Fälle aus den Analysen ausgeschlossen. Die Prüfung mit dem H-Test nach Kruskal-Wallis für drei unabhängige Stichproben (B, A, C) verweist für das schulische Fähigkeitsselbstkonzept ($H(2) = 6,376$, $p < ,041$), und für das Selbstwertgefühl ($H(2) = 6,67$, $p < ,036$) auf signifikante Unterschiede zwischen den Gruppen, wofür post-hoc der U-Test von Mann-Whitney eingesetzt wird. Gruppenunterschiede hinsichtlich des sozialen Selbstkonzepts in der Schulklasse sind nicht signifikant ($H(2) = 1,21$, *ns*).
Wie unterschieden sich die Kinder in Abhängigkeit ihrer Bindungsrepräsentation zu Eltern im schulischen Fähigkeitsselbstkonzept? Zur Überprüfung der Unterschiede der jeweiligen Gruppen (B - A, B - C, A - C) wurde der U-Test von Mann-Whitney herangezogen. Dabei unterscheidet sich die B-Gruppe ($Mdn = 4,0$) signifikant von der A-Gruppe ($Mdn = 3,3$) ($U = 100,00$, $Z = -2,220$, $p < ,030$) und signifikant von der C-Gruppe ($Mdn = 3,3$) ($U = 23,50$, $Z = -2,116$, $p < ,039$). Die Gruppe A und C unterschieden sich nicht signifikant voneinander ($U = 74,50$, $Z = -0,30$, *ns*). Demnach schätzen die sicher gebundenen Kinder dieser Studie ihr schulisches Selbstkonzept höher ein als die beiden unsicher-Gebundenen.

In Hypothese 3 wurde zudem angenommen, dass sicher gebundene Kinder ein signifikant höheres Selbstwertgefühl haben als unsicher-Gebundene. Dies wird für die Bindungsrepräsentation zu den Eltern analysiert, die sich über eine längere Zeitspanne im Lebenslauf der Kinder entwickelt und manifestiert hat. Auffällig dabei ist, dass die beiden D-Kinder die höchsten Werte aufweisen. Ein Befund, der aufgrund der geringen Fallzahl nicht interpretierbar ist und von der nachfolgenden Analyse ausgeschlossen wird. Der H-Test verwies auf signifikante Gruppenunterschiede hinsichtlich des Selbstwertgefühls. Die weiteren Analysen mit dem Mann-Whitney U-Test ergeben, dass sich die B-Gruppe ($Mdn = 4{,}0$) signifikant ($U = 19{,}00$, $Z = -2{,}469$, $p = {,}017$) und die A-Gruppe ($Mdn = 3{,}6$) signifikant ($U = 40{,}00$, $Z = -2{,}038$, $p = {,}048$) von der C-Gruppe ($Mdn = 3{,}0$) hinsichtlich ihres Selbstwertgefühls unterscheiden. Zwischen der B- und A-Gruppe sind die Unterschiede nicht signifikant ($U = 143{,}00$, $Z = -0{,}945$, *ns*).
Hypothese 3 kann anhand der Ergebnisse nur teilweise angenommen werden. Kinder mit einer sicheren Bindungsrepräsentation zu Eltern haben ein signifikant höheres schulisches Fähigkeitsselbstkonzept als die beiden unsicher-organisierten Bindungstypen.
Das globale Selbstwertgefühl bewerten die sicher-gebundenen Kinder und die unsicher-vermeidend Gebundenen signifikant höher als unsicher-ambivalent-gebundenen Kinder.

8.7.4 *Hypothesenprüfung zu sportspezifischen Selbstkonzeptfacetten und Beziehungsrepräsentation Trainer*

In Hypothese 4 wurde angenommen, dass das soziale Selbstkonzept in der Trainingsgruppe, das sportliche Fähigkeitsselbstkonzept sowie das Körperkonzept bei Kindern mit sicheren Beziehungsrepräsentationen zum Trainer signifikant höher sind als bei Kindern mit unsicheren Beziehungsrepräsentationen zum Trainer. Tabelle 20 zeigt die Medianwerte der jeweiligen Skalen in Abhängigkeit zum Beziehungsstatus zum Trainer.

Tab. 20. *Häufigkeitsverteilung und Median der Skalen zum sozialen Selbstkonzept in der Trainingsgruppe (TG), Sportlichen Fähigkeitsselbstkonzept und zum Körperkonzept in Abhängigkeit zur jeweiligen Beziehungsrepräsentation zum Trainer*

Trainer-Bindung		***Soz. Selbstkonzept in TG***	***Sportliches Fähigkeitsselbstkonzept***	***Körperkonzept***
		Mdn	*Mdn*	*Mdn*
sicher (B_{Tr})	$n = 16$	4,00	3,67	3,67
unsicher-vermeidend (A_{Tr})	$n = 16$	3,75	3,50	3,50
unsicher-ambivalent (C_{Tr})	$n = 7$	2,75	3,00	3,33
desorganisiert (D_{Tr})	$n = 2$	3,00	3,83	3,17
sicher gesamt	$n = 16$	4,00	3,67	3,67
unsicher gesamt	$n = 25$	3,50	3,33	3,33

Prüft man auf Unterschiede hinsichtlich der Trainerbeziehungsrepräsentation und den jeweiligen Selbstkonzeptfacetten (Kruskal-Wallis für B_{Tr}, A_{Tr}, C_{Tr}), so zeigen sich

signifikante Unterschiede hinsichtlich Beziehungsrepräsentation zu Trainer und sozialem Selbstkonzept in der Trainingsgruppe ($H(2) = 6,05$, $p < ,049$), nicht aber im Hinblick auf das sportliche Fähigkeitsselbstkonzept ($H(2) = 3,42$, *ns*) und das Körperkonzept ($H(2) = 1,09$, *ns*).
Wie unterschieden sich die Gruppen (B_{Tr} - A_{Tr}, B_{Tr} - C_{Tr}, A_{Tr} - C_{Tr}) hinsichtlich des sozialen Selbstkonzepts in der Trainingsgruppe voneinander? Die Gruppe der ambivalent-gebundenen Kinder (*Mdn* = 2,7) unterschiedet sich signifikant sowohl von der sicher-gebundenen Gruppe (*Mdn* = 4,0) ($U = 20,00$, $Z = -2,263$, $p = ,04$) als auch mit einem Trend von der A-Gruppe (*Mdn* = 3,7)($U = 22,00$, $Z = -2,004$, $p = ,059$). Die Kinder mit unsicher-ambivalenter Beziehungsrepräsentation zum Trainer haben ein geringes soziales Selbstkonzept in der Trainingsgruppe. Die B- und A-Gruppe unterscheidet sich nicht signifikant voneinander ($U = 108,50$, $Z = -,833$, *ns*).
Hypothese 4 kann demnach für das soziale Selbstkonzept und nur für den Unterschied zwischen der B- und C-Gruppe angenommen werden. Zum Trainer sicher gebundene Kinder haben ein signifikant höheres soziales Selbstkonzept in der Trainingsgruppe als unsicher-ambivalent gebundene Kinder.

8.7.5 *Hypothesenprüfung zur Bindungssicherheit und wahrgenommener Fürsorglichkeit* – Eltern

In Hypothese 5 wurde angenommen, dass die Höhe der Fürsorglichkeitswerte zu Eltern positiv mit der Höhe des Bindungssicherheitswertes zusammenhängen.

Tab. 21. *Medianwerte der Fürsorglichkeit Eltern in Abhängigkeit des Bindungssicherheit Score (N = 41)*

Bindungssicherheitswert (BSW)	***Fürsorglichkeit Eltern***			
	Jungen (*N* = 22)		Mädchen (*N* = 25)	
	n	*Mdn*	*n*	*Mdn*
sehr unsicher (1)	2	4,00	1	3,50
unsicher (2)	14	3,13	13	3,75
sicher (3)	5	3,25	1	4,00
sehr sicher (4)	1	3,00	10	4,00
gesamt unsicher (1 und2)	16	3,38	14	3,75
gesamt sicher (3 und 4)	6	3,13	11	4,00

Da hinsichtlich der Bindungssicherheitswerte ein Trend zu Geschlechtseffekten auftrat, werden die Analysen für Jungen und Mädchen separat berechnet. Diese Hypothese konnte für $n = 25$ Mädchen und $n = 22$ Jungen überprüft werden. Die Medianwerte der Fürsorglichkeitsskala sind nach Geschlecht getrennt und in Abhängigkeit vom Bindungssicherheitswert Tabelle 21 zu entnehmen.
Die Spearman-Rangkorrelationen zwischen dem Bindungssicherheitswert und der Fürsorglichkeit der Eltern zeigte weder für die Jungen ($r_s = -0,173$, $p = ,44$) noch für die Mädchen ($r_s = 0,220$, $p = ,29$) signifikante Zusammenhänge. Der Bindungssicherheitswert korreliert demnach nicht mit der Wahrnehmung fürsorglichen Verhaltens der Eltern. Damit wird die Hypothese 5 abgelehnt.

8.7.6 *Hypothesenprüfung zur Bindungssicherheit und wahrgenommener Fürsorglichkeit – Trainer*

Ein hoher Bindungssicherheitswert zum Trainer gibt an, wie das Arbeitsmodell des Kindes im Hinblick auf bindungsrelevante belastende Situationen organisiert ist. In Hypothese 6 wurde angenommen, dass ein hoher Bindungssicherheitswert zum Trainer positiv mit der Wahrnehmung fürsorglichen Verhaltes des Trainers korreliert. Diese Hypothese konnte für n = 19 Jungen und n = 22 Mädchen überprüft werden.

Tab. 22. *Medianwerte der Skala zur Einschätzung der Fürsorglichkeit des Trainers in Abhängigkeit zum Bindungssicherheit Score (N = 41)*

Bindungssicherheitswert (BSW_{Tr})	***Fürsorglichkeit Trainer***			
	Jungen (N = 19)		Mädchen (N = 22)	
	n	*Mdn*	*n*	*Mdn*
sehr unsicher (1)	3	3,40	3	3,40
unsicher (2)	12	3,20	8	4,00
sicher (3)	4	4,00	3	3,60
sehr sicher (4)	-	-	8	3,70
gesamt unsicher (1 und 2)	15	3,20	11	3,80
gesamt sicher (3 und 4)	4	4,00	11	3,60

Da sich Jungen und Mädchen hinsichtlich der Bindungssicherheitswerte signifikant voneinander unterscheiden, sind die Medianwerte nach Geschlecht getrennt in Abhängigkeit vom Bindungssicherheitswert in Tabelle 22 dargestellt.
Die Spearman-Rangkorrelation zwischen dem Bindungssicherheitswert (BSW_{Tr}) und der Fürsorglichkeit des Trainers zeigt weder bei den Jungen (r_s = ,373, p = ,11) noch bei den Mädchen (r_s = -,099, p = ,66) signifikante Zusammenhänge. Demnach wird Hypothese 6 abgelehnt.

8.7.7 *Hypothesenprüfung zum Arbeitsbündnis und Beziehungsrepräsentation zum Trainer*

In Hypothese 7 wurde angenommen, dass die Bewertung der Skalen zum Arbeitsbündnis bei Kindern, die eine sichere Beziehungsrepräsentation zum Trainer haben, höher ausfällt als bei denen mit einer unsicheren Beziehungsrepräsentation. Für die Hypothesenprüfung wurden aufgrund der kleinen Fallzahl die unsicheren Bindungsmuster zusammengefasst. In Tabelle 23 zeigt ein Überblick die Medianwerte in Abhängigkeit der Beziehungsrepräsentation zum Trainer.
Wie schon in der deskriptiven Darstellung dargestellt wurde, zeigen die Mittelwerte der Skalen zu Zielen und gegenseitigen Verpflichtungen die höchsten Zustimmungsraten und erklären die noch höher liegenden Medianwerte. Da die Skala Fachliche Kompetenz des Trainers nicht intern konsistent ist, wird sie aus den weiteren Analysen ausgeschlossen und lediglich die Einzelitem-Auswertung beachtet. Die Prüfung auf Unterschiede der Zweifachkategorisierung (sicher vs. unsicher) verweist lediglich bei den eigenen Verpflichtungen einen Trend auf (U = 34,50, Z = -1,962, p = ,057).

Demnach sind die Kinder mit sicherer Beziehungsrepräsentation bereitwilliger, Konzentrationsschwächen zu überwinden und Anstrengungsbereitschaft zu zeigen.

Tab. 23. *Häufigkeitsverteilung und Median der Skalen zu Zielen, Pflichteten der Kinder, Pflichten des Trainers und fachlicher Kompetenz des Trainers in Abhängigkeit zum jeweiligen Beziehungsrepräsentation zum Trainer*

Beziehungs-repräsentation$_{Tr}$	**Anzahl**	**Ziele**	**Plichten der Kinder**	**Pflichten des Trainers**	**Fachliche Kompetenz des Trainers**
		Mdn	*Mdn*	*Mdn*	*Mdn*
sicher (B_{Tr})	*n* = 13	4,00	4,00	4,00	4,00
unsicher-vermeidend (A_{Tr})	*n* = 6	3,90	3,80	4,00	4,00
unsicher-ambivalent (C_{Tr})	*n* = 2	3,60	3,50	3,60	3,50
desorganisiert (D_{Tr})	*n* = 2	3,40	3,60	2,83	3,75
sicher gesamt	*n* = 13	4,00	4,00	4,00	4,00
unsicher gesamt	*n* = 10	3,80	3,70	3,83	4,00

Die sicher Gebundenen geben an, mehr ins Training zu investieren (*Mdn* = 4,0) als die unsicher-Gebundenen (*Mdn* = 3,7). Inwieweit dies tatsächlich der Fall ist, kann durch die Daten nicht belegt werden. Vielmehr geht es um die Einstellung der Kinder, welche Relevanz sie den jeweiligen Ausformulierungen zustimmen. Im Hinblick auf Ziele und Erwartungen an den Trainer unterscheidet sich die Sicht der Kinder mit sicherem Bindungsmuster nicht von denen mit unsicherem Bindungsmuster einschließlich Desorganisation. Demnach wird Hypothese 7 lediglich mit einem Trend für eigene Verpflichtungen und Investitionen ins Training angenommen.

8.7.8 *Hypothesenprüfung zu Bewältigungsstrategien und Beziehungsrepräsentation zum* Trainer

Wie bereits im Auswertungsabschnitt erläutert (vgl. Kap. 7.6.2), lassen sich die insgesamt 17 verschiedenen Codes einer 2 x 2-Felder-Tafel zuordnen, deren Kategorien *selbstaktivierte* und *durch andere aktivierte* sowie *offensive* und *defensive* Bewältigungsstrategien definieren.

Bei der Analyse der vergebenen Codes hinsichtlich der Indizien für offensive und defensive Bewältigungsstrategien wurde in 23 Fällen eine vorwiegende Strategie vergeben (Tab. 24). In Abbildung 15 sind die verschiedenen Strategien den jeweiligen Beziehungsrepräsentationen zugeordnet.

Die für Hypothese 8 relevante Häufigkeitsverteilung hinsichtlich sicher vs. unsicher und offensiv-selbstinitiiert vs. alle anderen Strategien ist Tabelle 25 zu entnehmen.

In Abbildung 15 fällt auf, dass die Kinder der A-Gruppe (*n* = 6) in allen Kategorien vertreten sind und in der Kategorie *defensiv/andere* ausschließlich. Den sicher gebundenen Kindern (*n* = 13) dieser Stichprobe wurde häufiger die offensive selbstinitiierte Strategie zugeordnet. Die zwei unsicher-ambivalent gebundenen Kinder zeigten ausschließlich offensive Strategien im szenischen Spiel. Ein Kind, das eine Desorganisation aufweist, wurde mit offensiv/andere geratet und das andere Kind dieser Gruppe der defensiven selbstinitiierten Strategie.

Tab. 24. *Häufigkeitsverteilung der Bewältigungsstrategien in Abhängigkeit der Beziehungsrepräsentation zum Trainer und nach Geschlecht getrennt*

Bewältigungsstrategie	***Beziehungsrepräsentation Trainer***								
	B_{Tr} (n = 13)		A_{Tr} (n = 6)		C_{Tr} (n = 2)		D_{Tr} (n = 2)		Gesamt
	m	w	m	w	m	w	m	w	
offensiv - selbst	4	6	1	1	1	0	0	0	13
offensiv - andere	0	1	2	0	0	1	1	0	5
defensiv - selbst	1	1	0	1	0	0	1	0	4
defensiv - andere	0	0	0	1	0	0	0	0	1
Gesamt	5	8	3	3	1	1	2	0	23

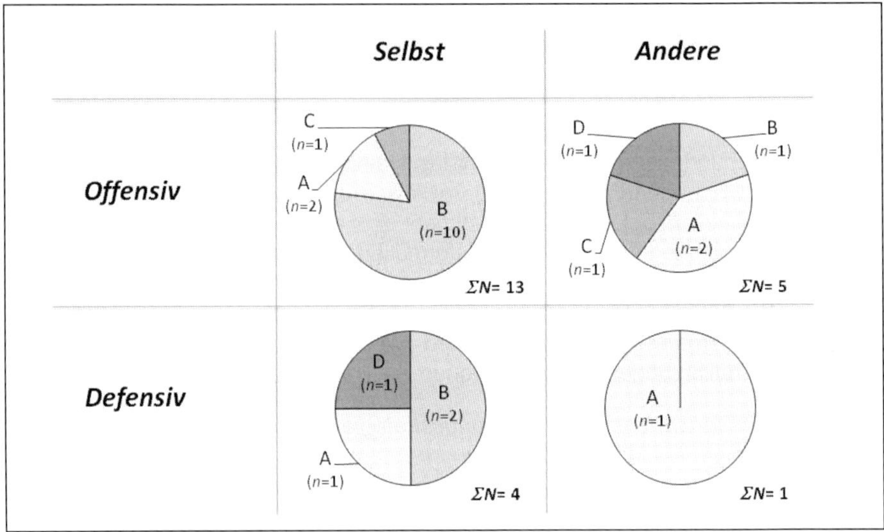

Abb. 15. Häufigkeitsverteilung der Bewältigungsstrategien in Abhängigkeit zur Beziehungsrepräsentation Trainer (N = 23).

In Hypothese 8 wurde angenommen, dass Kinder mit sicherer Beziehungsrepräsentation zum Trainer signifikant häufiger offensive und selbstgesteuerte Bewältigungsstrategien zeigen als Kinder mit unsicherer Beziehungsrepräsentation zum Trainer. Mittels χ^2-Test wurde überprüft, ob zwischen sicher- und unsicher-gebundenen Kindern Unterschiede in der Verteilung der Bewältigungsstrategien bestehen. Dafür wurde eine offensive und selbstinitiierte Bewältigungsstrategie zu allen anderen abgegrenzt. Da die erwartete Zellhäufigkeit < 5 ist, wird der Fisher Exakt-Test herangezogen. Die sicher gebundenen Kinder unterscheiden sich von den unsicher-Gebundenen und wählen häufiger offensive Strategien, die sie internal steuern (Exakter Test nach Fisher: χ^2 = 5,064, df = 1, p = ,04). Hypothese 8 wird demnach angenommen.

Tab. 25. *Häufigkeitsverteilung der Bewältigungsstrategien in Abhängigkeit zur Beziehungsrepräsentation Trainer (N = 21)*

Beziehungs-repräsentation Trainer	***Bewältigungsstrategie***		
	offensiv, selbstinitiiert	**nicht offensiv, nichtselbstinitiiert**	**Gesamt**
sicher	10	3	13
unsicher	3	7	10
Gesamt	13	10	23

8.8 *Zusammenfassung der Ergebnisse*

Ziel dieser Arbeit war zum einen die Untersuchung von Zusammenhängen zwischen Bindungsrepräsentation zu Eltern und Beziehungsrepräsentation zum Trainer und zum anderen von Zusammenhängen zu Selbstkonzeptfacetten, sozialer Unterstützung und wahrgenommenem Arbeitsbündnis. Zum andern galt die Exploration von Bewältigungs-strategien bei einer schwierigen Lernaufgabe im Training in Abhängigkeit zur Beziehungs-repräsentation zum Trainer als weiteres Ziel.

Die erfassten Bindungsrepräsentationen zu Eltern weichen von der Verteilung der Metaanalyse ab (Gloger-Tippelt, 2012). Den größten Teil machen die unsicher-vermeidend klassifizierten Kinder mit 48,9% aus, gefolgt von 31,9% der Kinder mit sicherer Bindungsrepräsentation und 14,9% mit unsicher-ambivalenter Bindungsrepräsentation. Zwei Kinder (4,3%) verfolgten keine Strategie oder sie brach zusammen und wurden als desorganisierte Bindung klassifiziert. Dabei gibt es einen Unterschied zwischen Jungen und Mädchen. Den Mädchen konnte häufiger ein sicheres Bindungsmuster attestiert werden als den Jungen, die statistische Signifikanz wird dennoch knapp verfehlt und zeigt lediglich einen Trend auf. Es ließen sich keine Altersunterschiede feststellen. Der Bindungssicherheitswert unsicher (2) wurde mit 57,4% am Häufigsten vergeben. Dennoch erhielten immerhin 23,4% den *sehr sichereren* Wert (4). Der augenscheinliche Geschlechtsunterschied bei der Verteilung der Bindungssicherheitswerte zu Eltern verfehlt die Signifikanz-Grenze knapp, Altersunterschiede bestehen nicht.

Die Beziehungsrepräsentationen zum Trainer wurden für 41 Fälle erfasst und zeigen ein leicht verändertes Bild der Verteilung, was auf den Wegfall von sechs Fällen mit überwiegend unsicher-vermeidendem Bindungsmuster zu Eltern zurückgeführt werden kann. Die sichere Bindungsrepräsentation und die unsicher-vermeidende Bindungsrepräsentation halten sich mit jeweils 39% die Waage. Bei den Jungen überwiegt die unsicher-vermeidende Beziehungsorganisation (52,6%) wohingegen bei den Mädchen häufiger ein sicheres Beziehungsmuster (45,4%) klassifiziert wurde. Hinsichtlich der Bindungssicherheit zum Trainer überwiegt auch hier wieder der unischere Wert (2) mit 48,8%. Hierbei traten Geschlechtsunterschiede auf, die sowohl für die Beziehungsrepräsentation zum Trainer als auch für den Bindungssicherheitswert zum Trainer zugunsten der Mädchen ausfielen. Es gab keine Alterseffekte.

Sowohl für den Vergleich der Bindungs- und Beziehungsrepräsentation als auch der Bindungssicherheitswerte zu Eltern und Trainer konnten signifikante Zusammenhänge gefunden werden. Die Übereinstimmung zwischen der Bindungsrepräsentation zu Eltern und der Beziehungsrepräsentation zum Trainer lag bei 90% bei Unterscheidung in die vier Bindungsklassifikationen (B, A, C, D bzw. B_{Tr}, A_{Tr}, C_{Tr}, D_{Tr}) (H1). Es konnte weiterhin ein signifikanter Zusammenhang zwischen der Ausprägung der Bindungssicherheit zu Eltern und zum Trainer gefunden werden (Score 0-4). Die Übereinstimmung lag bei 75,6% (H2). Hypothese 1 und Hypothese 2 wurden bestätigt.
Die Skalenmittelwerte der Fragebogendaten zu sozialer Unterstützung (Fürsorglichkeit der Eltern und des Trainers) und den Selbstkonzeptfacetten (Soziales Selbstkonzept Schule/Training, Fähigkeitsselbstkonzept (Schule/Sport), Körperkonzept und Selbstwertgefühl) befinden sich alle im oberen Viertel der Skalenwerte und gehen in die gleiche Richtung wie die Befunde aus der Kinderleistungssportstudie (Richartz et al., 2009).
Die Hypothesen in denen ein Zusammenhang zwischen Bindungsmuster und Selbstkonzeptfacetten sowie Selbstwertgefühl bestehe (H3 und H4) konnten nur teilweise bestätigt werden. Die bindungs- und beziehungsspezifischen Gruppenvergleiche (B, A, C bzw. B_{Tr}, A_{Tr}, C_{Tr}) zeigten nur für das schulische Fähigkeitsselbstkonzept, das Selbstwertgefühl und das soziale Selbstkonzept in der Trainingsgruppe signifikante Unterschiede.
Detaillierter betrachtet unterscheiden sich die Kinder mit einer sicheren Bindungsrepräsentation zu Eltern signifikant von den unsicher-Vermeidenden als auch signifikant von den unsicher-ambivalent gebundenen Kindern in der Wahrnehmung ihrer schulischen Fähigkeiten. Die beiden unsicheren Bindungstypen unterscheiden sich nicht voneinander.
Das Selbstwertgefühl wurde von den Kindern mit sicherer und unsicher-vermeidender Bindungsorganisation zu Eltern höher eingeschätzt als von Kindern, bei denen ein unsicher-ambivalentes Muster vorlag. Dieser Unterschied ist statistisch signifikant. Die B-Gruppe und die A-Gruppe unterscheiden sich nicht voneinander.
Das gleiche Bild zeigt sich bei der Analyse zum sozialen Selbstkonzept in der Trainingsgruppe in Abhängigkeit zur Trainerbeziehung. Auch hier unterscheiden sich wieder die sicher- und unsicher-vermeidend Gebundenen signifikant von denen mit unsicher-ambivalentem Bindungsmuster, wobei zwischen der A- und B-Gruppe keine statistisch relevanten Unterschiede bestehen.
Hypothese 3 wird nur für das schulische Fähigkeitsselbstkonzept in die erwartete Richtung bestätigt. Für das Selbstwertgefühl konnte H3 nur für die Kinder mit unsicher-ambivalenter Bindungsrepräsentation bestätigt werden.
Genauso kann Hypothese 4 nur für das soziale Selbstkonzept in der Trainingsgruppe für Kinder mit sicherer und unsicher-ambivalenter Bindungsrepräsentation zum Trainer bestätigt werden. Insgesamt kann zusammengefasst werden, dass gemäß der

Annahme Kinder mit sicherer Bindungsorganisation profitieren von positiven Selbstkonzeptfacetten, die Befunde nie in die falsche Richtung gehen. Die Kinder der C-Gruppe haben durchgängig die geringsten Werte.
Den höchsten Mittelwert erreichen die Skalen zur elterlichen Fürsorglichkeit und zum sozialen Selbstkonzept in der Trainingsgruppe mit jeweils $M = 3{,}45$. Die Mädchen und Jungen unterscheiden sich im Hinblick auf die wahrgenommene Fürsorglichkeit der Eltern signifikant. Mädchen geben höhere Werte an. Diese Ergebnisse gehen nur zum Teil konform mit denen der *Leistungssportstudie*, in der die Mädchen auch dem Trainer ein höheres Maß an Fürsorglichkeit zusprechen. Die Annahme des Zusammenhangs zwischen Bindungssicherheitswert und wahrgenommener Fürsorglichkeit, jeweils zu Eltern und zum Trainer wurde nicht bestätigt (Hypothese 5 und 6).
Die Skalenmittelwerte zum pädagogischen Arbeitsbündnis (Kindersicht zu: *Zielen, eigenen Pflichten und Pflichten des Trainers*) zeigen die höchsten Mittelwerte $M = 3{,}62$ - 3,72) auf. Hypothese 7 kann nur für die Skala zu *eigenen Pflichten der Kinder* in die erwartete Richtung bestätigt werden. Hinsichtlich der Zielantizipation und bei der Bewertung der Trainer-Pflichten unterscheiden sich die jungen Athleten mit sicherer Trainerbeziehungsrepräsentation nicht von denen mit Unsicherer.
Von $N = 23$ Kindern zeigten 56,5% eine vorwiegend offensive und selbstgesteuerte Strategie, 21,7% eine offensive und mit Hilfe anderer, 17,4% eine defensive und selbstgesteuerte und nur ein Kind (4,3%) zeigte eine defensive und durch andere eingeleitete Strategie. Die Annahme in Hypothese 8, wonach eine sichere Beziehungsrepräsentation zum Trainer mit einer offensiven und selbstgesteuerten Bewältigungsstrategie assoziiert, wurde bestätigt.

9 Diskussion

Anliegen dieser Studie war es, Zusammenhänge zwischen verschiedenen Bindungsmustern zu Eltern und Trainer einerseits und Bewältigungsstrategien und Selbstkonzeptfacetten der Kinder andererseits sowie deren wahrgenommene soziale Fürsorge von Seiten Erwachsener zu explorieren. Im Folgenden werden die in Kapitel 8 dargestellten Ergebnisse in den bisherigen Forschungsstand eingeordnet und diskutiert. Im ersten Teil (Kap. 9.1) werden die deskriptiven Ergebnisse und im zweiten Teil (Kap. 9.2) die Resultate der Hypothesenprüfungen diskutiert. Aufgrund der aufwändigen Erhebung der Geschichten-ergänzungsverfahren, die pro Kind für die Durchführung und Auswertung bis zu insgesamt ca. fünf Stunden umfasst, konnte nur eine relativ kleine Stichprobe untersucht werden. Wenn im Folgenden also Befunde und Zusammenhänge diskutiert werden, dann in dem Bewusstsein, dass der explorativen Studie nur eine begrenzte Stichprobe zugrunde liegt.

9.1 *Diskussion der deskriptiven Daten*

Ein Ziel der vorliegenden Studie war es, die Bindungsrepräsentationen zu Eltern und Beziehungsrepräsentationen zum Trainer in einer spezifischen Stichprobe, und zwar von leistungssportlich aktiven Kindern in kompositorischen Sportarten, zu erfassen. Zur Erhebung wurden das *Geschichtenergänzungsverfahren zur Eltern-Bindung* (GEV-B) und die *sportspezifische Erweiterung zur Trainer-Beziehung* (GEV-B-Sp) eingesetzt. Dieses semiprojektive Verfahren ermöglicht den Zugang zum Internalen Arbeitsmodel und erfasst Bindungsaspekte und -muster auf Repräsentationsebene. Für jeden Fall wurde ein fünffach gestufter Sicherheitswert (0 „hoch unsicher" – 4 „sehr sicher") vergeben sowie die Klassifizierung nach den bekannten Bindungstypen (sicher, unsicher-vermeidend, unsicher-ambivalent sowie Bindungs-Desorganisation) vorgenommen. Dies geschah auf der Grundlage der Analyse der Geschichtenergänzungen der Kinder mithilfe eines standardisierten Kodier-Leitfadens (vgl. Kap. 7.6.1). Die Reliabilität und Validität des standardisierten GEV-B wurde im Längsschnitt nachgewiesen (Gloger-Tippelt, Kappler & König, 2008). In der vorliegenden Studie lag die Beurteilerübereinstimmung sowohl für das GEV-B (95%) als auch für das GEV-B-Sp (89%) sehr hoch. Das standardisierte Auswertungssystem (für GEV-B und GEV-B-Sp) ermöglicht entsprechend eine reliable Kodierung und Klassifizierung der Narrationen der Kinder.

Bindungsrepräsentation zu Eltern

In der hier untersuchten Stichprobe sind alle Bindungsmuster vertreten. Schaut man auf die Verteilung der Bindungsklassifikationen zu Eltern fällt auf, dass die unsicher-vermeidende Bindungsrepräsentation (48,9%) am häufigsten vertreten ist. Von den 22 Jungen wurden 14 unsicher-vermeidend klassifiziert wohingegen lediglich für 9 Mädchen (von 25) die A-Klassifikation vergeben wurde. Die Mädchen dominieren

mit n =11 in der sicheren Klassifikation, wohingegen nur vier Jungen diese Klassifikation erhielten. Die C-Klassifikation wurde zweimal für Jungen und fünfmal für Mädchen geratet. Unerwartet ist, dass sogar desorganisierte Anteile bei zwei Jungen gefunden wurden. Dies wundert besonders, da die Desorganisation mit Verhaltensmustern in Verbindung gebracht wird, die Konzentration, Aufmerksamkeit und Ausdauer eher ausklammern. Statistisch lässt sich der geschlechtsspezifische Unterschied allerdings lediglich in der Tendenz bestätigen. Methodenkritisch könnte vermutet werden, dass Mädchen einen besseren Zugang zum Figurenspiel mit Vater-Mutter-Kind haben als Jungen. Es sollte also überdacht werden, ob Geschichtenstämme evtl. modifiziert werden. Des Weiteren sollten geschlechtsspezifische Unterschiede in der Spielhandlung und Erzählstruktur identifiziert werden und in den Auswertungskriterien Berücksichtigung finden.
Die Verteilung der Bindungsklassifizierungen weicht deutlich von den Daten einer Metaanalyse ab, die Gloger-Tippelt jüngst vorgestellt hat. In diese Metaanalyse fließen Ergebnisse aus 22 Stichproben mit N = 887 Kindern ein, deren Bindungsklassifikation mit dem Geschichtenergänzungsverfahren erfasst wurde. In der Verteilung der Nicht-Risiko-Gruppe (n = 642) der Metaanalyse zeigen sich ähnlich viele sichere (36,6%) wie unsicher-vermeidende (36,8%) Bindungsklassifikation. 15% der Kinder wurden der unsicher-ambivalenten Bindungsrepräsentation und 11,6% der Desorganisation zugeordnet (Gloger-Tippelt, 2012).
Die Bindungssicherheit zu Eltern zeigt in der vorliegenden Stichprobe tendenziell Geschlechtsunterschiede zugunsten der Mädchen, die auch in anderen Studien zur Bindung im Schulalter in ähnlicher Weise belegt wurden (Finnegan et al., 1996; Sagi, van Ijzendoorn, Scharf, Koren-Karie, Joels & Mayseless, 1994). Bei einer Metaanalyse zu Geschlechtsunterschieden in Eltern-Kind-Interaktionen fanden Golombok und Fivush (1994) heraus, dass Mädchen emotional offener kommunizieren, was in der Bindungsforschung aus der Entwicklung eines sicheren Arbeitsmodells der Bindung resultiert (Bretherton, 2001). Dennoch wurden in der „Bindungsforschung bisher so gut wie keine bemerkenswerten Unterschiede in der Bindungsentwicklung von Jungen und Mädchen“ gefunden (Grossmann & Grossmann, 2004, S. 260).
Die Gruppe der unsicher-Gebundenen überwiegt in dieser hier vorliegenden Stichprobe. Warum ist der Anteil so hoch? Zum einen ist das leistungssportliche Feld durch Disziplin und Härte charakterisiert, wobei Gefühlsabwehr in manchen Situationen geschätzt wird (Richartz et al., 2009, S. 251). Von der vermeidenden Bindungsrepräsentation wird angenommen, dass Erfahrungen der Zurückweisung und Nicht-Verfügbarkeit der Eltern zugrunden liegen. Ein vermeidendes Bindungsmuster ist dadurch gekennzeichnet, dass Emotionen herab gespielt und bagatellisiert werden. Verhaltensweisen, die mit äußerer Autonomie einhergehen und somit einen Schutz vor emotionalen Belastungen bieten, scheinen im leistungssportlichen Prozess auf nahrhaften Boden zu fallen. Andererseits gelingt es Kindern mit sicherer Bindung, besser ihre Gefühle zu äußern und belastende Situationen realistisch zu bewerten

sowie den Wunsch nach geringeren Trainingsbelastungen zu kommunizieren. Feinfühligere Eltern gehen auf solche Bedürfnisse ihrer Kinder erwartungsgemäß ein. Richartz (2000) konnte exemplarisch Konstellationen aufzeigen, bei denen sich vermeidende, zurückweisende Eltern den Leistungssport zunutze machen, um sich ihrer Kinder zu entziehen.
Dennoch muss auch hier die kleine Stichprobengröße in Rechnung gestellt werden und es könnte sich um einen methodisch bedingten Artefakt handeln.

Beziehungsrepräsentation zum Trainer

Die Beziehungsrepräsentation zum Trainer konnte nur für $n = 41$ Kinder erfasst werden. Die sicheren und unsicher-vermeidenden Klassifizierungen sind mit jeweils 16 Fällen gleich verteilt. Sieben Kinder wurden unsicher-ambivalent und zwei Kinder bindungs-desorganisiert klassifiziert. Diese Verteilung ähnelt den Prävalenzraten der aktuellen Metaanalyse mit $n = 642$ Nicht-Risiko-Fällen (Gloger-Tippelt, 2012). Sowohl in der Beziehungsrepräsentation als auch beim Bindungssicherheitswert zum Trainer wurden signifikante Unterschiede zwischen den Geschlechtern zugunsten der Mädchen festgestellt. Dies kann mit sozialisationsbedingten Entwicklungsprozessen im mittleren Kindesalter erklärt werden (Starrels, 1994): Mädchen werden aufgrund ihres Geschlechts von Lehrpersonen fürsorglicher behandelt, somit fällt ihnen die Aufnahme und Ausgestaltung sozialer Beziehungen leichter als Jungen.
Ein methodisches Artefakt durch den Wegfall von sechs Fällen (wovon der Großteil ein unsicher-vermeidendes Bindungsmuster zu Eltern hatte) bei einer kleinen Stichprobe sowie Geschlechtseffekte durch die Spielmethode als Bias können an dieser Stelle nicht ausgeschlossen werden.

Selbstkonzeptfacetten

Die Werte der Selbstkonzeptfacetten sind insgesamt sehr hoch ausgeprägt (sog. Deckeneffekt; Bortz & Döring, 2006, S. 182) was bereits in anderen Studien verzeichnet wurde (u. a. Brettschneider & Gerlach, 2004; Gerlach, 2008). Um zu eruieren wie Kinder ihr Selbstkonzept einschätzen, wurden ausgewählte Selbstkonzeptfacetten und das globale Selbstwertgefühl erfasst. Dabei wurden den Kindern Aussagesätze vorgelegt, die sie anhand einer vierfachen Abstufung bewerten konnten. Hinsichtlich der Ausprägung in den Selbstkonzeptfacetten unterscheiden sich die Jungen und Mädchen dieser Studie nicht, was im Einklang mit den Ergebnissen der Leistungssportstudie steht (Richartz et al., 2009, S. 111). Im Gegensatz dazu konstatiert Harter (2012), dass Mädchen persönlichen sozialen Beziehungen eine höhere Gewichtung beimessen und bei Jungen sportliche Aktivitäten einen größeren Stellenwert einnehmen (S. 60). Da in keiner Messskala weder Alterseffekte noch Geschlechtseffekte gefunden wurden, wird im Weiteren auf eine Ausdifferenzierung verzichtet.
Verglichen mit der Kinderleistungssportstudie erreichen die Kinder dieser Studie ähnliche Skalenmittelwerte, die sich nur im Zehntelbereich unterscheiden und in der Reihenfolge der Skalen nur gering voneinander abweichen (Richartz et al., S. 111). Die

Kinder beurteilen ihr soziales Selbstkonzept in der Trainingsgruppe am Positivsten. Dies spricht für ein positives soziales Klima im Trainings-Setting. Das soziale Selbstkonzept in der Schulklasse steht auf dem vierten Rang. Demnach fühlt sich der Großteil dieser Stichprobe im Lehr-Lernkontext des Leistungssports wohler als im Schulsetting. Verwunderlich ist, dass das sportliche Fähigkeitsselbstkonzept auf dem letzten Platz rangiert. Für die jungen Leistungssportler wäre doch zu erwarten gewesen, dass sie über ein sehr hohes sportliches Selbstkonzept verfügen, da sie in einem ausgewählten Setting agieren, welches ausschließlich durch überdurchschnittliche sportliche Fähigkeiten zugänglich ist. Zur Erklärung dieses Phänomens kann der *big-fish-little-pond-effect* (Marsh & Hau, 2003) herangezogen werden, der besagt, dass die Selbstbewertung von Kindern durch ihre Bezugsgruppen beeinflusst wird. In einem Umfeld sportartspezifisch leistungsstarker Kinder kann angenommen werden, dass sich die Kinder an höheren Bezugsnormen messen. Zudem muss methodenkritisch angemerkt werden, dass den Kindern Aussagesätze vorgelegt wurden, aus denen nicht klar hervorging, welcher „Sport" gemeint ist („ich bin sehr gut im Sport", „ich lerne sehr schnell neue Übungen beim Sport" und „ich bin beim Sport genau so gut wie andere in meinem Alter"). Es kann an dieser Stelle nicht geklärt werden, ob die Kinder unter „Sport" ihr leistungssportliches Training verstanden haben oder das Schulfach „Sport" mit verschiedenen Disziplinen. Dies müsste in weiteren Forschungsarbeiten bedacht und spezifischer differenziert werden.
Zusammengefasst kann gesagt werden, dass die jungen Leistungssportler über ein positives Selbstkonzept verfügen.

Soziale Unterstützung

Sozialer Unterstützung wird für das Kindesalter eine enorme Pufferwirkung hinsichtlich Belastungen zugesprochen. Die soziale Unterstützung durch die *Eltern* steht dabei an erster Stelle. Inwieweit das weitere soziale Umfeld, wie hier z. B. der Trainer, als Bezugsperson ebenfalls eine Pufferwirkung entfaltet, kann an dieser Stelle nicht geklärt werden, dafür ist die Befundlage nicht eindeutig. Gerlach (2008) diskutiert in seiner Dissertation zu Sportengagement und Persönlichkeitsentwicklung divergente Befunde: einerseits fungiert der Trainer als Figur des „alltäglichen Helfers" und andererseits Trainer hat er keine relevante Rolle sozialer Unterstützung oder gar umgekehrt. Gerlach kommt zu dem Schluss: „Trainer spielen als soziale Ressource gar keine Rolle" sondern haben vielmehr die Rolle eines Experten für die Vermittlung von Sport inne („Sachberaterfunktion") (S. 235).
Es war nicht Anliegen dieser Studie, die tatsächlich erhaltene soziale Unterstützung zu messen, sondern vielmehr herauszufinden, wie Kinder soziale Unterstützung wahrnehmen. Diese Wahrnehmung beruht auf Erfahrungen, die im alltäglichen Leben und im Training der Kinder stattfinden und lässt sich mit der erwarteten Fürsorglichkeit erfassen. Dabei wurde in der theoretischen Vorüberlegung die Frage aufgeworfen, inwieweit soziale Unterstützung generalisiert über Situationen und Beziehungen hinweg oder beziehungs- und damit personenspezifisch erwartet wird.

Die Skalen zur Fürsorglichkeit der Eltern und des Trainers entsprechen den Kernannahmen des feinfühligen Verhaltens (vgl. Kap. 3.1.2) von Ainsworth et al. (1974). Sie beinhalten vier Komponenten, die mit den hier eingesetzten Skalen zur Fürsorglichkeit weitgehend abgedeckt werden konnten: (1) Eine niedrige Wahrnehmungsschwelle, die mit je einem Item zur Beachtung der Gefühle und Offenheit für Probleme abgedeckt wurde („*meine Eltern/mein Trainer achten/achtet zu wenig auf meine Gefühle*" und „*Meine Eltern hören mir immer zu, wenn ich Probleme habe*" *bzw.* „*Unser Trainer hilft jedem von uns, wenn jemand etwas nicht kann*"). (2) Die richtige Interpretation wenn Probleme anstehen, wurde mit dem Item „*Meine Eltern helfen mir, wenn ich ein Problem habe*" bzw. „*Unser Trainer hilft uns wie ein Freund*" erfasst. (3) Die Bewertung der Aussage „*Wenn ich meine Eltern brauche, dann haben sie Zeit für mich*" bzw. „*Wenn wir etwas mit unserem Trainer bereden wollen, dann hat er auch Zeit dafür*" kann mit einer prompten Reaktion assoziiert werden. (4) Die Bewertung der Aussage „*Meine Eltern sind bereit, mit mir zu reden, wenn etwas nicht stimmt*" bzw. „*Unser Trainer ist bereit, mit uns zu reden, wenn etwas nicht stimmt*" kann auf die Angemessenheit der Reaktion der Bindungsperson bezogen werden. Zwar hatte Ainsworth diese Aspekte feinfühligen Verhaltens der Eltern für das Säuglings- und Kleinkindalter abgesteckt, sie lassen sich aber in ähnlicher Form (dem Alter angepasst) auch auf das mittlere Kindesalter übertragen.
Die Ergebnisse zeigen, dass die Kinder dieser Studie sowohl den Eltern als auch dem Trainer ein hohes Maß an Fürsorglichkeit zusprechen, die Skalenmittelwerte liegen im oberen Drittel. Dies geht konform mit den Ergebnissen von Kurz, Sack und Brinkhoff (1996) wonach 77% der Kinder im Verein mit ihrem Trainer oft bzw. immer zufrieden sind (S. 121). Einerseits sprechen die hohen Werte der Fürsorglichkeit des Trainers für eine Bestätigung des Nachwuchsleistungssportkonzeptes 2012 (DSB, 2006). Andererseits ist die positive Bescheinigung auch kritisch zu sehen, da Kinder sich ihren Bezugspersonen gegenüber meist sehr loyal äußern, was die alterstypischen Deckeneffekte zeigen. Im Hinblick auf die wahrgenommene Fürsorglichkeit unterscheiden sich die Mädchen und Jungen nicht voneinander. Die Fürsorglichkeit des Trainers allerdings bewerten die Mädchen sehr viel positiver, was mit ihrer Orientierung nach emotionaler Nähe und der stärkeren Suche nach emotionalen Unterstützungsformen (Richartz, 2000) sowie mit kongruenten Handlungen der Trainer auf die Erwartungshaltung erklärt werden kann. Die Ergebnisse stimmen nur teilweise mit denen der Leistungssportstudie überein, in der die Mädchen sowohl den Eltern (p = ,045; N = 606) als auch dem Trainer (p = ,031; N = 606) ein höheres Maß an Fürsorglichkeit zusprechen.

Pädagogisches Arbeitsbündnis aus Kindersicht

Ein weiterer Fokus dieser Studie lag auf der Kindersicht bzw. ihrer Bewertung zu Zielen und gegenseitigen Pflichten und Erwartungen im Arbeitsbündnis mit dem Trainer (vgl. Kap. 4.4). In der vorliegenden Studie wurde die Sichtweise darauf von zwölf Mädchen und elf Jungen erfasst. Diese Kinder identifizieren sich mit den Zielen in

ihrem leistungssportlichen Prozess, dafür sprechen die hohen Zustimmungsraten zu kurz- und mittelfristigen Zielen („ich möchte zu den Besten in meinem Verein gehören“ und „ich möchte so schwere Sachen können wie die Großen“) sowie langfristigen Zielen („ich möchte deutscher Meister werden“). Die Skalenmittelwerte lagen noch höher als bei den Skalen zu Selbstkonzeptfacetten, Selbstwertgefühl und sozialer Unterstützung. Dennoch gab es Einzelfälle, die diesen Aussagen nicht zustimmten. Der Großteil der Mädchen und Jungen dieser Stichprobe (ca. 70%) stimmt allen Zielen genau zu. Anders als im gesamten Datenpool der Evaluationsstudie DTB-TTS, in der die Jungen allen drei Zielformulierungen mit Abstand und signifikant häufiger zustimmen als Mädchen, lassen sich hier keine Unterschiede zwischen Jungen und Mädchen feststellen.
Im Hinblick auf die Verpflichtungen, die Kinder in das Arbeitsbündnis einbringen, ist es für die Kinder selbstverständlich, dass man die Anweisungen des Trainers befolgen muss um Leistungsfortschritte zu erzielen. Bis auf eine Ausnahme stimmen die Kinder den Items zu eigenen *Pflichten aus dem Arbeitsbündnis* genau zu. Auch stimmen die Kinder in unterschiedlichem Maße zu, dass Langeweile und Lustlosigkeit überwunden werden müssen, um Fortschritte im Training zu erreichen. Kein Kind wertet die eigenen einzubringenden Pflichten mit „stimmt nicht“. Das sind günstige Voraussetzungen für ein harmonisch funktionierendes Arbeitsbündnis.
Weiterhin geben die meisten Kinder an, dass ihre Trainer gerecht sind (ca. 80%). In Kapitel 8.5 wurde bereits darauf eingegangen, dass die Kinder von ihren Trainern eine „gewisse Strenge“ erwarten. Sie wissen aber auch, wenn die Trainer dabei eine Grenze überschreiten, nämlich wenn zu viel oder zu oft unangemessen sanktioniert wird. Die meisten Kinder geben an, dass ihre Trainer die Grenzen einhalten. Dennoch schätzt ca. ein Viertel der Kinder ihre Trainer als zu streng oder übertrieben sanktionierend ein. Eine Tatsache, die wenig erfreulich ist und nicht den Anforderungen des Trainerehrenkodex (DTB, 1997) entspricht. Wissensvermittlung und das Training sozialer Kompetenzen hinsichtlich der professionellen sensitiven Fürsorge sollte demnach mehr Gewicht und eine feste Verankerung in Trainer-Aus- und Weiterbildungen erhalten. Die fachliche Kompetenz wird von allen Kindern dieser Stichprobe, wie auch in der Gesamtstichprobe der TTS-Evaluations-studie, außerordentlich hoch bewertet. Richartz (2012) merkt diesbezüglich allerdings an, dass Kinder nur geringfügig in der Lage sind, die tatsächliche Fachkompetenz der Trainer einzuschätzen und dass eine hohe Zustimmung vielmehr den hohen Grad an fachlichem Vertrauen in ihre Trainer widerspiegelt (S. 89).

Bewältigungsstrategien

Neuland wurde mit dieser Studie hinsichtlich der Exploration verschiedener *Bewältigungsstrategien bei einer schwierigen Lernaufgabe im Training* betreten. Dafür wurden aus theoretischen Vorüberlegungen spezifische Bewältigungsstrategien aus der Coping-Forschung abgeleitet (vgl. Kap. 4.5.3). Der Versuch, verschiedene Bewältigungsstrategien beim Lösen einer schwierigen Lernaufgabe im Training mittels eines

neu entwickelten Geschichtenstammes zu erfassen, ist hier gelungen. Diese Erweiterung kam bei $N = 23$ Turnern zum Einsatz. Die sehr hohe Beurteilerübereinstimmung (vgl. 7.6.2) bestätigt die Reliabilität des Auswertungsleitfadens.
Die vier im Vorfeld bestimmten Strategien wurden für die Kategorien *offensiv und vom Kind selbst initiiert* dreizehnmal, für *offensiv und durch andere initiiert* fünfmal und für *defensiv vom Kind selbst initiiert* viermal vergeben werden. Eine *defensive und durch andere initiierte* Bewältigungsstrategie wurde einmal vergeben. Der Großteil der Stichprobe (56%) wählte offensive und selbstgesteuerte Strategien. Dies deutet darauf hin, dass die meisten Kinder günstige Handlungsstrategien für herausfordernde Aufgaben entwickelt haben, die im leitungssportlichen Trainingsalltag nachhaltig wirksam und effektiv sind. Außerdem lassen diese Strategien auf motivationale Aspekte schließen, die gemäß dem Kontinuum der Selbstregulation eher in die Richtung selbstbestimmter Regulation weisen. Man kann davon ausgehen, dass hauptsächlich eine identifizierte oder sogar integrierte Regulation im Hinblick auf beharrliches Üben mental repräsentiert ist. Die Episoden, in denen die Kinder im szenischen Spiel Aspekte eigener Überzeugung „*wenn ich mich jetzt zusammenreiß', dann schaff' ich's!*" oder Aspekte zuversichtlicher Erfolgserwartungen „*...jetzt schaff' ich's auch beim Wettkampf*" spielen, sind dafür bezeichnend. Die verschiedenen Bewältigungsstrategien werden in Kapitel 9.2.5 im Zusammenhang mit den Bindungsmustern weiter diskutiert.

9.2 *Diskussion der Hypothesenprüfungen*

9.2.1 *Elternbindung und Beziehungsqualität zum Trainer*

In der theoretischen Auseinandersetzung zur Entwicklung und Stabilität Internaler Arbeitsmodelle wurden verschiedene Konzeptionen vorgestellt: Monotropie, Hierarchie, Integrität und Unabhängigkeit (vgl. Kap. 3.4). Es wurde angenommen, dass die Bindungsrepräsentation zu Eltern mit der Beziehungsrepräsentation zum Trainer korreliert (H1).
Der angenommene Zusammenhang zwischen der Elternbindung und der Trainerbeziehung konnte für die Kinder der vorliegenden Untersuchung belegt werden. Auch die Bindungssicherheit zu Eltern und zum Trainer stimmt überzufällig überein. Dieser Befund deutet darauf hin, dass die Bindungs- und Beziehungsrepräsentation der Kinder eher als generalisiert angesehen werden kann. Dennoch muss dieser Befund mit Vorsicht interpretiert werden. Möglicherweise erhebt das Instrument ein generalisiertes Bindungsmuster, das jedoch mit personenspezifischen Bindungsmustern koexistiert. Methodenkritisch muss beachtet werden, dass die beiden sehr ähnlichen Verfahren (GEV-B und GEV-B-Sp) mit ähnlichen Geschichten zeitlich direkt hintereinander und zu einem Erhebungszeitpunkt durchgeführt wurden. Es kann also sein, dass das Spiel der Kinder durch die Versuchsanordnung beeinflusst wurde. Bei einer genaueren Betrachtung der gespielten Inhalte in den einzelnen Geschichten zeigen sich aber auch Unterschiede in den Verhaltensweisen gegenüber den Eltern und gegenüber dem Trainer, was wiederum für die separate Betrachtung der Bindungsrepräsentationen in

den beiden Instrumenten spricht. So zeigen einige Kinder bspw. in der Monstergeschichte ein zurückweisendes Verhalten der Eltern wohingegen die gleichen Kinder in der sportspezifischen Angstgeschichte kein zurückweisendes Trainerverhalten spielen. Ein zeitlicher Abstand zwischen der Erhebung der Elternbindung und der Trainerbeziehung konnte in dieser Studie aus forschungsökonomischen Gründen nicht realisiert werden, sollte aber in weiteren Forschungsarbeiten in Betracht gezogen werden.

9.2.2 *Bindungs- und Beziehungsqualität und Selbstkonzeptfacetten*

Der theoretische Ausgangspunkt der Bindungstheorie lässt erwarten, dass ein sicherer Bindungsstatus ein realistisch positiv ausgebildetes Selbstkonzept mit sich bringt (Main et al., 1985). Nach den Vorstellungen über die Struktur des Internalen Arbeitsmodells manifestieren sich Bindungsunterschiede auch im Selbstbild (Ahnert, 2008, S. 74f). In der theoretischen Abhandlung wurde auf divergente Befunde diesbezüglich aufmerksam gemacht (vgl. Kap. 4.2). Für die hier vorliegende Untersuchung wurde das hierarchische und multidimensionale Selbstkonzeptmodell nach Shavelson et al. (1976) herangezogen. Die Selbstkonzeptfacetten und das globale Selbstwertgefühl, als generalisierte Dimension an der Spitze des Modells, wurden in Abhängigkeit zur Bindungsbeziehung analysiert. Dafür wurden die schulische Selbstkonzeptfacette, das soziale Selbstkonzept in der Schulklasse und das als stabil erwartete Selbstwertgefühl mit der Elternbindung in Zusammenhang gebracht. Die sportspezifischen Selbstkonzeptfacetten sowie das Körperkonzept wurden in Abhängigkeit zur Trainerbeziehung analysiert.

Die angenommenen Zusammenhänge zwischen Selbstkonzeptfacetten und Bindungs- bzw. Beziehungsrepräsentationen konnten nur für einige Selbstkonzeptfacetten in der erwarteten Richtung bestätigt werden. Die Kinder mit unsicher-ambivalenter Bindungsrepräsentation zu Eltern haben mit Abstand das niedrigste Selbstwertgefühl im Vergleich zu sicher und unsicher-vermeidend gebundenen Kindern, wie bereits Cassidy (1988) konstatiert und theoriekonform ist. Interessant ist die Tatsache, dass sich in der hier untersuchten Stichprobe die sicher-gebunden Kinder von denen mit unsicherem Bindungsmuster im Hinblick auf schulische Fähigkeiten unterscheiden, nicht aber in der Einschätzung zum sportlichen Fähigkeitsselbstkonzept. Vermutlich ist die Beziehungsqualität zu Lehrern im Hinblick auf das schulische Fähigkeitsselbstkonzept eine weitere wichtige Größe in Ergänzung zur Beziehungsqualität zu Eltern. Dies wurde in dieser Studie nicht untersucht.

Eine weitere Selbstkonzeptfacette, in der Unterschiede zwischen den Beziehungsmustern bestehen, ist das soziale Selbstkonzept in der Trainingsgruppe. Die Kinder mit sicherem und mit unsicher-vermeidendem Beziehungsmuster zum Trainer heben sich deutlich von den unsicher-ambivalent gebundenen ab. Dieser Unterschied wird für das soziale Selbstkonzept in der Schulklasse nicht gefunden. Die Kinder der C-Gruppe fühlen sich in der Sportgruppe nicht optimal integriert und akzeptiert.

Insgesamt kann zusammengefasst werden, dass bei Kindern mit sicherem Bindungsmuster in dieser Stichprobe die Werte zu Selbstkonzeptfacetten höher ausgeprägt sind (nicht immer statistisch signifikant) und in die erwartete Richtung zeigen: Wenn eine Gruppe höhere Selbstkonzeptwerte erreicht, dann ist es stets die Gruppe des sicheren Bindungsmusters. Die Kinder der C-Gruppe (Eltern/Trainer) haben fast durchgängig die niedrigsten Werte. Die zwei Kinder mit desorganisiertem Bindungsstatus haben sehr unterschiedliche niedrige und hohe Werte und lassen aufgrund der geringen Fallzahl keine weitere Interpretation zu.

9.2.3 *Bindungssicherheit und Fürsorglichkeit*

Die Bindungssicherheit gibt Auskunft darüber, wie viel Vertrauen ein Kind in die Verfügbarkeit der Bindungsperson hat. Die Annahmen, dass der mit dem Geschichtenergänzungsverfahren erfasste Bindungssicherheitswert und die mit dem Fragebogen erfasste wahrgenommene Fürsorglichkeit in positivem Zusammenhang stehen, konnte weder für Eltern noch für Trainer in dieser Studie belegt werden. Ein Befund, der schwer zu interpretieren ist. Es muss bedacht werden, dass nicht die tatsächliche Fürsorglichkeit erfasst wurde, sondern vielmehr wie Kinder diese wahrnehmen. Inwiefern die „soziale Erwünschtheit“ (Kränzl-Nagel & Wilk, 2000) bei diesen Auskünften oder methodologische Mängel dafür verantwortlich sind, kann an dieser Stelle nicht geklärt werden. Außerdem wird mit dem Bindungssicherheitswert das Vertrauen in die Verfügbarkeit der Bindungsperson in einer bindungsrelevanten Situation erfasst, wohingegen sich die erfasste Fürsorglichkeit der Eltern und Trainer auf die Unterstützungserwartung allgemein und nicht nur in bindungs-relevanten Situationen bezieht. Demnach kann festgehalten werden, dass sich die Bindungssicherheit von einer generalisierten Erwartungshaltung hinsichtlich sozialer Unterstützung unterscheidet.

9.2.4 *Trainer-Athlet-Beziehungsqualität und pädagogisches Arbeitsbündnis*

Die Interaktion zwischen Trainer und Athlet kann als komplexes Geflecht von Einflussgrößen gesehen werden. Dabei spielt die Ausgestaltung der Interaktion eine zentrale Rolle, sie wurde mit dem didaktischen Arbeitsbündnis zwischen Trainer und Athlet erfasst. Das Arbeitsbündnis wird dann wichtig, wenn die völlig selbstbestimmte (intrinsische) Motivation nicht ausreicht, um Ziele zu erreichen. Gemeinsame Ziele bilden damit die Grundlage für ein Arbeitsbündnis, in das beide Akteure investieren und indem beide Akteure gleichzeitig gewisse Erwartungen an den anderen haben (vgl. Kap. 4.4).

Die Bereitschaft der Kinder, in dieses Arbeitsbündnis zu investieren, ist bei den Kindern dieser Studie sehr groß. Bspw. stimmen fast alle Kinder zu, dass man auf den Trainer hören muss, wenn man im Turnen gut werden will. Hinsichtlich der Ziele der Kinder und der einzubringenden Pflichten des Trainers sowie dessen Fachkompetenz unterscheiden sich die verschiedenen Beziehungstypen statistisch nicht voneinander. Der gefundene Trend, wonach Kinder mit sicherem Beziehungsmuster zum

Trainer eine höhere Bereitschaft zu allen Investitionen (auf den Trainer hören, Unlust überwinden, Aufmerksamkeit trotz Langeweile und „nicht quatschen") angeben als Unsichere, geht in die erwartete Richtung. Der Befund ist aber aufgrund der insgesamt sehr hohen Werte (Deckeneffekt) sowie der kleinen Stichprobe nur schwer interpretierbar. Es kann angenommen werden, dass eine sichere Repräsentation der Trainerbeziehung das Verpflichtungsgefühl der Kinder im Trainingsprozess positiv beeinflusst und sie sich damit dem Training und dem Trainer mehr verbunden fühlen als diejenigen, mit einer unsicheren Beziehungsrepräsentation. Dies wiederum steht mit der Annahme in Einklang, dass eine sichere Bindungsorganisation exploratives Verhalten positiv fördere.
Ähnliche Zusammenhänge konstatieren auch Harwardt-Heinecke und Ahnert (2013), die in ihrer Längsschnittstudie nachweisen konnten, dass positive Beziehungserfahrungen mit Erzieherinnen bedeutsam für die allgemeine Motivation in der Schule sind. Schüler-Lehrer-Konflikte hingegen hemmen die Anstrengungsbereitschaft und wirken sich negativ auf die schulischen Leistungen aus (S. 821ff).

9.2.5 *Beziehungsqualität zum Trainer und Bewältigungsstrategien*

Ein weiteres Ziel dieser Studie war die Analyse von Bewältigungsstrategien in Abhängigkeit zur Trainerbeziehungsrepräsentation. Die Annahme, dass eine sichere Trainerbeziehungsrepräsentation mit offensiven Bewältigungsstrategien, die vorwiegend vom Kind selbst ausgehen, zusammenhängen, konnte für diese Stichprobe belegt werden. Mit dem neu entwickelten Geschichtenstamm *schwierige Lernaufgabe im Training* wurde versucht, das Explorationsverhaltenssystem der Kinder zu aktivieren und mögliche Bewältigungsstrategien und beharrliches Verhalten in dieser spezifischen Situation zu erfassen. Nicht nur bei Kindern mit sicherem Beziehungsmuster wurde in den Narrationen Erfolgszuversicht und beharrliches Verhalten, ohne dass die Schwierigkeit verleugnet wurde, gefunden. Die statistische Analyse allerdings verzeichnet signifikante Unterschiede. Kinder mit sicherer Beziehungsrepräsentation zum Trainer wählen häufiger offensive und von ihnen selbst initiierte Bewältigungsstrategien als die Unsicheren. Einerseits können sichere Kinder auf mental repräsentierte Erfahrungen zurückgreifen, die sie beim Erlernen und vielmaligem Üben im Training mit Anstrengungsbereitschaft erlebt haben. Andererseits weist aber auch eine defensive und von ihnen selbst initiierte Strategie, die zur Vorbeugung von Verletzungen gewählt wird, auf opportunen Selbstschutz hin, wie in einem Fall mit sicherer Beziehungsrepräsentation gefunden wurde. Die inter- und intraindividuellen sowie situationsabhängigen Unterschiede bzgl. der Unterscheidung von Anforderungssituationen müssen demnach auch in Rechnung gestellt werden (Schulz, 2005). Für verallgemeinernde Aussagen genügen die Befunde nicht, sie gehen aber in die erwartete Richtung.

10 Schluss

Ziel dieser Arbeit war es, Bindungsmuster zu Eltern und Beziehungsmuster zum Trainer zu erfassen sowie die Wahrnehmung der jungen Leistungssportler über sich selbst und interaktionale Prozesse in ihrem leistungssportlich gestalteten Training zu erhalten und empirisch zu analysieren. Der Beziehungsqualität zwischen Trainer und Athleten wird vor allem für das Kindes- und frühe Jugendalter besonderes Gewicht beigemessen. Die Forderungen des Nachwuchsleistungssportkonzept 2012 (DSB, 2006) zum „Primat der Persönlichkeitsentwicklung der Kinder und Jugendlichen" sowie das eindeutige „Bekenntnis zu den ethischen Prinzipien eines humanen Leistungssports" (S. 5), sind eindeutig und bedürfen – nicht nur unter sportpädagogischem Blickwinkel – ständiger Evaluation.

Die Forschungsliteratur zur Beziehungsqualität zu sekundären Bezugspersonen wird dominiert von Studien im Lehr-Lernkontext in Kindergarten und Schule. Im Kinderleistungssport ist die Befundlage rar. Studien aus dem Schulkontext zeigen, dass die Beziehungsqualität zu sekundären Bezugspersonen vor allem im frühen und mittleren Kindesalter einen Einfluss auf die Anstrengungsbereitschaft hat (z. B. Harwardt-Heinecke & Ahnert, 2013; Pianta & Stuhlmann, 2004).

Zur Bearbeitung der Forschungsfrage zur Elternbindung sowie zur Trainerbeziehungsqualität und Zusammenhängen zu (1) Selbstkonzeptfacetten, (2) sozialer Unterstützung durch Eltern und Trainer sowie dem wahrgenommen (3) pädagogischen Arbeitsbündnis zwischen Trainer und Athlet und (4) Bewältigungsstrategien in einer schwierigen Situation im Training wurden Kinder im Alter zwischen sieben und elf Jahren mit Geschichtenergänzungsverfahren und standardisierten Fragebögen befragt.

Die vorliegenden Ergebnisse zeigen, dass die dyadischen Regulationsprozesse zwischen Kindern und primären Bezugspersonen zur Bewältigung von Unsicherheiten, Belastungen und Ängsten auch in der Interaktion mit dem Trainer als sekundärer Bezugsperson aktiviert werden. Die Kinder spielen in den sportspezifischen Geschichtenergänzungen zum Teil feinfühlige Unterstützungsleistungen des Trainers aber auch bagatellisierendes und zurückweisendes Trainerverhalten. Daraus kann abgeleitet werden, dass nicht alle Trainer das Nachwuchsleistungssportkonzept 2012 (DSB, 2006) umsetzen. In diesem Zusammenhang muss aber auch in Rechnung gestellt werden, dass die Kinder gegenüber den Trainern unterschiedliche Beziehungsrepräsentationen aufweisen und nicht eindeutig geklärt werden kann, ob allein die personenspezifische oder eine generalisierte Bindungsrepräsentation dafür verantwortlich ist. Im günstigen Fall spielen die Kinder die Wiederherstellung des Sicherheitsgefühls durch den Trainer, was die Annahme des Secure-Base-Effekts bestätigt. Auffällig bei den hier untersuchten Kindern sind der große Anteil von Kindern mit unsicher-vermeidenden Bindungsrepräsentationen zu den Eltern einerseits und die hohe überzufällige Übereinstimmung der Muster auf die Beziehungsqualität zum Trainer andererseits. Dabei muss bedacht werden, dass die hohen Übereinstimmungen aufgrund erhebungsmethodischer Probleme (beide Erhebungsverfahren fanden direkt nacheinander statt) zustande gekommen sein könnten. Ein methodisches Artefakt durch die unmittelbar hintereinander durchgeführten Geschichtenergänzungsverfahren kann durch die Vielfältigkeit der Episoden zwar minimiert aber dennoch nicht ganz ausgeschlossen werden.

Der große Anteil an unsicheren Bindungstypen im Kontext des Leistungssports stellt eine enorme Herausforderung an die Trainer beim Umgang mit Unterstützungsleistungen dar. Dieser Befund entspricht dem Charakter des Leistungssports, indem Gefühlsabwehr in manchen Situationen geschätzt wird (Richartz et al., 2009, S. 251). Verhaltensweisen, die mit äußerer Autonomie einhergehen, bieten Schutz vor emotionalen Belastungen. Unsicher-vermeidend gebundene Kinder scheinen somit besonders gefährdet, überfordert zu werden. Genauere Befunde liegen dazu noch nicht vor. Zukünftige Längsschnittstudien sollten der Frage nachgehen, wie und ob sich Beziehungsmuster mit dem Älterwerden verändern aber auch ob und wie Beziehungsmuster mit Dropouts zusammenhängen.

Die Befunde zum Selbstkonzept und zur sozialen Unterstützung zeigen in eine ähnliche Richtung wie die der Kinderleistungssportstudie (Richartz et al., 2009) und die der Evaluationsstudie (Richartz, 2013). Durch die hier durchgeführten statistischen Analysen konnte aufgedeckt werden, dass sich Kinder in manchen Selbstkonzeptfacetten in Abhängigkeit ihrer Bindungsrepräsentation zu Eltern und Beziehungsrepräsentation zum Trainer unterscheiden. Wenn signifikante Unterschiede verzeichnet wurden, dann immer zugunsten der Kinder mit sicherem Bindungs- bzw. Beziehungsstatus. Die Werte der unsicher-vermeidend Gebundenen lagen in einigen Analysen näher bei den Sicheren und in anderen Analysen näher bei den unsicher-ambivalent Gebundenen. Besonders ungünstig scheint die Lage für die Kinder mit unsicher-ambivalenter Bindungsrepräsentation: sie weisen durchweg die niedrigsten Werte auf. Besonders auffällig, wenn auch erwartet, ist dabei der signifikante Unterschied zwischen C-Gruppe und den beiden anderen Gruppen mit organisiertem Bindungsmuster im Selbstwertgefühl.

Die Fürsorglichkeit von Eltern und Trainern wird von den Kindern ähnlich und hoch positiv eingeschätzt. Dennoch dürfen die in der Gesamtheit gefundenen positiven Befunde nicht darüber hinwegtäuschen, dass vereinzelt Athleten in den Skalen zu *Rechten und Pflichten des Trainers* angeben, dass Grenzen überschritten werden – dies ist der Fall, wenn der Trainer zu viel schimpft oder zu streng ist. Die Kinder beurteilen ihre Trainer als hoch kompetent und gerecht und setzten sich hohe leistungssportlichen Ziele. Das soziale Feld Training, das die Kinder freiwillig und motiviert aufsuchen zeigt ein Bild, dass sowohl durch anspruchsvolle Instruktionsbefolgung als auch durch positive Beziehungsqualität in der Trainer-Athlet-Interaktion gekennzeichnet ist.

Der Versuch, mit einem neuentwickelten sportspezifischen Geschichtenstamm Abstufungen von Bewältigungsstrategien hinsichtlich beharrlichen Verhaltens bei einer

schwierigen Lernaufgabe im Training zu explorieren, ist gelungen. Diese Bestätigung wird zum einen durch die Abgrenzung der Bewältigungsstrategien und zum anderen durch die hohe Beurteilerübereinstimmung getragen. Beharrlichkeit ist in diesem Setting u. a. eine wichtige Bedingung für Leistungszuwächse und wird von Trainern gerne gesehen. Zwar wählt insgesamt die Mehrheit der Kinder von selbst initiierte Strategien zur Bewältigung der schwierigen Lernaufgabe, die mit Erfolgszuversicht verbunden sind, allerdings tritt diese Strategie signifikant häufiger bei den Kindern mit sicherer Trainerbeziehungsrepräsentation auf. Daraus lassen sich praxisrelevante Aspekte für das professionelle Trainerhandeln ableiten. Trainer, die für ihre Athleten in belastenden Situationen als sichere Basis fungieren und darauf bedacht sind, ein Gefühl der Sicherheit herzustellen, könnten mit beharrlicherem Verhalten rechnen. Die ersten Befunde der hier vorliegenden Studie sprechen dafür. Es muss allerdings in Rechnung gestellt werden, dass die Bindungsmuster in der vorliegenden Stichprobe von den Eltern auf die Trainer übertragen werden und nicht aus der Interaktion mit einem konkreten Trainer resultieren. Dieser Forschungsansatz befindet sich erst in der Anfangsphase und es bedarf weiterer (Längsschnitt-)Untersuchungen, z. B. mit Beobachtungsmethoden, um die enge, reziproke Verbindung zwischen sicherheitsstiftenden Trainerhandlungen und explorativem, beharrlichem Athleten-Verhalten empirisch abzusichern.
Mit den gewonnen Erkenntnissen leistet die hier vorliegende Studie einen Beitrag für die allgemeine Bindungsforschung, indem die Beziehungsqualität zwischen Lehrenden und Lernenden in einem weiteren Lehr-Lern-Kontext neben der Schule erforscht wurde: Die Trainer-Athlet-Beziehungsqualität von leistungssportlich aktiven Kindern. Diese Studie schließt an Forschungsarbeiten an, die unter bindungstheoretischem Blickwinkel die Beziehungsqualität zu sekundären Bezugspersonen im vorschulischen Betreuungsbereich sowie im Schulkontext erforschen und damit einhergehende Auswirkungen zu motivationalen Aspekten konstatieren (Harwardt-Heinecke & Ahnert, 2013; Hamre & Pianta, 2006; Sroufe et al., 2005; Ladd & Burgess, 2001). Die ersten Befunde zu Bewältigungsstrategien in Abhängigkeit zur Bindungssicherheit, die mit dieser Dissertation vorliegen, bestätigen die Annahmen, dass eine positive Beziehungsqualität zum Trainer als sekundärer Bindungsfigur mit größerem Engagement der jungen Sportler einhergeht. Kinder mit sicherer Beziehungsrepräsentation zum Trainer haben signifikant höhere Werte hinsichtlich eigener Investitionen ins Training und wählen signifikant häufiger opportune Bewältigungs-strategien bei schwierigen Lernaufgaben, die mit einem neu entwickelten Geschichtenstamm inszeniert wurde. Die Ergebnisse bestätigen die Befunde von Harwardt-Heinecke und Ahnert (2013), die Korrelationen zwischen der Lehrer-Kind-Beziehungsqualität und der allgemeinen Lernmotivation der Kinder sowie ihrem Schulengagement konstatieren.
Die hier vorliegende Studie ist in zwei umfangreiche Studien im Leistungssport von Kindern eingebettet. Zum einen in die Leistungssportstudie (Richartz et al., 2009) und zum anderen in die Evaluationsstudie DTB-TTS (Richartz & Krug, 2011). Der

Vorteil dieser Einbettung besteht darin, dass die relativ kleine Stichprobengröße dieser Dissertation mit der Aufsummierung der Daten aus dem Datenpool der Leistungssportstudie kompensiert werden konnte und sich positive Synergieeffekte verzeichnen lassen. Der Vergleich der Ergebnisse der vorliegenden Studie mit den Befunden aus den Datenpools der Leistungssportstudie und der Evaluationsstudie, die größtenteils in ähnliche Richtungen zeigen, spricht für valide Befunde. Die hier vorliegende Dissertation grenzt sich zu beiden Studien in folgenden Punkten ab: (1) Die Bindungs- und Beziehungsmaße aus den Geschichtenergänzungsverfahren wurden erstmalig interferenzstatistisch im Zusammenhang zu Selbstkonzeptfacetten, sozialer Unterstützung und pädagogischem Arbeitsbündnis analysiert, (2) die Neuentwicklung und Erprobung eines Instruments zur Erfassung verschiedener Bewältigungsstrategien (Erweiterung des Geschichtenergänzungsverfahrens durch einen Geschichtenstamm, der eine schwierige Lernaufgabe im Training thematisiert) und (3) die interferenzstatistische Analyse des Zusammenhangs von Trainerbeziehungsrepräsentation und Repräsentation von Bewältigungsstrategien fand erstmalig statt.
Methodenkritisch ist die kleine Stichprobengröße zur Erfassung der Bewältigungsstrategien sowie zur Beurteilung der Kinder zum pädagogischen Arbeitsbündnis zu sehen. Diese Maße sollten in weiteren Forschungsarbeiten an größeren Stichproben untersucht werden. Durch die extremen Decken- und Bodeneffekte und fehlende Normalverteilung in den Skalen des Fragebogens wurden die Berechnungen und Analysen lediglich mit non-parametrischen Verfahren durchgeführt, die im Vergleich zu parametrischen Verfahren eine geringere Teststärke besitzen. Weiter muss methodenkritisch angemerkt werden, dass die Kinder der Stichprobe am Ende des Altersbereichs liegen für den das Geschichtenergänzungsverfahren gut validiert ist und auch darüber hinaus gehen. Die Auswertungsverfahren wurden in Kooperation mit den Entwicklerinnen (Gloger-Tippelt & König, 2009) geringfügig angepasst. Eine profunde Validierung dieser Anpassung steht allerdings noch aus und sollte durch weitere Forschungsvorhaben mit größeren Stichproben und weiterer Bindungserfassungsmethoden (z. B. *Child Attachment Interview*, CAI) realisiert werden.
Können sportpädagogisch relevante Ableitungen durch diese Studie getroffen werden? Ergebnisse, die aus kleinen Stichproben resultieren dürfen nur mit Bedacht für praxis-relevante Ableitungen herangezogen werden. Trainer spielen im leistungssportlichen Setting für Kinder die Rolle einer Bindungsfigur. Dabei werden internale Erwartungsmodelle der Kinder in der vorliegenden Stichprobe offensichtlich von den Eltern auf die Beziehung zum Trainer übertagen. Da Bindungsmuster nur in bindungsrelevanten Situationen zum Vorschein kommen und für Trainer – wie für andere Personen – kaum trennscharf unterschieden werden können, kann hier ausschließlich an die Empathie-Fähigkeit der Trainer und ihr pädagogisches Handeln appelliert werden. Die Zuwendung der Trainer zu ihren Athleten mit den Grundhaltungen für eine positive pädagogische Beziehung, charakterisiert durch Wertschätzung und einfühlendes Verstehen ohne unangemessene überstrapazierte Disziplinierungsmaßnahmen, müssen als Themen in der Trainer-Aus- und -Weiterbildung

verankert werden, um den Ansprüchen des Nachwuchsleistungssportkonzepts 2012 sowie der Ehren-Kodizes (z. B. DTB) gerecht zu werden. Das pädagogische Arbeitsbündnis zwischen Trainer und Athlet bildet die Basis für sportliche Höchstleistungen wobei soziale Kompetenzen, speziell der Fähigkeit zur Perspektivenübernahme sowie der Wahrnehmungs- und Reflexionsfähigkeit der Trainer, aus der Sicht der Akteure eine bedeutende Rolle zugeschrieben wird (Borggrefe et al., 2006). Folglich ist es enorm wichtig, Maßnahmen zur pädagogischen Qualitätssicherung zur Routine werden zu lassen. Dies beginnt damit, dass Trainer wissen sollten, dass es unterschiedliche Bindungstypen gibt und dass daraus verschiedene Strategien der Kinder in belastenden Situationen resultieren. Dieses Wissen sollte als Thema in die Trainer-Aus- und -Weiterbildung mit aufgenommen werden. Nur wenn Trainer dieses Wissen haben, können eine angemessene Perspektivübernahme, Wahrnehmungs- und Reflexionsfähigkeit gewährleistet sowie Über- und Unterforderungen im Trainingsalltag und bei Wettkämpfen vermindert werden.

Des Weiteren besteht Forschungsbedarf hinsichtlich der Wirkung positiver Beziehungsqualität auf motivationale Aspekte. Zukünftige Forschungsprojekte sollten im Längsschnitt angelegt werden, um Aufschluss über Veränderungen und Stabilitäten in der Entwicklung von Bindungsmaßen, Selbstkonzeptfacetten und Bewältigungsstrategien zu erhalten. Auch sollte das Potential durch die Vernetzung mit anderen Stichproben für weitere Forschungsarbeiten genutzt werden. Zukünftige Studien mit größeren Stichproben sollten den Mut zur Interdisziplinarität in der sportwissenschaftlichen Forschung beweisen, z. B. mit trainingswissenschaftlich-sportpädagogischen Kooperationsprojekten (z. B. Richartz & Krug, 2011). Auch eine intensivere gemeinsame pädagogische Zusammenarbeit mit den Fachverbänden (v. a. DTB) ist für die Zukunft wünschenswert.

Literaturverzeichnis

Ahnert, L. (2008). Bindung und Bonding: Konzepte früher Bindungsentwicklung. In L. Ahnert (Hrsg.), *Frühe Bindung. Entstehung und Entwicklung* (S. 63-81). (2. akt. Auflage). Ernst Reinhardt Verlag: München.

Ahnert, L. (2010). *Wieviel Mutter braucht ein Kind?* Heidelberg: Spektrum Akademie/Springer.

Ahnert, L. & Harwardt, E. (2008). Die Beziehungserfahrungen der Vorschulzeit und ihre Bedeutung für den Schuleintritt. *Empirische Pädagogik, 22* (2), 145-159.

Ahnert, L., Lamb, M. E. & Barthel, M. (2004). Transition to child care. Associations of infant-mother attachment, infant negative emotion and cortisol elevations. *Child Development, 75,* 639-650.

Ahnert, L., Pinquart, M. & Lamb, M. E. (2006). Security of children's relationships with nonparental care providers. A meta analysis. *Child Development, 74*, 664-679.

Ainsworth, M. D. S. (1973). The development of infant-mother attachment. In B. M. Caldwell & H. N. Riciutti (Eds.), *Review of child development research* (pp. 1-94). Chicago: University of Chicago Press.

Ainsworth, M. D. S. (1989). Attachments beyond infancy. *American Psychologist, 44,* 709-716.

Ainsworth, M. D. S, Bell, S.M. & Stayton, D. (1971). Individual differences in strange-situation behavior of one-year-olds. In H. R. Schaffer (Ed.), *The origins of human social relations* (pp. 17-57). New York: Academic Press.

Ainsworth, M. D. S, Bell, S. M. & Stayton, D. (1974). Infant-mother attachment and social development. "Socialisation" as a product of reciprocal responsiveness to signals. In P. M. Richards (Ed.), *The introduction of the child into a social world* (pp. 93-135). London: Cambridge University Press.

Ainsworth, M. D. S, Blehar, M. C., Waters, E. & Wall, S. (1978). *Patterns of attachment. A psychological study of the Strange Situation.* New York: Erlbaum.

Ainsworth, M. D. S. & Wittig, B. A. (1969). Attachment and the exploratory behavior of 1-year-olds in a strange situation. In B. M. Foss (Ed.), *Determinants of infant behavior* (pp. 113-136). London: Methuen.

Andresen, S., Hurrelmann, K. & Fegter, S. (2010). Wie geht es unseren Kindern? Wohlbefinden und Lebensbedingungen der Kinder in Deutschland. In World Vision Deutschland e. V. (Hrsg.), *Kinder in Deutschland 2010. 2. World Vision Kinderstudie* (S. 35-60). Frankfurt a. M.: Fischer.

Alfermann, D., Stiller, J. & Würth, S. (2003). Das physische Selbstkonzept bei sportlich aktiven Jugendlichen in Abhängigkeit von physischer Leistungsentwicklung und Geschlecht. *Zeitschrift für Entwicklungspsychologie und Pädagoigsche Psychologie, 35*, 135-143.

Alfermann, D., Würth, S. & Saborowski, C. (2002). Soziale Einflüsse auf die Karriereentwicklung im Jugendleistungssport. Die Bedeutung von Eltern und Trainern. *Psychologie und Sport, 9,* 50-61.

August Frenzel, P. (1993). *Selbstbewertungen von Vätern, Müttern und ihren achtjährigen Kindern im Kontext ihrer Bindungserfahrungen.* Unveröffentlichte Dissertation, Universität Regensburg.

Ayers, T. S., Sandler, I. N., West, S. G. & Roosa, M. W. (1996). A dispositional and situational assessment of children's coping. Testing alternative models of coping. *Journal of Personality, 64*, 923- 958.

Baker, J. A., Grant, S. & Morlock, L. (2008).The teacher-student relationship as a developmental context for children with internalizing or externalizing behavior problems. *School Psychology Quarterly, 23*, 3-15.

Beckmann, J., Elbe, A.-M., Szymanski, B. & Ehrlenspiel, F. (2006). *Chancen und Risiken vom Leben im Verbundsystem von Schule und Leistungssport. Psychologische, soziologische und sportliche Leistungsaspekte*. Köln: Sport & Buch Strauß.

Birch, S. H. & Ladd, G. W. (1998). Children's interpersonal behaviors and the teacher-child relationship. *Developmental Psychology, 35*, 934-946.

Boris, N. W., Fuevo, M. & Zeanah, C. H. (1997). The clinical assessment of attachment in children under five. *Journal of the American Academy of Child and Adolescent Psychiatry, 36,* 291-293.

Borrggrefe, C., Thiel, A. & Cachay, K. (2006). *Sozialkompetenz von Trainerinnen und Trainern im Spitzensport.* Köln: Sport & Buch Strauß.

Bortz, J. & Döring, N. (2006). *Forschungsmethoden und Evaluation für Human- und Sozialwissenschaftler* (4., überarb. Aufl.). Berlin: Springer.

Bortz, J. & Lienert, G. A. (2008). *Kurzgefasste Statistik für die klinische Forschung* (3., akt. u. bearb. Aufl.). Berlin: Springer.

Bowlby, J. (1958). Das Wesen der Bindung des Kindes an seine Mutter. In H. Bonn & K. Rohsmanith (Hrsg.), *Eltern-Kind-Beziehung* (S. 277-336). Darmstadt: Wissenschaftliche Buchgesellschaft 1977.

Bowlby, J. (2006a). *Bindung.* München: Reinhardt.

Bowlby, J. (2006b). *Trennung, Angst und Zorn.* München: Reinhardt.

Bowlby, J. (2006c). *Verlust, Trauer und Depression.* München: Reinhardt.

Bowlby, J. (2003). Bindung. In K. E. Grossmann & K. Grossmann (Hrsg.), *Bindung und menschliche Entwicklung. John Bowlby, Mary Ainsworth und die Grundlagen der Bindungstheorie und Forschung* (S. 22-26). Stuttgart: Klett-Cotta.

Bowlby, J. (2009). 1. Bindung: Historische Wurzeln, theoretische Konzepte und klinische Relevanz. In G. Spangler & P. Zimmermann (Hrsg.) (5. durchges. Aufl.), *Die Bindungstheorie. Grundlagen, Forschung und Anwendung* (S.17-26). Klett-Cotta: Stuttgart.

Bowlby, J. (2010). *Bindung als sichere Basis. Grundlagen und Anwendung der Bindungstheorie* (2. Aufl.). München: Reinhardt.

Bretherton, I. (1985). Attachment theory: retrospect and prospect. In I. Bretherton & E. Waters (Eds.), Growing points of attachment theory and research. *Monographs of the society for research in Child Development, 50*, 3-35.

Bretherton, I. (2001). Zur Konzeption innerer Arbeitsmodelle in der Bindungstheorie. In G. Gloger-Tippelt (Hrsg.), *Bindung im Erwachsenenalter* (S. 52-74). Göttingen: Hogrefe.

Bretherton, I. (2006). In pursuit of internal working model construct and it's relevance to attachment relationships. In K. E. Grossmann, K. Grossmann & E. Waters (Eds.), *Attachment from Infancy to Adulthood. The Major Longitudinal Studies* (pp. 13-47). Guliford Press: New York.

Bretherton, I. & Oppenheim, D. (2003). The MacArthur Story Stem Battery: development, directions for administration, reliability, validity and reflections about meaning. In R. N. Emde, D. P. Wolf & D. Oppenheim (Eds.), *Revealing the inner worlds of young children. The MacArthur Story Stem Battery and Parent-Child Narratives* (pp. 55-80). New York: Oxford University Press.

Bretherton, I., Ridgeway, D. & Cassidy, J. (1990). Assessing working models of the attachment relationship. An attachment story completion task for 3-year-olds. In M. T. Greenberg, D. Cicchetti & E. M. Cummings (Eds.), *Attachment in the preschool years* (pp. 273-310). Chicago: The University of Chicago Press.

Brettschneider, W.-D. & Gerlach, E. (2004). *Sportengagement und Entwicklung im Kindesalter. Eine Evaluation zum Paderborner Talentmodell.* Aachen: Meyer & Meyer.

Brettschneider, W.-D. & Kleine, T. (2002). *Jugendarbeit in Sportvereinen. Anspruch und Wirklichkeit.* Schorndorf: Hofmann.

Brettschnieder, W.-D. & Klimek, G. (1998). *Sportbetonte Schulen. Ein Königsweg zur Förderung sportlicher Talente?* Aachen: Meyer & Meyer.

Bullock, M. & Lütkenhaus, P. (1988). The Development of volitional behavior in the toddler years. *Child Development, 59*, 664-674.

Cassidy, J. (1988). Child-mother attachment and the self in six-year old. *Child Development, 59*, 121-134.

Cassidy, J. (1994). Emotion regulation. Inffluences of attachment relationships. *Monographs of the society for research in child development, 59,* 228- 249.

Collins, W. A. & Read, S. J. (1994). Cognitive representations of attachment. The structure and function of working models. In K. Bartholomew & D. Perlman (Eds.), *Attachment processes in adulthood* (pp. 53-90). London: Jessica Kingsley Publishers.

Collins, W. A., Harris, M. L. & Susman, A. (1995). Parenting during middle childhood. In M. H. Bornstein (Ed.), *Handbook of Parenting, Vol. 1.* (pp. 65-89). Mahwah, NJ: Erlbaum.

Contreras, J. M., Kerns, K. A., Weimer, B. L., Gentzler, A. L. & Tornich, P. L. (2000). Emotion regulation as a mediator of associations between mother-child attachment and peer relationships in middle childhood. *Journal of Family Psychology, 14* (1), 111-124.

Daugs, R., Emrich, E. & Igel, C. (Hrsg.). (1998). *Kinder und Jugendliche im Leistungssport. Beiträge des internationalen, interdisziplinären Symposiums „KinderLeistungen" vom 7. bis 10. November 1996 in Saarbrücken.* Schorndorf: Hofmann.

Deci, E. L. & Ryan, R. M. (1985). *Intrinsic motivation and self-determination in human behavior.* New York: Plenum.

Deci, E. L. & Ryan, R. M. (1993). Die Selbstbestimmungstheorie der Motivation und ihre Bedeutung für die Pädagogik. *Zeitschrift für Pädagogik, 39* (2). 223- 338.

Deutscher Turner-Bund (Hrsg.). (1997). *Ehrenkodex im Spitzensport des Deutschen Turner-Bundes.* Zugriff am 6. Dezember 2012 unter http://www.dosb.de/ehrenkodex.

Deutscher Turner-Bund (Hrsg.). (2010). *Das Prädikat DTB-Turn-Talentschule.* Zugriff am 6. Dezember 2012 unter http://www.dtb-online.de/portal/fileadmin/user_upload/dtb.redaktion/pdfs_Themen/Turn-Talentschulen/praedikat_tts-201003.pdf.

Deutscher Sportbund (Hrsg.). (2006). *Nachwuchsleistungssportkonzept 2012. Leitlinien zur Weiterentwicklung des Nachwuchsleistungssports.* Zugriff am 13. April 2012 unter www.dosb.de.

Dickhäuser, O. & Schrahe, K. (2006). Sportliches Fähigkeitsselbstkonzept und allgemeiner Selbstwert. Zur Bedeutung von Wichtigkeit. *Zeitschrift für Sportpsychologie, 13,* 98-103.

Emde, R. N. (2003). Early narratives. A window to the child's inner world. In R. N. Emde, D. Wolf & D. Oppenheim (Eds.), *Revealing the inner worlds of young children. The MacArthur Story Stem Battery and Parent-Child Narratives* (pp. 3-26). New York: Oxford University Press.

Emde, R. N., Wolf, D. P. & Oppenheim, D. (Hrsg.). (2003). *Revealing the inner world of young children.* Oxford: University Press.

Fetzer, J., Milbrandt, J., Karg, S. & Hirsch, A. (2007). *Rahmentrainingskonzeption Nachwuchs Gerätturnen – männlich AK 6 – 18. Arbeitshilfen für Trainer/innen und Übungsleiter/innen.* Frankfurt a. M.:DTB.

Field, A. (2005). *Discovering Statistics Using SPSS.* (2. ed.). London: Sage.

Finnegan, R. A., Hodges, E. V. E., & Perry, D. G. (1996). Preoccupied and avoidant coping during middle childhood. *Child Development, 67,* 1318-1328.

Frei, P., Lüsebrink, I., Rottländer, D. & Thiele, J. (2000). *Belastungen und Risiken im weiblichen Kunstturnen. Teil 2: Innensichten, pädagogische Deutungen und Konsequenzen.* Schorndorf: Hofmann.

Fremmer-Bombik, E. (2009). Innere Arbeitsmodelle von Bindung. In G. Spangler & P. Zimmermann (Hrsg.), *Die Bindungstheorie. Grundlagen, Forschung und Anwendung* (S. 109-119). Stuttgart: Klett-Cotta.

Frey, D. & Benning, E. (1983). Das Selbstwertgefühl. In H. Mandel & G. L. Huber (Hrsg.), *Emotion und Kognition* (S. 148-182). München: Urban und Schwarzenberg.

Frydenberg, E. (2008). *Adolescent Coping. Advances in theory, research and practice.* London: Routledge.

Frydenberg, E. & Lewis, R. (1991). Adolescent coping styles and strategies. Is there functional and disfunctional coping? *Australian Journal of Guidance and Counselling, 1* (1), 1-8.

Funke, J. (1983). Was sich früh krümmt, wird auf Dauer krumm. Über das falsche und richtige Sporttreiben bei Kindern. *Die Zeit 41 (1983),* 72.

Fydrich, T. & Sommer, G. (2003). Diagnostik sozialer Unterstützung. In M. Jerusalem & H. Weber (Hrsg.), *Psychische Gesundheitsförderung* (S. 79-104). Göttingen u. a.: Hogrete.

Gagné, M., Ryan, R. M. & Bergmann, K. (2003). Autonomy support and need satisfaction in the motivation and well-being of gymnasts. *Journal of Applied Sport Psychology, 15,* 372-390.

George, C., Kaplan, N. & Main, M. (2001). Adult Attachment Interview. In G. Gloger-Tippelt (Hrsg.), *Bindung im Erwachsenenalter. Ein Handbuch für Forschung und Praxis* (S. 364-387). Bern, Göttingen, Toronto, Seattle: Huber.

Gerlach, E. (2008). *Sportengagement und Persönlichkeitsentwicklung. Eine längsschnittliche Analyse der Bedeutung sozialer Faktoren für das Selbstkonzept von Heranwachsenden.* Aachen: Meyer & Meyer.

Ginsburg, H.P. & Opper, S. (1998). *Piagets Theorie der geistigen Entwicklung* (8., völlig überarb. und erg. Aufl.). Stuttgart: Klett-Cotta.

Gloger-Tippelt, G. (2012). *Lessons from Attachment Narratives for Clinical Practice* (Vortrag auf der Summer School Attachment in Childhood – Challenges for Educational and Clinical Practice).

Gloger-Tippelt, G. & Gries, V. (2002). *Interview über die Erfahrung von Müttern/Vätern mit ihrer elterlichen Fürsorge.* Unveröffentlichtes Manual.

Gloger-Tippelt, G., Kappler, G. & König, L. (2008). *Distribution of attachment quality using the attachment story completion task in children aged 3 to 9 years from German samples – Gender and age effects.* Presentation at the 20th biennial meetings of the ISSBD in Wuerzburg, Germany.

Gloger-Tippelt, G. & König, L. (2009). *Bindung in der mittleren Kindheit. Geschichtenergänzungsverfahren zur Bindung (GEV-B) für 5- bis 8-jährige Kinder.* Weinheim, Basel: Beltz.

Golombok, S. & Fivush, R. (1994). *Gender development.* Cambridge: Cambridge University Press.

Greenglass, E. R., Schwarzer, R. & Taubert, S. (1999). The Proactive Coping Inventory (PCI). A multidimensional research instrument. Zugriff am 5. März 2014 unter http://www.psych.yorku.ca/greenglass.

Grolnick, W. S., Kurowski, C. O. & Gurland, S. T. (1999). Family processes and the development of children's self-regulation. *Educational Psychologist, 34* (1), 3-14.

Grolnick, W. S. & Ryan, R. M. (1987). Autonomy in children's learning. An experimental and individual difference investigation. *Journal of Personality and Social Psychology, 52,* 890-898.

Grolnick, W. & Ryan, R. M. (1989). Parent styles associated with children's self regulation and competence in school. *Journal of Educational Psychology, 81*, 143-154.

Grossmann, K. E. (2008). Theoretische und historische Perspektiven der Bindungsforschung. In L. Ahnert (Hrsg.), *Frühe Bindung. Entstehung und Entwicklung* (S. 21-41)

Grossmann, K. E. & Grossmann, K. (2003). *Bindung und menschliche Entwicklung.* Stuttgart: Klett-Cotta.

Grossmann, K. & Grossmann, K. E. (2004). *Bindungen. Das Gefüge psychischer Sicherheit.* Stuttgart: Klett-Cotta.

Grossmann, K. E., August, P., Fremmer-Bombik, E., Friedl, A., Grossmann, K., Scheuerer-Englisch, H., Spangler, G., Stephan, C. & Suess, G. (1989). Die Bindungstheorie. Modell und entwicklungspsychologische Forschung. In H. Keller (Hrsg.), *Handbuch der Kleinkindforschung* (S. 51-95). Berlin: Springer.

Grunert, C. & Krüger, H.-H. (2012). Quantitative Methoden in der Kindheitsforschung. Ein Überblick. In F. Heinzel (Hrsg.), *Methoden der Kindheitsforschung* (S. 36-51). Weinheim: Juventa.

Grupe, O. (1998). Hochleistungssport für Kinder aus pädagogischer Sicht. In R. Daugs, E. Emrich & C. Igel (Hrsg.), *Kinder und Jugendliche im Leistungssport* (S. 32-44). Schorndorf: Hofmann.

Grupe, O. & Krüger, M. (2008). *Einführung in die Sportpädagogik.* (3., neu bearb. Aufl.) Schorndorf: Hofmann.

Hamre, B. K. & Pianta, R. C. (2001). Early teacher-child relationships and the trajectory of children's school outcomes through eighth grade. *Child Development, 72*, 625-638.

Hamre, B. K. & Pianta, R. C. (2005). Can instructional and emotional support in the first-grade classroom make a difference for children at risk of school failure? *Child Development, 76*, 949-967.

Harter, S. (1982). The Perceived Competence Scale for Children. *Child Developement, 53,* 87-97.

Harter, S. (1985). *Manual for the Self-Perception Profile for Children.* Denver: University of Denver.

Harter, S. (1990). Issues in the assesssment of the self-concept of children and adolescents. In A. M. La Greca (Ed.), *Through the eyes of the child. Obtaining self-reports from children and adolescents* (pp. 292-325). Boston, MA: Allyn & Bacon.

Harter, S. (1999). *The construction of the self. A development perspective.* New York, London: Guilford Press.

Harter, S. (2006). The self. In N. Eisenberg (Ed.), *Handbook of child psychology. Vol 3 Social emotional and personality development* (6th ed.) (pp. 505-570). New York: Wiley.

Harter, S., Waters, P. & Whitesell, N. R. (1998). Relational self-worth. Differences in perceived worth as a person across interpersonal contexts among adolescents, *Child Development, 69*, 756-766.

Harwardt-Heimecke, E. & Ahnert, L. (2013). Bindungserfahrungen in Kindergarten und Schule in ihrer Wirkung auf die Schulbewährung. Zusammenfassende Ergebnisse aus der BSB-Studie. *Zeitschrift für Pädagogik, 6*, 817-825.

Hattie, J. (1992). *Self-concept.* Hillsdale, NJ: Erlbaum.

Heckhausen, H. (1989). *Motivation und Handeln* (2., völlig überarb und erg. Aufl.). Berlin: Springer.

Heckhausen, H. & Roelofsen, I. (1962). Anfänge und Entwicklung der Leistungsmotivation. Im Wetteifer des Kleinkindes. *Psychologische Forschung, 26*, 313-397.

Heim, R. (2002). *Jugendliche Sozialisation und Selbstkonzeptentwicklung im Hochleistungssport.* Aachen: Meyer & Meyer.
Heim, R. & Richartz, A. (2003). Jugendliche im Spitzensport. In W. Schmidt, I. Hartmann-Tews & W.-D. Brettschneider (Hrsg.), *Erster Deutscher Kinder- und Jugendsportbericht* (S. 255-274). Schorndorf: Hofmann.
Heinzel, F. (Hrsg.). (2000). *Methoden der Kindheitsforschung. Ein Überblick über Forschungszusammenhänge zur kindlichen Perspektive.* Weinheim: Juventa.
Helmke, A. (1991). Entwicklung des Fähigkeitsselbstbildes vom Kindergarten bis zur dritten Klasse. In R. Pekrun & H. Fend (Hrsg.), *Schule und Persönlichkeitsentwicklung. Bd. 11. Der Mensch als soziales und personales Wesen* (S. 83-99). Stuttgart: Enke.
Helmke, A. (1999). From optimism to realism? Development of children's academic self-concept from kindergarten to grade 6. In F. E. Weinert & W. Schneider (Eds.), *Individual development from 3 to 12. Findings from the Munich Longitudinal Study* (pp. 198-221). New York: Cambridge University Press.
Helmke, A. & Schrader, F.-W. (2001). Von der Leistungsevaluation zur Unterrichtsentwicklung. In R. Silbereisen & M. Reitzle (Hrsg.), *Psychologie 2000. Bericht über den 42. Kongress der Deutschen Gesellschaft für Psychologie in Jena* (S. 594-606). Lengerich: Pabst.
Hesse, E. & Main, M. (1999). Frightened behavior in traumatized but nonmaltreating parents. Previously unexamined risk factor for offspring. In D. Diamond & S.J. Blatt (Eds.), *Psychoanalytic theory and attachment research I: Theoretical considerations. Psychoanalytic Inquiry,* 19.
Hobfoll, S. E., & Stokes, J. P. (1988). The process and mechanism of social support. In S. W. Duck (Ed.), *The handbook of research in personal relationships* (pp. 497-517). London: Wiley.
Hoffmann, K., Sallen, J., Albert, K. & Richartz, A. (2010). Zeitaufwendungen von Spitzensportlern in Leistungssport- und Bildungs-/Berufskarriere. Eine empirische Studie zum Zusammenhang mit chronischem Belastungserleben. *Leipziger Sportwissenschaftliche Beiträge, 51* (2), 75-93.
Hohmann, A. (2009). *Entwicklung sportlicher Talente an sportbetonten Schulen. Schwimmen, Leichtathletik, Handball.* Petersberg: Imhof.
Hohmann, A. & Seidel, I. (2004). Talententwicklung im Leistungssport. Die Magdeburger Talent- und Schnelligkeitsstudie MATASS. *BISp-Jahrbuch 2004* (S.185-196). Bonn: BISp.
Howes, C. (1999). Attachment relationships in the context of multiple caregivers. In J. Cassidy & R. P. Shaver (Eds.), *Handbook of attachment. Theory, research, and clinical applications* (pp.671-687). New York: Guilford Press.
Howes, C. & Richie, S. (1999). Attachment organizations in children with difficult life circumstances. *Development and Psychopathology, 11,* 251-268.
Howes, C. & Spieker, S. (2008). Attachment Relationships in the Context of Multiple Caregivers. In J. Cassidy & P. R. Shaver (Eds.), *Handbook of attachment, theory, research, and clinical applications.* (2. Ed.) (pp. 317-332). New York: Guilford Press.
Hurrelmann, K. & Bründel, H. (2003). *Einführung in die Kindheitsforschung* (2., vollst., überarb. Aufl.). Weinheim: Beltz.
Jerome, E. M., Hamre, B. K. & Pianta, R. C. (2009). Teacher-Child relationships from kindergarten to sixth grade. Early childhood predictors of teacher-perceived conflict and closeness. *Social Development, 18* (4), 915-945.
Kage, M. & Namiki, H. (1990). The effects of evaluation structure on children's intrinsic motivation and learning. *Japanese Journal of Educational Psychology, 38*, 36-45.
Kasen, S., Johnson, J. & Cohen, P. (1990). The impact of school emotional climate on student psychopathology. *Journal of Abnormal Psychology, 18* (2), 165-177.
Kerns, K. A. (2008). *Attachment in Middle Childhood.* In J. Cassidy & P. R. Shaver (Eds.), Handbook of Attachment (pp. 366-382). New York/London: Guilford Press.
Kesner, J. (2000). Teacher characteristics and the quality of child-teacher relationships. *Journal of School Psychology, 28*, 133-149.
Kindler, H. (1990). *Analyse der Selbstbewertungen achtjähriger Kinder. Längsschnittliche Zusammenhänge.* Diplomarbeit, Universität Regensburg.
Klöckner, W. (2000). Komplexität als Herausforderung. Warum alte Denk- und Führungskulturen modernen Anforderungen im Leistungssport nicht mehr gerecht werden. *Leistungssport, 1,* 52-54.

Kobak, R. & Cole, H. (1994). Attachment and meta-monitoring. Implications für adolescent autonomy and psychopathology. In D. Cicchetti & S. L. Toth (Eds.), *Disorders and disfunctions of the self. The Rochester Symposium on Developmental Psychopathology.* New York: University Rochester Press.

König, L. (2002). *Bindung bei sechsjährigen Kindern aus Einelternfamilien. Bindungsrepräsentation, Selbstkonzept und Verhaltensauffälligkeiten im Kontext von Risikobedingungen.* Dissertation, Universität Düsseldorf.

König, L., Gloger-Tippelt, G. & Zweyer, K. (2007). Bindungsverhalten zu Mutter und Vater und Bindungsrepräsentationen bei Kindern im Alter von fünf und sieben Jahren. *Praxis der Kinderpsychologie und Kinderpsychiatrie, 56,* 445-462.

Koomen, H. M. Y. & Hoeksma, J. B. (2003). Regulation of emotional security by children after entry to special and regular kindergarten classes. *Psychological Reports, 93,* 1319-1334.

Kränzel- Nagel, R. & Wilk, L. (2000). Möglichkeiten und Grenzen standardisierter Befragungen unter besonderer Berücksichtigung der Faktoren soziale und personale Wünschbarkeit. In F. Heinzel (Hrsg.), *Methoden der Kindheitsforschung. Ein Überblick über Forschungszugänge zur kindlichen Perspektive* (S. 59-76). Weinheim/München: Juventa.

Krohne, H. W., Schuhmacher, A. & Egloff, B. (1992). *Das Angstbewältigungs-Inventar (ABI).* Mainz: Universität, Psychologisches Institut, Abteilung Persönlichkeitspsychologie.

Kurz, D., Sack, H. G. & Brinkhoff, K. P. (1996). Kindheit, Jugend und Sport in Nordrhein-Westfahlen. Der Sportverein und seine Leistungen. *Eine repräsentative Befragung der Nordrhein-Westfälischen Jugend.* Düsseldorf: Ministerium für Stadtentwicklung.

Ladd, G. W. & Burgess, K. B. (2001). Do relational risks and protective factors moderate the linkages between childhood aggression and early psychological and school adjustment? *Child Development, 72,* 1579-1601.

Ladd, G., Birch, S., & Bush, E. (1999). Children's social and scholastic lives in kindergarten. Related spheres of influences? *Child Development, 70,* 1373-1400.

Laireiter, A. R. (Hrsg.). (1993). *Soziales Netzwerk und Soziale Unterstützung. Konzepte, Methoden und Befunde.* Bern: Huber.

Laux, L. & Weber, H. (1990). Bewältigung von Emotionen. In K. R. Scherer (Hrsg.), *Psychologie der Emotion* (S. 560-629). Göttingen: Hogrefe.

Lazarus, R. S. (1981). Streß und Streßbewältigung. Ein Paradigma. In S.-H. Filipp (Hrsg.), *Kritische Lebensereignisse* (S. 198-232). München: Urban & Schwarzenberg.

Lazarus, R. S. & Folkmann, S. (1984). *Stress, appraisal and coping.* New York: Springer.

Leppin, A. & Schwarzer, R. (1997). Sozialer Rückhalt, Krankheit und Gesundheitsverhalten. In R. Schwarzer (Hrsg.). *Gesundheitspsychologie, Ein Lehrbuch.* (2., überarb., und erw. Aufl.) (S. 349-373). Göttingen: Hogrefe.

Lohaus, A. & Klein-Hessling, J. (2001). Stresserleben und Stressbewältigung im Kindesalter. Befunde, Diagnostik und Intervention. *Kindheit und Entwicklung, 10,* 148-160.

Main, M. & Cassidy, J. (1988). Categories of response to reunion with the parent at age six. Predictable from infant attachment classification and stable over a one-month period. *Developmental Psychology, 24,* 415-426.

Main, M., Hesse, E. & Kaplan, N. (2006). Predictability of attachment behavior and representational processes at 1, 6, and 19 years of age. The Berkeley Longitidunal Study. In K. E. Grossmann, K. Grossmann & E. Waters (Eds.), *Attachment from Infancy to Adulthood. The Major Longitidunal Studies.* (pp. 245-304). New York, London: Guilford Press.

Main, M., Kaplan, N. & Cassidy, J. (1985). Security in infancy, childhood, and adulthood. A move to the level of representation. In I. Bretherton & E. Waters (Eds.), *Growing points in attachment theory and research. Monographs of the society for research in child development, 50,* 66-106.

Main, M. & Solomon, J. (1990). Procedures for identifying infants as disorganized/ disoriented during the Ainsworth Strange Situation. In M. T. Greenberg, D. Cicchetti & E. M. Cummings (Eds.), *Attachment in the preschool years. Theory, research and intervention* (pp. 121-160). Chicago: University of Chicago Press.

Marsh, H. W. (1986). Verbal and math self-concepts. An internal/external frame of reference model. *American Educational Research Journal, 23,* 129-149.

Marsh, H. W. (1988). *Self Description Questionnaire. A theoretical and empirical basis for the measurement of multiple dimensions of preadolescent self-concept. A test manual and a research monograph.* San Antonio: Psychological Corporation.

Marsh, H. W. (1990). *Self Description Questionnaire (SDQ) II. A theoretical and empirical basis for the measurement of multiple dimensions of adolescent self-concept. An interim test manual and a research monograph.* San Antonio: Psychological Corporation.

Marsh, H. W. (1992). *Self Description Questionnaire (SDQ) III: A theoretical and empirical basis for the measurement of multiple dimensions of adolescent self-concept. An interim test manual and a research monograph.* San Antonio: Psychological Corporation.

Marsh, H. W. (1994). The importance of being important. Theoretical models of relations between specific and global components of physical self concept. *Journal of Sport and Exercise Psychology, 16*, 306-325.

Marsh, H. W. (1998). Age and gender effects in physical self-concepts for adolescent elite athletes and nonathletes. A multicohort-multioccasion design. *Journal of Sport & Exercise Psychology, 20*, 237-259.

Marsh, H. W. (2005). Gasteditorial. Big-Fish-Little-Pond Effect on academic self-concept. *Zeitschrift für Pädagogische Psychologie, 19*, 119-127.

Marsh, H. W., Craven, R. G. & Debus, R. (1998). Structure, stability, and development of young children's self-concepts. A multicohort-multioccasion study. *Child Development, 69*, 1030-1053.

Marsh, H. W. & Hau, K.-T. (2003). Big-fish-little-pond-effect on academic self-concept. A crosscultural (26-country) test of the negative effects of academically selective schools. *American Psychologist, 58*, 364-376.

Measelle, J. R., Ablow, J. C., Cowan, P. A. & Cowan, C. P. (1998). Assessing young children's views of their academic, social, and emotional lives. An evaluation of the self-perception scales of the Berkeley puppet interview. *Child Development, 69*, 1556-1576.

Melfsen, S. & Florin, I. (1997). Ein Fragebogen zur Erfassung sozialer Angst bei Kindern (SASC-R-D). *Kindheit und Entwicklung, 6*, 224-229.

Meyer, H. (2004). *Was ist guter Unterricht.* Berlin: Cornelsen.

Meyer, W.-U. (1984). *Das Konzept von der eigenen Begabung.* Bern, Stuttgart, Toronto: Verlag Hans Huber.

Milatz, A. & Ahnert, L. (2009). *Secure-base Scripte bei Lehrerinnen – Auswirkungen auf die Beziehungsgestaltung in Grundschulen.* Wien: Universität Wien, Fakultät für Psychologie.

Mize, J. & Ladd, G. W. (1988). Predicting preschoolers' peer behavior and status from their interpersonal strategies. A comparison of verbal and enactive responses to hypothetical social dilemmas. *Developmental Psychology, 24*, 782-788.

Neuber, N., Golenia, M. Krüger, M. & Pfitzner, M. (2013). Erziehung und Bildung – Sportpädagogik. In A. Güllich & M. Krüger (Hrsg.), *Sport – Ein Lehrbuch für das Sportstudium* (S. 395-438). Berlin; Heidelberg: Springer Spektrum.

NICHD Early Child Care Research Network (2005). Early child care and children's development in the primary grades. Follow-up results from NICHD study of early child care. *American Educational Research Journal, 42* (3), 537-570.

O'Connor, E., Collins, B. A. & Supplee, L. (2012). Behavior problems in late childhood. The roles of early maternal attachment and teacher-child relationship trajectories. *Attachment and Human Development, 14* (3), 265-288.

O'Connor, E. & McCartney, K. (2006). Testing associations between mother-child and teacher-child relationships. *Journal of Educational Psychology, 26*, 301-326.

Oerter, R. (1998). Kinder und Hochleistungssport aus entwicklungspsychologischer Sicht. In R. Daugs, E. Emrich & C. Igel (Hrsg.), *Kinder und Jugendliche im Leistungssport* (S. 69-86). Schorndorf: Hofmann.

Oerter, R. (2002). Kindheit. In R. Oerter & L. Montada (Hrsg.), *Entwicklungspsychologie* (5., vollst., berarb. Aufl.) (S. 209-255). Weinheim: Beltz.

Oeser, E. (1987). *Psychozoikum. Evolution und Mechanismus der menschlichen Erkenntnisfähigkeit.* Berlin: Parey Verlag.

Oppenheim, D. (1997). The attachment doll-play interview for preschoolers. *International Journal of Behavioral Development, 20* (4), 681-697.

Parker, J. D. A. & Endler, N. S. (1992). Coping with coping assessment. A critical review. *European Journal of Personality, 6*, 321-344.

Paschen, K. (1984). Kinder im Hochleistungssport. In Bundesanstalt für Arbeitsschutz Dortmund (Hrsg.), *Kinderarbeit ist verboten* (S. 96-98). Wuppertal: Jugenddienstverlag.

Pelletier, L. G., Fortier, M. S., Vallerand, R. J., Tuson, K. M., Brière, N. M. & Blais, M. R. (1995). Toward a new measure of intrinsic motivation, extrinsic motivation and amotivation in sports. The sport motivation scale (SMS). *Journal of Sport and Exercise Psychology, 17,* 35-53.

Polocszek, S., Karst, K., Praetorius, A. K. & Lipowsky, F. (2011). Generalisten oder Spezialisten? Bereichsspezifität und leistungsbezogene Zusammenhänge des schulischen Selbstkonzepts von Schulanfängern. *Zeitschrift für pädagogische Psychologie, 25* (3), 173-183.

Pianta, R. C. (1994). Patterns of relationships between children and kindergarten teachers. *Journal of School Psychology, 32,* 15-32.

Pianta, R. C. (1999). *Enhancing relationships between children and teachers.* Washington DC: American Psychological Association.

Pianta, R. C. (2006). Classroom management and relationships between children and teachers. Implications for research and practice. In C. M. Evertson & C. S. Weinstein (Eds.), *Handbook of Classroom Management. Research, Practice and Contemporary Issues* (pp. 685-709). Mahwa, N.J.: Erlbaum.

Pianta, R. C. & Stuhlmann, M. W. (2004). Teacher-child relationchips and children's success in the first years of school. *School Psychology Review, 33* (3), 444-458.

Pierce, G.P., Sarason, I.G. & Sarason, B.R. (1996). Coping and social support. In M. Zeider & N. S. Endler (Eds.), *Handbook of Coping. Theory, research, applications* (pp. 434-451). New York: John Wiley & Sons.

Prohl, R. (2004). Bildungsaspekte des Trainings und Wettkampfs im Sport. In R. Prohl & H. Lange (Hrsg.), *Pädagogik des Leistungssports. Grundlagen und Facetten* (S.11-39). Schorndorf: Hofmann.

Richartz, A. (2000). *Lebenswege von Leistungssportlern: Anforderungen und Bewältigungsprozesse der Adoleszenz. Eine qualitative Längsschnittstudie.* Aachen: Meyer & Meyer.

Richartz, A. (2012). Abschlussbericht zur Evaluation der Talentschulen des Deutschen Turner-Bundes. Sportpädagogisches Teilprojekt (unveröffentlicht). Hamburg: Universität Hamburg, Fakultät für Erziehungswissenschaft, Psychologie und Bewegungswissenschaft.

Richartz, A. & Brettschneider, W.-D. (1996). *Weltmeister werden und die Schule schaffen. Zur Doppelbelastung von Schule und Leistungstraining.* Schorndorf: Hofmann.

Richartz, A., Hoffmann, K. & Sallen, J. (2009). *Kinder im Leistungssport. Chronische Belastungen und protektive Ressourcen.* Schorndorf: Hofmann.

Richartz, A. & Krug, J. (2011). Trainingsqualität. Ein sportpädagogisches und trainingswissenschaftliches Kooperationsprojekt. In K. Hottenrott, O. Stoll & R. Wollny (Hrsg.), *Kreativität-Innovation-Leistung. Abstracts. 20. Sportwissenschaftlicher Hochschultag der dvs vom 21.-23. September 2011 in Halle* (S. 83). Hamburg: Czwalina.

Rosenberg, M. (1979). *Conceiving the Self.* New York: Basic Books.

Robinson, J. & Mantz-Simmons, L. (2003). The MacArthur narrative coding system. One approach to highlighting affective meaning making in the MacArthur Story Stem Battery. In R. N. Emde, D. P. Wolf & D. Oppenheim (Eds.), *Revealing the inner worlds of young children. The MacArthur Story Stem Battery and parent-child-narratives* (pp. 81-105). New York: Oxford University Press.

Ryan, R. M., Connell, J. P. & Deci, E. L. (1985). A motivational analysis of self determination and self regulation in education. In C. Ames & R.E. Ames (Eds.), *Research on motivation in education: The classroom milieu* (pp. 13-51). New York: Academic Press.

Sabol, T. J. & Pianta, R. C. (2012). Recent trends in research on teacher-child relationships. *Attachment & Human Development, 14(3),* 213-231.

Saft, E. W. & Pianta, R. C. (2001). Teacher's perceptions of their relationship with students. Effects of child age, gender and ethnicity of teachers and children. *School Psychology Quarterly, 16* (2), 125-141.

Sagi, A., van IJzendoorn, M. H., Scharf, M., Koren-Karie, N., Joels, T. & Mayseless, O. (1994). Stability and discriminant validity of the Adult Attachment Interview. A psychometric study in young Israeli adults. *Developmental Psychology, 30,* 771-777.

Saldern, M. & Littig, K. E. (1987). Die Konstruktion der Landauer Skalen zum Sozialklima (LASSO). *Zeitschrift für Entwicklungspsychologie und Pädagogische Psychologie, 17,* 138-149.

Sarason, B. R., Pierce, G. R. & Sarason, I. G. (1990). Social support. The sense of acceptance and the role of relationships. In B. R. Sarason, G. R. Pierce & I. G. Sarason (Eds.), *Social support. An interactional view* (pp. 9-25). New York: Wiley.

Sava, F. A. (2002). Causes and effects of teacher conflict-inducing attitudes towards pupils: a path analysis model. *Teaching and Teacher Education, 18* (8), 1007-1021.

Schmidt, S., Höger, D. & Strauß, B. (1999). Bindung und Coping – Eine Erhebung zum Zusammenhang zwischen Bindungsstilen und Angstbewältigungsmustern in bedrohlichen Situationen. *Zeitschrift für Medizinische Psychologie, 1,* 39-48.

Schneekloth, U. & Pupeter, M. (2010). Familie als Zentrum. Bunt und vielfältig, aber nicht für alle Kinder gleich verlässlich. In World Vision Deutschland e.V. (Hrsg.), *Kinder in Deutschland 2010. 2. World Vision Kinderstudie.* (S. 61-94). Frankfurt a. M.: Fischer.

Schulz, P. (2005). Stress- und Copingtheorien. In R. Schwarzer (Hrsg.), *Enzyklopädie der Psychologie. Themenbereich C Theorie und Forschung, Serie X Gesundheitspsychologie, Band 1 Gesundheitspsychologie* (S. 219-236). Göttingen: Hogrefe.

Schulz, P. & Jansen, L. J. (2007). *Stress-Resistenz-Training (SRT): Manual zum Gruppentrainingsprogramm zur Verbesserung der Stressresistenz.* Hamburg: Kovac.

Schwarzer, R. (1992). *Self-efficacy: Thought control of action.* Washington: Hemisphere.

Schwarzer, R. (2000). *Stress, Angst und Handlungsregulation* (4., überarb. Aufl.). Stuttgart: Kohlhammer.

Schwarzer, R. (2004). *Psychologie des Gesundheitsverhaltens. Einführung in die Gesundheitspsychologie.* (3. überarb. Aufl.) Göttingen: Hogrefe.

Schwarzer, R. (Hrsg.). (2005). *Gesundheitspsychologie.* Göttingen: Hogrefe.

Seiffge-Krenke, I. (1995). *Stress, coping and relationships in adolescence.* Mahwah: Erlbaum.

Shavelson, R.J., Hubner, J. J. & Stanton, G. G. (1976). Self-Concept. Validation of Construct Interpretations. *Review of Educational Research, 46,* 407-441.

Skinner, E. A. & Wellborn, J. G. (1994). Coping during childhood and adolescence. A motivational perspective. In D. Featherman, R. Lerner & M. Perlmutter (Eds.), *Life-span development and behavior, Vol. 12* (pp. 91-133). Hillsdale, NJ: Erlbaum.

Solomon, J. & George, C. (1994). *Disorganization of maternal caregiving strategies. An attachment approach to role reversal. Paper presented at the 102nd Meeting of the American Psychological Association,* Los Angeles, CA.

Spangler, G. & Zimmermann, P. (1999). Emotion, Motivation, Leistung aus Entwicklungs- und persönlichkeitspsychologischer Perspektive. In M. Jerusalem & R. Pekrun (Hrsg.), *Emotion, Motivation, Leistung* (S. 85-103). Göttingen: Hogrefe.

Sparfeldt, J. R., Rost, D. H. & Schilling, S. R. (2003). Das DISK-Gitter. Ein neues diagnostisches Verfahren zur Messung des Differentiellen Schulischen Selbstkonzepts. In E. J. Brunner, P. Noack, G. Scholz & I. Scholl (Hrsg.), *Diagnose und Intervention in schulischen Handlungsfeldern* (S. 111-123). Münster: Waxmann.

Sroufe, L. A. (1983). Infant-caregiver attachment and patterns of adaptation in preschool – The roots of maladaptation and competence. In M. Perlmutter (Ed.), *Minnesota Symposium in Child Psychology, 16* (pp. 41-81). Hillsdale, NJ: Erlbaum.

Sroufe, L. A. (1989). Relationships, self and individual adaptation. In A. J. Sameroff & R. N. Emde (Eds.), *Relationship disturbances in early childhood. A developmental approach* (pp. 70-94). New York: Basic Books.

Sroufe, L. A., Egeland, B., Carlson, E. A. & Collins, W. A. (2005). *The development of the person. ThemMinnesota study of risk and adaptation from birth to adulthood.* New York: Guilford Press.

Sroufe, L. A. & Fleeson, J. (1988). The coherence of family relationships. In R. A. Hinde & J. Stevenson-Hinde (Eds.), *Relationships within families. Mutual influences* (pp. 27-47). Oxford, UK: Clarendon.

Sroufe, L. A. & Waters, E. (1977). Heart rate as a convergent measure in clinical and developmental research. *Merrill-Palmer Quarterly, 23,* 3-27.

Starrels, M. E. (1994). Gender differences in parent-child relations. *Journal of Family Issues, 15,* 148-165.

Streblow, L. (2004). *Bezugsrahmen und Selbstkonzeptgenese.* Pädagogische Psychologie und Entwicklungspsychologie, 42. Münster: Waxmann.

Suls, J. & Fletcher, B. (1985). The relative efficacy of avoidant and nonavoidant coping strategies: a meta-analysis. *Health Psychology, 4* (3), 249-288.

Sygusch, R. (2007). *Psychosoziale Ressourcen im Sport. Ein sportartenorientiertes Förderkonzept für Schule und Verein.* Schorndorf: Hofmann.

Troy, M. & Sroufe, L.A. (1987). Victimization among preschoolers. The role of attachment relationship history. *Journal of the American Academy of Child Psychiatry, 26,* 166-172.

Van Aken, M. A. G., Coleman, J. C. & Cotterell, J. C. (1994). Issues concerning social support in childhood and adolescence. In F. Nestmann & K. Hurrelmann (Eds.), *Social networks and social support in childhood and adolescence* (pp. 429-441). Berlin: de Gruyter.

Van Ijzendoorn, M. H., Sagi, A. & Lambermon, M. W. E. (1992). The multiple caretaker paradox. Data from Holland and Israel. In R.C. Pianta (Ed.), *Beyond the parent. The role of other adults in children's lives. New Directions for Child Development, 57,* 5-24.

Verschueren, K., Doumen S. & Buyse, E. (2012). Relationships with mother, teacher, and peers. Unique and joint effects on young children's self-concept, *Attachment and Human Development, 14* (3), 233-248.

Verschueren, K. & Koomen, H. M. Y. (2012). Teacher-child relationships from an attachment perspective. *Attachment & Human Development, 14* (3), 205-211.

Warren, S. L. (2003). Narrative Emotion Coding System (NEC). In R. N. Emde, D. P. Wolf & D. Oppenheim (Eds.), *Revealing the inner worlds of young children. The MacAthur Story Stem Battery and Parent-Child Narratives* (pp. 92-105). Oxford: University Press.

Weischenberg, K. (1996). *Kindheit im modernen Kinderhochleistungssport. Untersuchungen zur alltäglichen Lebensumwelt von C- und D- Kader- Athletinnen im Kunstturnen auf der Grundlage eines konkreten Kindheitsverständnisses.* Frankfurt a.M.: Lang.

Würth, S. (2001). *Die Rolle der Eltern im sportlichen Entwicklungsprozess von Kindern und Jugendlichen.* Dissertation, Universität Leipzig.

Yoon, J. S. (2002). Teacher characteristics as predictors of teacher-student relationships. Stress, negative affect, and self efficacy. *Socila behavior and Personality, 30* (5), 485-493.

Zajac, K. & Kobak, R. (2006). Attachment. In G. G. Bear & K. M. Minke (Eds.), *Children's needs III. Development, prevention and intervention* (pp. 379-389). Washington, DC: National Association of School Psychologists.

Zimmermann, P., Suess, G. J., Scheurer-Englisch, H. & Grossmann, K. E. (1999). Bindung und Anpassung von der frühen Kindheit bis zum Jugendalter. Ergebnisse der Bielefelder und Regensburger Längsschnittstudie. *Kindheit und Entwicklung, 8,* 36-48.

Abbildungsverzeichnis

Tabellenverzeichnis

Abkürzungsverzeichnis

A	Unsicher-vermeidende Bindungsrepräsentation zu Eltern
A_{Tr}	Unsicher-vermeidende Beziehungsrepräsentation zum Trainer
Aufl.	Auflage
B	Sichere Bindungsrepräsentation zu Eltern
B_{Tr}	Sichere Beziehungsrepräsentation zum Trainer
BRiL-K	Fragebogen zu Belastungen und Ressourcen im Leistungssport von Kindern
bzgl.	bezüglich
bspw.	beispielsweise
bzw.	beziehungsweise
C	Unsicher-ambivalente Bindungsrepräsentation zu Eltern
C_{Tr}	Unsicher-ambivalente Beziehungsrepräsentation zum Trainer
D	Bindungs-Desorganisation zu Eltern
D_{Tr}	Beziehungs-Desorganisation zum Trainer
d. h.	das heißt
DOSB	Deutscher Olympischer Sportbund
ebd.	ebenda
ed.	edition
Ed.	editor
Eds.	editors
em.	emeritiert
f/ff	Bei Seitenangaben: f=folgende; ff=fortfolgende
GEV-B	Geschichtenergänzungsverfahren zur Bindung
GEV-B-Sp	Sportspezifische Erweiterung zum Geschichtenergänzungsverfahren
Hrsg.	Herausgeber
IQ	Intelligenzquotient
Kap.	Kapitel
KiFB-TTS	Fragebogen für Kinder einer Turn-Talentschule
p.	page
pp.	pages
PASW	Predictive Analysis Software
RSG	Rhythmische Sportgymnastik
S.	Seite
s. o.	siehe oben
s. u.	siehe unten
SET	Fragebogen zu Sportengagement und Entwicklung von Heranwachsenden. Eine Evaluation zum Paderborner Talentmodell
SK	Selbstkonzept
SPSS	Statistical Package of Social Sciences
TG	Trainingsgruppe
TTS	Turn-Talentschule
v. a.	vor allem
vgl.	vergleiche
vs.	versus
WK	Wettkampf
z. B.	zum Beispiel
z. T.	zum Teil

Anhang A

Skalendokumentation zu Fürsorglichkeit und Selbstkonzeptfacetten (aus BRiL-K)

(1) ***Fürsorglichkeit Eltern***

S_77 Wenn ich meine Eltern brauche, dann haben sie Zeit für mich.

S_81 Meine Eltern helfen mir, wenn ich Probleme habe.

S_83R Meine Eltern achten zu wenig auf meine Gefühle.

S_79 Meine Eltern hören mir immer zu, wenn ich Probleme habe.

S_85 Meine Eltern sind bereit, mit mir zu reden, wenn etwas nicht stimmt.

(2) ***Fürsorglichkeit Trainer***

S_58 Wenn wir etwas mit unserem Trainer bereden wollen, dann hat er auch Zeit dafür.

S_68 Unser Trainer hilft uns wie ein Freund.

S_66R Unser Trainer achtet zu wenig auf unsere Gefühle.

S_69 Unser Trainer hilft jedem von uns, wenn jemand etwas nicht kann.

S_70 Unser Trainer ist bereit, mit uns zu reden, wenn etwas nicht stimmt.

(3) ***Soziales Selbstkonzept in der Schulklasse***

S_62R Ich finde, dass es schwer ist, in meiner Klasse Freundschaften zu schließen.

S_64R Es ist nicht leicht für die Kinder in meiner Klasse, mich zu mögen.

(4) ***Soziales Selbstkonzept in der Trainingsgruppe***

S_57R Ich finde, dass es schwer ist, Freundschaften in meiner Trainingsgruppe zu schließen.

S_59R Es ist nicht leicht für die Kinder aus meiner Trainingsgruppe mich zu mögen.

(5) ***Aufgabenbezogene Kompetenz Schule***

S_61 Ich bin sehr gut in der Schule.

S_63 Ich glaube, ich bin genauso gut wie andere in meinem Alter.

S_65R Ich bin in der Schule einfach nicht gut.

(6) ***Aufgabenbezogene Kompetenz Sport***

S_80 Ich bin sehr gut im Sport.

S_67 Ich lerne sehr schnell neue Übungen beim Sport.

S_71 Ich bin beim Sport genau so gut wie andere in meinem Alter.

(7) ***Selbstwertgefühl***

S_78 Insgesamt bin ich mit mir sehr zufrieden.

S_50 Ich mag mich so wie ich bin.

S_82 Ich finde mich in Ordnung.

(8) ***Körperkonzept***

S_52 Ich bin mit meinem Körper zufrieden.

S_55 Ich sehe wirklich gut aus.

S_84R Ich finde meinen Körper nicht schön.

Skalendokumentation zum Arbeitsbündnis

(9) ***Sportliche Ziele***

ab_zi_1	Ich möchte so schwere Sachen können, wie die Großen.
ab_zi_2	Ich möchte zu den besten in meinem Verein gehören.
ab_zi_3	Ich möchte Deutscher Meister werden.

(10) ***Pflichten der Kinder***

ab_in_1	Ich gehe auch zum Training, wenn ich mal keine Lust habe.
ab_in_2	Wenn man im Turnen gut werden will, muss man auf den Trainer hören.
ab_in_3	Wenn das Training langweilig ist, passe ich trotzdem auf.
ab_in_5	Wenn man im Turnen gut werden will, darf man im Training nicht quatschen.

(11) ***Pflichten des Trainers aus Sicht der Kinder***

ab_er_1r	Mein Trainer schimpft zu viel.
ab_er_2r	Mein Trainer ist zu streng.
ab_er_5	Mein Trainer ist gerecht.

(12) ***Fachkompetenz des Trainers aus Sicht der Kinder***

ab_er_3	Mein Trainer kann mir gut Sachen beibringen.
ab_er_4	Mein Trainer weiß, was ich machen muss, um gut zu werden.

Anhang B

Exemplarische Darstellung zur Anleitung und Durchführung der einzelnen Geschichten am Beispiel der Geschichte „Verletztes Knie“[53]

Thema der Geschichte: Schmerz als Auslöser von Bindungsverhalten und Fürsorge Requisiten: ein kleiner natürlicher Ast als Baumstamm Figuren: Mutter (M), Vater (V), Hauptfigur: Susanne/Jan (K_1), Geschwisterkind (K_2)

U: *„Du kannst die Familie schon einmal aufstellen.“*

Zeigen Sie auf die Seite des Tisches. Für den Rest der Familie ist es wichtig, dass sie etwa 30 cm von dem liegenden Baumstamm entfernt ist, auf dem die Identifikationsfigur balancieren wird.

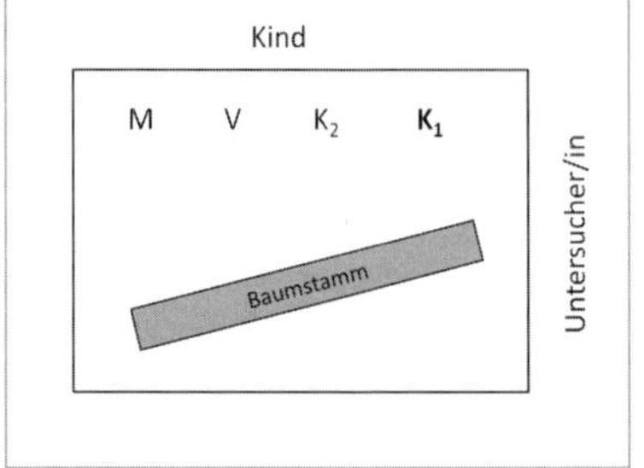

U: *„Sieh mal, was ich hier habe.“*

Holen Sie den Ast/Baumstamm heraus und platzieren ihn wie oben.

U: *„Dies soll ein Baumstamm sein, der im Wald liegt. Gehst du auch manchmal mit deinen Eltern im Wald spazieren? Also hier ist unsere Familie und sie gehen auf einem Weg im Wald spazieren und da liegt ein dicker Baumstamm.“*

K_1: *„Mama, Papa, guckt mal.“* (Die Identifikationsfigur versucht auf dem Baumstamm zu balancieren, rutscht ab und fällt hin.) *„Aua, aua, mein Knie tut weh, mein Knie blutet.“* (mit schriller Stimme).

U: *„Nun spiele du die Geschichte weiter und zu Ende!“*

Standardmäßig werden am Ende der Geschichte folgende Fragen gestellt: „Wie geht es Susanne/Jan jetzt?“ und „Denkt Susanne/Jan etwas?“. Außer diesen Standardfragen sollten nur Verständnisfragen gestellt werden. Prinzipiell gilt: Es soll so wenig wie möglich nachgefragt werden.

53 vgl. Gloger-Tippelt und König, 2009, S. 81ff.

Auswertungsvorlagen des Geschichtenergänzungsverfahrens Bindung (GEV-B)

Am Beispiel der Kniegeschichte – Schmerz als Auslöser von Bindungsverhalten und Fürsorge der Eltern

Kodiertabelle ***Name/Code***

	Verletztes Knie		**Diagnostische Notizen**
	Hinweise auf sichere Bindungsmuster		
VS	Versorgung sofort		
TRÖ	Tröstende Worte/Handlungen		
VSP	Versorgung später		
	Hinweise auf unsichere Bindungsmuster:		
KEIN V	Keine Versorgung		
SV	Selbstvorwürfe		
	Kodierungen für alle Geschichten:		
ÄI	Ärger bei der Identifikationsfigur		
ÄV	Ärger/Vorwurf der Erziehungsperson		
UA	Unangemessene, unklare Sprache		
GV	Geschichtenverlängern		
BIE	Bizarres, inkohärentes Ereignis		
NE1	Negatives Ereignis schwach		
NE2	Negatives Ereignis stark		
VE	Vermeidendes Erzählen/Deaktivierung		
MX	Maximierung/Dramatisierung		
WK	Widersprüchlichkeit		
BL	Blockierung, Erstarrung		
	Bindungssicherheitswert		

Zuordnungsregeln: Verletztes Knie

BINDUNGSSICHERHEITSWERT **[4]**

NOTWENDIG:
- *Versorgung sofort*

oder
- *Tröstende Worte/Handlungen*

MÖGLICH:
- -------------

AUSSCHLIESSEND:
- alle anderen Kodierungen

BINDUNGSSICHERHEITSWERT **[3]**

NOTWENDIG:
- *Versorgung sofort*

oder
- *Tröstende Worte/Handlungen*

oder
- *Versorgung später*

MÖGLICH:
- *Selbstvorwürfe*

AUSSCHLIESSEND:
- alle anderen Kodierungen

BINDUNGSSICHERHEITSWERT **[2]**

NOTWENDIG: ---

MÖGLICH:
- *Versorgung sofort*
- *Tröstende Worte/Handlungen*
- *Versorgung später*
- *Selbstvorwürfe*
- *Ärger bei der Identifikationsfigur Ärger/Vorwurf der Erziehungsperson*
- *Unangemessene, unklare Sprache*
- *Geschichtenverlängern*
- *Bizarres/inkohärentes Ereignis*
- *Negatives Ereignis schwach*

AUSSCHLIESSEND:
- *Keine Versorgung*
- *Negatives Ereignis stark*
- *Maximierung*
- *Vermeidendes Erzählen/Deaktivierung*
- *Widersprüchlichkeit*
- *Blockierung/Erstarrung*

BINDUNGSSICHERHEITSWERT **[1]**

NOTWENDIG:
- *Keine Versorgung*

oder
- *Negatives Ereignis stark*

oder
- *Maximierung*

oder
- *Vermeidendes Erzählen/Deaktivierung*

oder
- *Widersprüchlichkeit*

MÖGLICH:
- *alle anderen Kodierungen* ***außer:***
- *Blockierung*
- *Negatives Ereignis stark* **in Kombination mit** *Bizarres Ereignis*

BINDUNGSSICHERHEITSWERT **[0]**

NOTWENDIG:
- *Blockierung*

oder

- *Negatives Ereignis stark* **in Kombination mit** *Bizarres Ereignis*

MÖGLICH:
- alle anderen Kodierungen

Kodierungen der Sportszenen-Erweiterung zum GEV-B (GEV-B-Sp)

Am Beispiel der Verletzungsgeschichte (Kind verletzt sich beim Üben von hohen Sprüngen auf der Bodenmatte) – Schmerz als Auslöser von Bindungsverhalten und Fürsorge

Sicher
VS Versorgung sofort Trainer
Wie im Original: die Verletzung wird sofort versorgt, und zwar nur durch den Trainer/wenn die Eltern plötzlich auftauchen (ungerufen) und das Kind versorgen, dann wird *KEIN V* kodiert/verständigt der Trainer die Eltern und sie versorgen das Kind, wird, je nachdem in welcher zeitlichen Abfolge die Eltern erscheinen, *VS* oder *VSP* (s. u.) kodiert

TRÖ Tröstende Worte/Handlung Trainer
Wie im Original: Kind wird getröstet, verbal oder durch zuwendende Handlungen, und zwar nur durch den Trainer
VSP Versorgung später Trainer
Wie im Original: Kind wird später versorgt (durch eine erwachsene Person), die Versorgung muss allerdings durch den Trainer initiiert sein (Trainer ruft Elter, Trainer ruft Krankenwagen etc.)

Unsicher
KEIN V keine Versorgung
Wie im Original: wird kodiert, wenn keine Versorgung durch eine erwachsene Person erfolgt, bzw. diese Versorgung ohne Zutun des Trainers erfolgt (z. B. wenn Eltern von alleine erscheinen und Trainer gar nichts macht, wenn sich ein Trainingskamerad um die Verletzung kümmert).

SV Selbstvorwürfe
Wie im Original

BE Bestrafung Trainer/andere Übung (neu)
Das Kind muss wegen der Verletzung eine andere Übung machen (z. B. Kraftübung, Liegestütze, Athletik etc.). Wichtig ist, dass es eine Übung ist, die als Strafe angesehen werden kann. Oder das Kind wird im bestrafenden Sinne vom Training ausgeschlossen und darf nicht mehr mitmachen. Oder das Kind wird in anderer Weise auf Grund der Verletzung bestraft.

Bindungssicherheitswert:
→ wird auf 2 runter gestuft, wenn BE kodiert wird
→ sonst wie im Original

Auswertungsblatt zur Bindungsstrategie im GEV-B

Code:	**Hinweis auf vorherrschende Bindungsstrategie**	**Ergebnis**
Knie		
Monster		
Trennung		
Wiedersehen		

Globalwert: **Klassifikation:**

Auswertungsblatt zur Bindungsstrategie im GEV-B- Sport

Code:	**Hinweis auf vorherrschende Bindungsstrategie**	**Ergebnis**
Sportverlet-zung		
Angst vor Übung		
Trennung Trainer beim WK		
Wiedersehen Trainer nach WK		

Globalwert: **Klassifikation:**

Anhang C

Manual zur Sportszenenerweiterung

Erweiterter GEV-B-Sp: neue Szene zur „Beharrlichkeit bei einer schwierigen Übung"

Für Jungen: Der Trainer sagt zu Jan: „Für deine Kraft sollst Du üben, dass du 10 Kreis-Flanken[54] am Turnpilz hintereinander kannst. Du weißt schon, wie das geht. Bitte übe, bis Du zehn ordentliche Flanken hintereinander geschafft hast." Jan geht zum Pilz und fängt an, schau mal. 1, 2, 3, ups, da ist abgekommen. Also noch ein Versuch: 1, 2, oh man, jetzt ist es schon wieder danebengegangen. Puh, das ist aber schwer, denkt er, und anstrengend. Jetzt versucht er es noch einmal: 1 und 2 und 3 und ...ups, wieder aufgesetzt. Nun erzähle und zeig du mir, wie die Geschichte weitergeht.
Für Mädchen: Die Trainerin sagt zu Susanne: „Für deinen nächsten Wettkampf ist es wichtig, dass du fünf halbe Drehungen auf einem Bein auf dem Schwebebalken kannst und die Endposition 2 sec hältst, wir haben das schon geübt. Übe jetzt bitte allein, ich muss in der Zeit zum Barren. Übe solange, bis Du 5-mal hintereinander eine halbe Drehung ohne runterzufallen geschafft hast." Susanne steigt auf und fängt an. 1, 2, 3, ups, jetzt wackelt sie und ach, sie steigt ab. Sie klettert wieder rauf, und fängt von vorn an: 1, 2, oh je, jetzt kommt sie wieder aus dem Gleichgewicht und muss wieder runter. Jetzt versucht sie es nochmal: 1 und 2 und 3 und ups, da kommt sie wieder aus dem Gleichgewicht und muss runter" Nun erzähle und zeig du mir, wie die Geschichte weitergeht.[55]

54 Die Anzahl der Flanken variiert je nach Altersklasse. Ab AK 7/8 sind es 4 Flanken. In der Altersklasse ist dies aber noch fakultativ. Erst ab AK 9/10 sind 15 Flanken obligatorisch.

55 In beiden Geschichten ist es wichtig, dass zuerst eine Anstrengung gezeigt wird und auch, dass es knapp scheitert. Es geht um Anstrengungsbereitschaft und nicht um Gehorsam.

Kodiertabelle:
Bewältigungsstrategien bei einer schwierigen Lernaufgabe im Training

Hinweise für offensive Bewältigungsstrategien			
Selbst	ERF 1	Erfolg gegen Widerstand	
	ERF 2	Erfolgszuversicht	
	ERF W	Erfolgszuversicht für den Wettkampf	
	MUT	selbst ermutigen	
	ABL	Ablenkung abschirmen	
	EMO	Offenheit f. Gefühlsausdruck/Emotionen	
Andere	SOZ U (1-3)	1 Hilfe durch Nähe	
		2 Hilfe durch Information	
		3 Hilfe durch emotionale Unterstützung	
Hinweise für defensive Bewältigungsstrategien			
Selbst	VERW	Aufgabe verweigern	
	VERLEU	Erfolg ohne Widerstand/Verleugnung der Schwierigkeit	
	ohn HOF	hoffnungslos	
	ohn ERF	Erfolglos	
	SOZ V	sozialer Vergleich	
Andere	IK	Interpersonaler Konflikt	
	EXT	andere als Störfaktoren	
	BIE	Bizarres inkohärentes Ereignis	

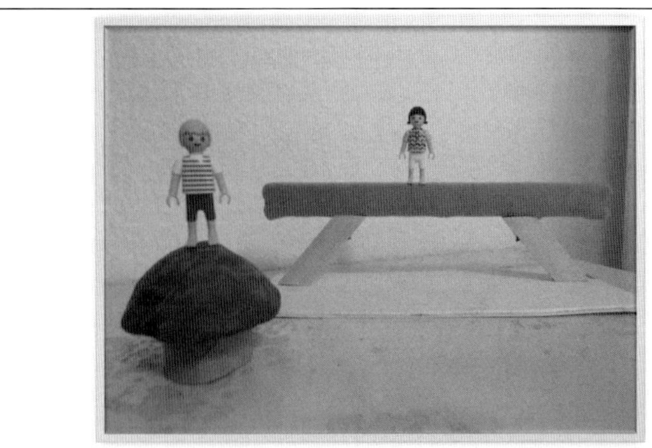

Abb. 16. Identifikationsfiguren in Sportbekleidung auf Requisiten (Schwebebalken- und Pauschen-Pilz-Model).

Die Autorin

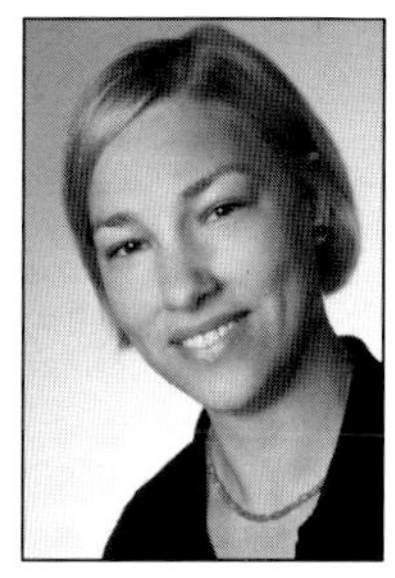

Almut Krapf (1980) studierte von 2002 bis 2008 an der Sportwissenschaftlichen Fakultät der Universität Leipzig im Studiengang Diplom Sportwissenschaft. Im Rahmen des „Dies Academicus 2009" erhielt sie beim wissenschaftlichen Wettbewerb den ersten Platz für ihre Diplomarbeit (Leistungssportlerin mit Kind – eine qualitative Studie). Nach Ihrem Abschluss arbeitete sie ein Jahr als selbständige Sportlehrerin und fand 2010 wieder an die Sportwissenschaftliche Fakultät der Universität Leipzig zurück wo sie einen dreijährigen Doktorandenförderplatz erhielt. Sie promovierte 2014 mit dem Thema „Bindung von Kindern im Leistungssport – Bindungsrepräsentationen zu Eltern und Trainern: Analyse der Zusammenhänge zu Selbstkonzept, sozialer Unterstützung, pädagogischem Arbeitsbündnis und Bewältigungsstrategien" an der Universität Leipzig. Mit ihrem Dissertationsprojekt gewann sie 2011 ein weiteres Mal den wissenschaftlichen Wettbewerb beim „Dies Academicus" und erhielt dafür den Meinel Preis. Seit 2014 arbeitet Almut Krapf als wissenschaftliche Mitarbeiterin im Institut für Sportpsychologie und Sportpädagogik und beschäftigt sich in Forschung und Lehre mit sportpädagogischen Fragen und Inhalten sowie qualitativen Forschungsmethoden in Bachelor- und Masterstudiengängen. Neben ihrer Tätigkeit an der Sportwissenschaftlichen Fakultät arbeitet sie als Sportlehrerin und Rückenschullehrerin in verschiedenen Freizeit und Gesundheitssporteinrichtungen im Kinder- und Erwachsenenbereich.

Kontakt:

Dr. Almut Krapf
Universität Leipzig
Sportwissenschaftliche Fakultät
Sportpsychologie und Sportpädagogik
Jahnallee 59
04109 Leipzig
E-Mail: krapf@uni-leipzig.de

Verein zur Förderung des sportwissenschaftlichen Nachwuchses e. V.

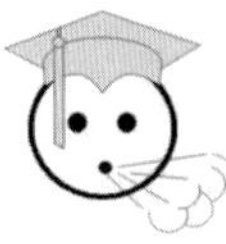

dvs-Kommission Wissenschaftlicher Nachwuchs

Es gibt zwei Organisationen, die sich für den sportwissenschaftlichen Nachwuchs engagieren. Die Kommission „Wissenschaftlicher Nachwuchs“, die unter dem Dach der Deutschen Vereinigung für Sportwissenschaft e. V. (dvs) beheimatet ist, und zum anderen den „Verein zur Förderung des Sportwissenschaftlichen Nachwuchses e. V.“. Beide Organisationen arbeiten eng zusammen. Zweck des Vereins ist die Förderung des sportwissenschaftlichen Nachwuchses. Durch die Gemeinnützigkeit des Vereins kann in unabhängiger Weise für den betroffenen Personenkreis eine gezielte und direkte Zuwendung erfolgen.

Aufgaben und Leistungen

Um den sportwissenschaftlichen Nachwuchses zu fördern und seine Interessen zu vertreten, bieten wir (Kommission und Verein) folgende kontinuierliche Dienstleistungen an:

- Organisation und Koordination von Nachwuchsveranstaltungen,
- Herausgabe und Verbreitung der Zeitschrift „Ze-phir – Informationen für den Sportwissenschaftlichen Nachwuchs“,
- Vertretung des sportwissenschaftlichen Nachwuchses in Gremien (z. B. im dvs-Hauptausschuss)
- Öffentlichkeitsarbeit, besonders bei Tagungen,
- Zusammenarbeit mit anderen Organisationen,
- Beratung in Fragen zur Berufsethik (bzw. auf Wunsch anonyme Kontaktvermittlung zum Ethik-Rat),
- Fragen der Hochschulpolitik, die für den Nachwuchs relevant sind.

Um den sportwissenschaftlichen Nachwuchs zu fördern, sehen wir es als unsere Aufgabe an, auf die Entwicklung der Struktur des Qualifikationsprozesses Einfluss zu nehmen. Prinzipiell werden dafür von uns zwei Wege eingeschlagen.
Erstens ist der „Ist-Zustand“ erhoben worden, um festzustellen, unter welchen Bedingungen und mit welchen Berufschancen der sportwissenschaftliche Nachwuchs derzeit arbeitet. Hier liegt eine Studie vor: Ernst-Joachim Hossner (1997). Sportwissenschaftlicher Nachwuchs 2000. Strukturen – Qualifikationen – Prognosen. Hamburg: Czwalina.
Zweitens wird ein wünschenswertes Profil des Qualifikationsprozesses formuliert („Soll-Zustand“). Hierher gehört z. B. die Frage „Habilitation – Königs- oder Holzweg?“, oder das Problem der Interdisziplinarität in der Sportwissenschaft. Insgesamt geht es uns nicht darum, einen möglichst ökonomischen Weg zur Professur zu finden, sondern dazu beizutragen, den Qualifikationsprozess so zu gestalten, dass die Lage der Nachwuchswissenschaftlerinnen und -wissenschaftler, die Arbeitsqualität und das Ansehen unseres Faches sich verbessern.

Mitgliedsbeiträge und Spenden stellen die Basis für unsere Förderaktivitäten dar.

Zielgruppen für die Mitgliedschaft sind insbesondere der sportwissenschaftliche Nachwuchs, sportwissenschaftliche Institutionen und Personen, die sich dem sportwissenschaftlichen Nachwuchs verpflichtet fühlen. Darüber hinaus ermöglicht die Mitgliedschaft u. a. eine kostengünstige Teilnahme an den Workshops der Kommission „Wissenschaftlicher Nachwuchs“.

Kontakt:

Verein zur Förderung des sportwissenschaftlichen Nachwuchses e. V.
c/o Dr. Florian Loffing
Universität Kassel, Institut für Sport und Sportwissenschaft
Damaschkestr. 25, 34121 Kassel
Tel.: +49 (0)561 – 804 5243
Fax: +49 (0)561 – 804 5233
E-Mail: f.loffing@uni-kassel.de
www.sportwissenschaftlicher-nachwuchs.de